勤廉风范

广东省纪委监委宣传部 编

2021年广东省纪律教育学习月活动系列读本

南方日报出版社
NANFANG DAILY PRESS
中国·广州

图书在版编目（CIP）数据

勤廉风范 / 广东省纪委监委宣传部编. — 广州 ：南方日报出版社，2021.6 （2024.9 重印）

ISBN 978-7-5491-2383-4

Ⅰ. ①勤… Ⅱ. ①广… Ⅲ. ①革命人物－生平事迹－广东－近代 Ⅳ. ①K827=6

中国版本图书馆 CIP 数据核字(2021)第 102106 号

QIN LIAN FENGFAN
勤廉风范

编　　者：广东省纪委监委宣传部
出版发行：南方日报出版社
地　　址：广州市广州大道中 289 号
出 版 人：周山丹
出版统筹：阮清钰
责任编辑：蔡　芹　黄敏虹
装帧设计：劳华义　肖晓文
责任校对：阮昌汉　裴晓倩
责任技编：王　兰
经　　销：全国新华书店
印　　刷：广东信源文化科技有限公司
开　　本：787mm×1092mm　1/16
印　　张：14.75
字　　数：238 千字
版　　次：2021 年 6 月第 1 版
印　　次：2024 年 9 月第 3 次印刷
定　　价：28.00 元

投稿热线：（020）87360640　　　读者热线：（020）87363865

前 言

蜿蜒东去的珠江水奔流不息。逝者如斯，在这片岭南热土，无数前行者用青春和鲜血留下了刀刻斧凿般的印迹，用年轻的生命抒写了对党和人民的无限忠诚。

近代以来，广东是我国许多重大历史事件的发生地，有着光荣的革命传统。作为全国最早建立共产党地方组织的地区之一，一代又一代共产党人在这里开启了他们非凡的奋斗历程。在新民主主义革命时期，他们在党中央的领导下，积极肩负改造社会、拯救中华民族的大任，发动、组织和领导广东人民开展了一系列波澜壮阔、具有深刻社会意义和深远影响的革命斗争。他们顽强拼搏、不懈奋斗，涌现了一大批视死如归的革命烈士、一大批顽强奋斗的英雄人物、一大批忘我奉献的先进模范。他们始终践行“革命理想高于天”的初心使命，始终秉持“打铁必须自身硬”的优良作风，始终发扬“越是艰险越向前”的斗争精神，无愧于党旗下的铮铮誓言，为党和人民做出了不朽的业绩。云山呜咽，珠水垂泪。他们中的很多人，没能亲眼看到胜利的旗帜插遍南粤大地。

习近平总书记语重心长地指出，一切向前走，都不能忘记走过的路；走得再远、走到再光辉的未来，也不能忘记走过的过去，不能忘记为什么出发。我们编撰《勤廉风范》教育读本，目的是告慰无数为党、为人民的事业英勇牺牲的先烈，不忘初心，牢记使命，发扬红色传统，传承红色基因，赓续共产党人精神血脉，学习他们忠诚干净担当的政治品格，不断自我净化、自我完善、自我革新、自我提高，在新时代的长征路上，为民族复兴和人民幸福不懈奋斗。

党的历史是最生动、最有说服力的教科书。希望同志们见贤思齐，始终挺起中国共产党人的精神脊梁，坚定理想信念，坚定党性立场，加强党性修养，不断增强“四个意识”、坚定“四个自信”、做到“两个维护”，不断提高政治判断力、政治领悟力、政治执行力，面对依然严峻复杂的党风廉政建设和反腐败斗争形势，经受住“四大考验”，抵御住“四种危险”，坚决同一切弱化党的先进性、损害党的纯洁性的问题作斗争，沿着革命先烈的光辉足迹，为广东在新征程中走在全国前列、创造新的辉煌作出新的更大贡献。

本书编写组

2021年6月

目　录
CONTENTS

忠诚篇 · 革命理想高于天

干净篇 · 打铁必须自身硬

担当篇 · 越是艰险越向前

忠诚篇

革命理想高于天

对党忠诚，是共产党人首要的政治品质。我们党一路走来，经历了无数艰苦和磨难，但任何困难都没有压垮我们，任何敌人都没能打倒我们，靠的就是千千万万党员的忠诚。

革命理想高于天。新民主主义革命时期，广东历任省委书记有28位，其中有10位为革命事业献出了宝贵生命。他们用鲜血染红了胜利的旗帜，用实际行动和宝贵的生命诠释了对党的忠诚。

陈延年：一个共产党员的牺牲，胜于千万张传单

陈延年（1898—1927），又名陈遐延，安徽怀宁人。1919年底赴法国勤工俭学。1922年与周恩来等人在巴黎发起旅欧中国少年共产党并担任宣传部部长，同年加入法国共产党，不久转为中共党员。1923年赴莫斯科东方大学学习。1924年回国，后任中共广东区委书记，参加领导省港大罢工。1927年4月到上海，曾任中共中央委员和政治局候补委员、中共上海市委书记、中共江苏省委书记。陈延年是中共早期领导人之一，为中国革命解放事业作出过巨大贡献。

陈延年，陈独秀长子，中国无产阶级革命家。毛泽东对他有着极高的评价："像陈延年，的确是不可多得的人才，在许多地方，我看出了他的天才。"

崇高真理的求索者

1898年，陈延年在安徽安庆怀宁的陈家大院出生。当时的中国正逐渐沦为半殖民地半封建社会。坎坷的幼年经历和耳闻目睹的社会现状，让陈延年在心底埋下了反抗旧社会、建立新中国的种子。

陈延年从6岁开始先后在老家上过私塾和新式学堂，由于自小身体壮实、皮肤粗糙黝黑，人称"黑面武生"。陈独秀回国后，陈延年来到上海读书，并于1917年考入震旦学院攻读法科。当时各种思潮随着新文化运动兴起，广为传播。陈延年最初接受的是无政府主义思想，是无政府主义组织进化社的社员。他欣赏俄国克鲁泡特金的主张，寻求在中国建立一个由自由个体自愿结合，互助、自治、反独裁主义的和谐社会。1919年12月，他赴法勤工

旅欧中国少年共产党第一次代表大会代表合影，前排左八为陈延年

俭学，翌年2月进入巴黎大学附设学校学习。

留法期间，陈延年受到赵世炎、蔡和森等人进步思想的影响，转而研究马克思主义。他深刻意识到：过去自己“对于无政府主义之信仰”，是“建在浮沙之上”的，“做革命事业……力求理解社会生活的实际关系……马克思很有先见之明，一生精力，全用在这个研究之上”。他毅然与无政府主义决裂。1922年，陈延年与旅法学子一起创建旅欧共产主义小组——中国少年共产党，并担任宣传部部长，同年秋，加入法国共产党，不久转为中国共产党党员。1923年3月，陈延年受党组织派遣进入莫斯科东方大学学习。在莫斯科东方大学，陈延年学习勤奋，思想和理论修养取得非常大的进步。他常常以列宁为榜样，希望把自己锻炼成一名坚强的革命战士。每逢开会讨论，经常以“猛狮”那样的气势和雄辩来表达观点，因此在莫斯科，他有“小列宁”之称。

“开疆辟土的拖拉机”

1924年，国内革命迎来高潮，出于国内政治形势的需要，党组织安排陈延年回国，赴广州先后担任社会主义青年团中央驻粤特派员、中共广东区委秘书兼组织部部长。不久，陈延年接替周恩来主持区委工作，任中共广东区委书记。当时除广东外，广西、福建、云南及南洋地区党的工作，也由广东区委领导。

陈延年认为，开展革命工作必须充分发挥共产党员和党组织的引领和表率作用，必须充分发动党员，建立和健全党的组织。他曾说：“我们的党不是从天上掉下来的，也不是从地上生出来的，更不是从海外飞来的，而是在长期不断的革命斗争中，从困苦艰难的革命斗争中生长出来的，强大出来的。”为此，建立和健全广东区委成为他的首要任务和主要工作。在任期间，陈延年领导下的广东区委在深入发动群众、积极开展工农运动的同时，致力于党的建设，大力发展党的组织。他派遣大批同志奔赴各地开展革命活动，在不到两年时间里，广东地区的党员数量从原有的几百人发展到1927年4月的9000余人，党的组织遍布广东、香港、广西和闽南等地。为了充分发挥党员和党组织的作用，陈延年提议创办党校，并举办党课训练班，培养了大批党的干部。此外，在他领导下的广东区委还成立了党的第一个地方纪律检查机构——中共广东区委监察委员会，维护党的先进性和纯洁性。

1925年初，中共广东区委部分成员合影。右起分别为杨匏安、陈延年、刘尔崧、冯菊坡

在陈延年的领导下，广东区委组织机构日臻健全，广东成为全国党员人数增长最快的地区之一，在发动省港大罢工、支援上海五卅运动等斗争中发挥了重要作用。陈延年也被大家誉为广东党组织“开疆辟土的拖拉机”。

坚持真理的革命战士

陈延年担任中共广东区委书记时，父亲陈独秀担任党的总书记。但是陈延年崇尚真理、坚持真理，对父亲的错误主张从不徇私盲从。

1926年3月20日，蒋介石下令逮捕李之龙，“中山舰事件”爆发。面对蒋介石的反革命举动，陈延年、毛泽东、张太雷和苏联军事参谋团立即开会讨论对策，毛泽东认为这是逼蒋介石下台的好机会，苏联顾问季山嘉和斯切潘诺夫则主张利用蒋介石。

在这两种意见争论不下之际，1926年4月，陈独秀派张国焘赶到广州，具体传达党中央的让步意见。陈延年对此无比愤慨，他批评陈独秀："老头子糊涂极了，他不相信工农群众的力量，对蒋介石破坏国共合作、排斥共产党人的阴谋视而不见，不敢同国民党右派斗争，会把革命断送掉。我和老头子虽是父子关系，但我是共产党员，坚决站在党的立场反对妥协退让政策。"当黄埔军校的中共组织请示广东区委要不要按"整理党务案"的规定，将校内参加国民党的共产党员名单交出时，陈延年态度坚决，斩钉截铁地说："一个都不要向国民党表态，尤其是没有暴露共产党员身份的人，更应保持常态，不要理睬国民党右派的无理要求。"

廉洁奉公的"苦行僧"

不铺张浪费是陈延年一生的信条。在广东任职期间，陈延年能省则省，每次政治示威游行所用的横幅和标语、所需红布和纸张都由负责人自行出钱购买。

陈延年自身生活也极其简单朴素，一年四季的服装只有三套，冬装一套，夏装两套，另加一双黑皮鞋，全身只有那件从苏联带回来的粗绒服能体现出他曾是留学生。他的卧室只有一套床板、一张席子、一条毛毯和一床被子，床头摆着一个黄色皮包当枕头。他每月领取最低的生活费，与其他同志同饮同食。

当时，为把工人群众争取、组织、团结起来，陈延年经常深入到一些车夫家中，与车夫们交朋友、拉家常，还学会了拉人力车。遇到一些年老病弱的车夫拉活儿，他会主动上前帮忙，赚钱后自己分文不取。周文雍曾问陈延年："香港的《工商日报》刊登文章说，共产党的干部当人力车夫，说的就是你啊！"陈延年笑着说："如果工作需要，不论任何同志，去当车夫都是光荣的。"在发展工人党员的过程中，他和很多同志一样，主动与培养对象一同劳动，还自掏腰包解决吃饭问题。

随着革命高潮的到来，陈延年备感时间紧迫。为了党的事业，他夜以继日，呕心沥血，并规定自己"不闲游、不看戏、不照相、不下馆子、不讲衣着、不作私交"。他常年埋头在工作上，认为革命成功尚远，无暇顾及个人婚事，不谈恋爱成为他的戒律之一。有人说他有"六不"生活作风，他听了为之一笑："为了革命，应当如此。"

不怕死的共产党员

1925年8月，廖仲恺被刺杀后，中共广东区委内部一部分党员因此产生了畏惧情绪。面对生死问题，陈延年在区委党员大会上教育大家说：“一个共产党员的牺牲，胜于千万张传单；如果怕死，就不要做共产党员。”两年之后，事实证明陈延年确实是一个不怕死的共产党员。

1927年6月，因叛徒告密，陈延年等一批同志在上海被捕。敌人以高官厚禄引诱陈延年，妄图从这位中国共产党的高级领导人那里得到宝贵的口供，但最终一无所获。陈延年被打得体无完肤，几次昏死过去，仍一声不吭，只字不吐。敌人无计可施，只得下令将陈延年秘密处决。

7月4日，反动派把陈延年秘密押赴刑场。面对刽子手的屠刀，陈延年昂首挺胸，傲然站立。刽子手喝令他跪下，他大义凛然地说：“革命者光明磊落，视死如归，只有站着死，决不下跪。”任凭刽子手丧心病狂地嚎叫，陈延年仍岿然不动。刽子手们一拥而上，把陈延年按倒在地，随即挥刀砍去。在这一瞬间，陈延年一跃而起，傲然挺立，目光如怒火喷向刽子手，砍下去的屠刀扑了个空。剑子手们恼羞成怒，以乱刀将陈延年砍死，并惨无人道地将他“五马分尸”似的斩成数块。蒋介石还下令不准收尸。陈延年牺牲时年仅29岁。陈延年被杀害后，国民党反动派欣喜若狂，然而反动派永远不会懂得：他们虽然砍掉了烈士的头颅，却扑不灭烈士的革命精神，更扑不灭烈士播下的革命火种！

毛泽东签发给陈延年、陈乔年家属的光荣纪念证

张太雷：愿化作震碎旧世界惊雷

张太雷（1898—1927），原名张曾让，字泰来，江苏武进人。1915年考入天津北洋大学法科学习。1919年投身五四运动，随后接受共产主义思想。1920年10月加入北京共产党早期组织。大革命时期多次担任共产国际代表在中国的翻译。历任共产主义青年团中央总书记、中共中央南方局书记兼广东省委书记等职。1927年12月在广州起义战斗中牺牲。张太雷是中共历史上第一个牺牲在战斗第一线的中央政治局成员，是中国共产党早期的重要领导人之一，中国共产主义青年团的重要创建人和领导者。

张太雷自号“长铗”，在学生时期便“以战国时的义士冯谖自期……要铲除人间不平”，怀有远大志向。伴随着中国共产党的创建和发展，他的志向，就具化为以青春热血诠释对党忠诚的奋斗与实践。

张太雷的革命生涯与广东密不可分，他筹备并主持了在广州召开的团一大，参与了第一次国共合作的主要过程，还担任过中共广东区委常委、宣传部部长，《人民周刊》主编等职务，最后以中共广东省委成立后第一任书记的身份，领导发动了震惊中外的广州起义，将自己生命的最后一滴热血洒在了南粤大地上。

从“张曾让”到“张太雷”

1898年6月，张太雷出生于江苏武进一个没落的封建世家，原名张曾让。童年时，他靠寡母做针线活和借债上私塾，在私塾学习一年后转入公立西郊小学堂。

张太雷从小学习成绩优秀，喜欢打抱不平，有着朴素的正义感。老师曾为他取名张复，有复兴中华之意。这或许就在他心底埋下了投身革命、为国效力的种子。张太雷考入常州府中学堂那年，正值辛亥革命爆发，他和同学瞿秋白带头剪辫，上街宣传革命，抵制日货。由于频繁参加革命活动，学校发出布告指责他们“素行不谨”，勒令“如不悔改，下期毋庸来校”。

在频繁参加革命活动的同时，张太雷的学习也没落下，1915年，他考取了北京大学法科预科。但因为北京大学学制较长，家里的经济条件难以负担，他便转入收费较低且学制较短的天津北洋大学法科，边读书边兼职翻译工作。北洋大学治学严谨、校风朴实，被誉为“东方的康奈尔”，北洋大学的法学专业更是出了名的高要求、难毕业，每年仅有三分之一的学生能顺利毕业。在当时，一张北洋大学的法学毕业证书相当于一张当官任职的“通行证”，持有它就能轻易地谋得高官厚禄和受人尊敬的地位。对张太雷来说，读大学承载着改变个人和家庭命运的希望。一开始，他的人生规划很简单，毕业后做律师，既能实现铲除人间不平的夙愿，也能赚钱侍奉寡母，过上更好的生活。

张太雷在北洋大学求学期间，恰逢俄国十月革命爆发，马克思主义在中国广泛传播，这使他在思想上发生了极大变化。他积极参加反对北洋军阀的学生运动，并通过各种渠道了解革命思想，迫切想要为国家做点什么。张太雷曾对同学李子宽说：“做人要整个儿改，我以后不到上海当律师了。国家兴亡，匹夫有责。只有走十月革命的路，才能救中国。”自此，他决定将自己的名字“张曾让”改为“张太雷”，寓意“愿化作震碎旧世界惊雷”。

1919年五四运动爆发后，张太雷以极大的热情投身其中，成为天津地区的骨干之一。他参加了北洋大学学生组织的演讲团，经常在课后穿上粗布衣，到天津市内和附近城镇、乡村进行宣传活动，和工人们一起做工，到工人家里拜访、谈心，用节省下来的生活费买来茶叶、糖果等接待工人。他随身的行李箱里常常装满了宣传革命的小册子，向工人们揭露反动政府出卖山东主权的罪行。

北洋大学校门

大学毕业时，张太雷坚定了内心的信念，彻底摒弃了读书就是为了仕途的观念，没有领取北洋大学的毕业证书。直到2018年，在纪念张太雷诞辰120周年之际，这张珍贵的毕业证书，才被天津大学郑重地送到位于常州的张太雷纪念馆。

畢業證書
學生張曾讓係江蘇省武進縣人現年二十三歲在本校法科法律學門修業期滿考查成績及格准予畢業此證
國立北洋大學校長馮熙運
學長
中華民國九年六月十 日

张太雷北洋大学毕业证书（现藏于张太雷纪念馆）

真正的国际主义者

张太雷的外语水平很高，英语非常流利，还会俄语。他受党的委派长期担任共产国际代表的助手和翻译，整日忙碌，以超人的精力搜集和整理资料，在许多重大会见中发挥了十分重要的作用。他是早期党内参加外事活动最多的人，被誉为“真正的国际主义者”。

1920年4月，共产国际代表维经斯基来中国会见李大钊和陈独秀。张太雷担任维经斯基的翻译，借此机会到了上海，见到了陈独秀。随后，他加入了北京共产党早期组织，成为中国共产党最早的党员之一。

彼时的张太雷不过二十出头，但搞起实际工作，却没有一点娇嫩之气。加入北京共产党早期组织后，他便与邓中夏一起到长辛店向工人做革命宣传，与工人一同睡土炕、吃窝头。当时他每月的生活费只有7块钱，但他只留下3块钱当伙食费，其他的钱都用于招待工友，以至自己经常吃不饱。

张太雷虽然是党内参加外事活动最多的领导人，但个人财产就只有为工作需要买的两套西装，每次出差剩余的经费都会交还给党。当时，党在经济上极其困难。张太雷只要看到身边的同志需要接济，都会慷慨解囊，有时只好把西装送进当铺，外出前领到活动费才赎回来。

1921年初，张太雷前往苏俄的伊尔库茨克，任共产国际远东书记处中国科书记，成为第一个在共产国际工作的中国共产党人。在出发前，他给妻子陆静华的信中，有这样一段话：“我立志要到外国去求一点高深学问，谋自己独立

俞秀松（坐者右四）、张太雷（站者左五）、瞿秋白（站者左四）、陈为人（坐者左四）出席共产国际三大和青年共产国际二大会议期间与各国部分代表的合影

的生活。我先前本也有做官发财的心念，所以我想等明年去考高等文官考试，但是我现在觉悟：富贵是一种害人的东西……”从这段朴实的话语中，不难看出张太雷接受共产主义、投身革命后，在思想和人生追求上的转变。同年6月，张太雷被指派为正在筹建中的中国共产党的代表，出席在莫斯科召开的共产国际第三次代表大会，成为中国共产党第一位参加共产国际会议的使者。

在苏俄期间，张太雷虽然工作十分繁忙，但始终保持着刻苦钻研、广泛学习的习惯。他曾对身边的同志说：“要树立正确的革命史观，就非熟读古今中外的历史不可。”坚持不懈的知识积累，为他在革命道路上取得卓越建树打下了牢固的基础。

1921年8月，张太雷回国，为刚刚参加完中共一大的共产国际代表马林当翻译。1925年张太雷到广州，担任苏联派驻国民政府的顾问鲍罗廷的翻译。

纵观张太雷加入中国共产党后的几年，他在国际国内从来都是东奔西走、行迹匆匆。在过往担任中共派往共产国际的使者和共产国际代表马林、鲍罗廷等人的翻译与助手等经历中，他以无穷的精力、渊博的知识，赢得了各国共产党人对他的尊重，显示了杰出的政治、外交才能。这个被誉为“真正的国际主义者”的人，为促成国共合作、建立革命的统一战线，做了大量艰苦细致的工作，也为加深国共两党与共产国际之间的信任和理解，发挥了积极作用。

用生命大写忠诚

1927年4月12日，蒋介石发动反革命政变，轰轰烈烈的大革命遭到失败。8月7日，南昌起义后不久，中共中央在汉口紧急召开八七会议，确定了开展土地革命和武装反抗国民党反动派屠杀政策的总方针。张太雷在会议上当选为中央临时政治局候补委员。

两天后，中央对南昌起义军南下广东后如何建立革命政权展开讨论。当讨论到由谁先到广东主持起义筹备工作时，张太雷主动请缨。会议同意了他的请求，并任命他为广东省委书记。会议结束后，他立即南下，投入筹备和部署起义的繁忙工作中。在筹备起义的十几天里，他不顾危险四处奔走，在船舱内、大桥下和小戏院内召开各种会议，亲自向工人、第四军军官教导团官兵和党员积极分子做动员。

正当准备工作紧张进行时，起义消息泄露。张太雷当机立断，召开省委紧急会议，决定提前一天起义。1927年12月11日，这是中国革命史上极不平凡的一天。凌晨2时许，张太雷同叶挺、恽代英和工人赤卫队的代表一起，乘车前往第四军军官教导团驻地四标营。3时许，随着“砰！砰！砰！”的枪声，广州上空升起一排信号弹，震惊中外的广州起义开始了。

经过两个多小时激战，起义军占领了广州市公安局和珠江北岸大部分地区。当天上午，张太雷身着戎装，精神焕发地走进原公安局中楼楼下的会议室。在张太雷主持下，广州苏维埃政府成立，张太雷任代理主席、人民海陆军委员。这是党建立的第一个城市苏维埃政权。这一天，还发布了《广州苏维埃宣言》《广州苏维埃政府告民众书》，颁

广州苏维埃政府旧址

布了广州苏维埃政府的内外纲领。

12日中午，成千上万的群众来到广州市内的丰宁路西瓜园广场参加群众大会。当张太雷在大会上宣布“1927年12月11日上午6时，广州苏维埃政府成立了”的消息后，会场上锣鼓喧天，响起了雷鸣般的掌声。

广州起义引起帝国主义和国民党反动当局的极度恐慌，他们联合起来镇压起义。由于敌我力量悬殊，起义军虽浴血奋战，但终难以与敌军抗衡，敌军攻占了起义军的重要阵地，并直扑起义军总指挥部。

群众大会结束后，张太雷得知反动军队从观音山向起义军总指挥部反扑，急忙和共产国际代表纽曼、警卫员、司机四人，乘敞篷车赶赴大北门指挥战斗。汽车行驶到惠爱西路西园酒家附近时，远处出现了一群人，他们身着便衣，手持枪械且身份不明。

当时参加起义的单位很多，起义军只能靠脖子上系的红带子和车上的红旗为号。车上四人看不清对方脖子上是否扎着红带子，但考虑到该地点尚由起义军占据，常有便衣赤卫队巡逻，便未作戒备。

突然，那群人一声呼啸，散到路边，举枪射击！一时间，敞篷车上的四人无险可守，张太雷身中三弹，倒在了血泊之中。警卫员与司机还击不及，双双中弹身亡。

广州起义的枪声还在响着，但起义领导人张太雷壮志未酬，英勇地牺牲了。

年仅29岁的张太雷，是中国共产党第一个牺牲在战斗第一线的中央政治局成员，他用自己的生命书写了奉献与忠诚，用自己的热血践行了“愿化作震碎旧世界惊雷”的誓言。他拥有坚定的信仰、卓越的才华、无畏的精神，建立了卓著的功勋，一生为心中的革命理想不懈奋斗，值得后人世代敬仰与怀念。

邓中夏：就是骨头烧成灰，也还是共产党员

邓中夏（1894—1933），字仲澥，又名邓康，湖南宜章人。1917年入北京大学学习，五四运动时是北京学联的领导人之一。1920年加入北京共产党早期组织。1922年任中国劳动组合书记部主任，次年领导京汉铁路工人大罢工。1925年组织和领导省港大罢工。在全国发动劳动立法运动，起草《劳动法大纲》。曾任中华全国总工会秘书长、中共江苏省委书记、中共广东省委代书记。邓中夏是中共早期的卓越领导人和杰出的工人运动领袖，也是中国共产党重要的理论家和学者。

“人总是要死的，但死的意义有不同。中国古时候有个文学家叫做司马迁的说过：‘人固有一死，或重于泰山，或轻于鸿毛。’为人民利益而死，就比泰山还重；替法西斯卖力，替剥削人民和压迫人民的人去死，就比鸿毛还轻……”这是1944年毛泽东的著名演讲《为人民服务》中的一段话。

1933年5月，一位在上海被捕的革命者曾写下一段相似的生死观：“为了个人升官发财而活，那是苟且偷生的活，也可以叫做虽生犹死，真比鸿毛还轻。一个人能为了最多数中国民众的利益，为了勤劳大众的利益而死，这是虽死犹生，比泰山还重。”他，就是中共早期革命活动家邓中夏。“就是骨头烧成灰，我邓中夏还是共产党员”的铮铮誓言，淋漓尽致地展现了一名忠诚的共产党人对人生价值的思考，鼓舞着无数革命志士在战火纷飞的年代为崇高的信仰浴血奋战。

不做官要做人民的公仆

1894年，湖南宜章县的一个旧官僚家庭诞生了一名男婴，名

叫邓中夏。因家境较为富裕，他从小就受到良好教育，尤好古文。1917年，邓中夏随父前往北京，进入北京大学国文门学习。

1917年正值新文化运动蓬勃发展之际，陈独秀、李大钊等人受北京大学校长蔡元培邀请，先后入职北京大学。李大钊在校园里积极宣传民主思想和科学真理，对封建顽固势力展开了猛烈抨击。这些崭新的理论，使过去一心只钻进故纸堆的邓中夏内心受到极大震动。

之后，邓中夏多次去听李大钊讲课，求知若渴地读了李大钊发表的许多文章，他的志向随之发生变化。在李大钊的引导和俄国十月革命的鼓舞与影响下，他开始走出自己的“书斋”，冲破封建思想的禁锢，系统地钻研马克思主义，为救国救民探求真理。

为推动更多学生参与爱国行动，宣传马克思主义思想与俄国十月革命的经验，邓中夏积极筹办《国民》杂志。随着杂志的不断发行，邓中夏逐渐发现，对于广大贫穷、文化水平低下的劳苦大众而言，文章写得再好，他们也读不懂、看不了，这让邓中夏深刻认识到普及平民教育的重要性。

为了解决这个问题，邓中夏决心走出校门，针对贫苦大众的特点与他们展开对话。1919年3月，邓中夏等组织发起北京大学平民教育讲演团，后到长辛店办起工人夜校，旨在“增进平民知识，唤起平民之自觉心”，通过演讲、办班，让青年工友学文化，让群众了解反帝反封建的道理。这一新锐的举动，立即在北京引起了轰动，受到社会的普遍欢迎。

生活在社会最底层的工人，常常说“工”字不出头，出头就是“土”。邓中夏在工人夜校里讲课时反驳了这个观点，他对工人说，“工”字上有天，下有地，中间有一人站立，工人是顶天立地的人，“工”“人”两字连起来写，就是“天”字，说明工人团结起来，力量有天大！他还说：“大家抱个团，五

五四时期北京大学平民教育讲演团在街头演讲

人团结是只虎，十人团结是条龙，百人团结像泰山，谁也搬不动！”在邓中夏与进步学生的共同努力下，大批工人下班后前来学习，思想觉悟不断提高。

在办班讲课、街头演讲期间，邓中夏遇到的最大障碍，就是语言交流的隔阂。出生在湖南的他，虽曾上过一段时间学，但未能改变浓重的湖南口音，仅是简单的交流，旁人都听得费力，何况要宣传大众陌生的革命真理。

于是，他便暗下决心改变乡音：在北京学北京话，到上海学上海话，来广州学广东话。无论是酷暑还是严冬，邓中夏都起早贪黑、争分夺秒地向当地人学习语言。由于方言难学，邓中夏就决定先掌握一些各地方言学习的诀窍，比如北京话尾音轻并且上挑，上海话发音轻而翘，广东话发音浑厚清脆等。掌握了这些，他学习方言的时候，就驾轻就熟了。功夫不负有心人，经过苦练，邓中夏终于摆脱了原先的浓重乡音，能够说出一口流利的北京话、上海话和广东话。

邓中夏积极投身救国运动、为工人群众发声的举动，引起了他父亲的不满。父亲一心想让他走仕途做大官，继承家业。邓中夏从北京大学毕业后，父亲托关系在北洋政府农商部为他谋得了一个待遇优厚的职位，邓中夏却将寄来的委任状退了回去。他向父亲明确表示：“现在社会如此腐败。当官的人，都是对老百姓敲骨吸髓的。当这样的官有什么意义呢？我不做官，我要做人民的公仆，公仆就是大众的长工，开创一个人人有饭吃、人人有衣穿的新天地。”父亲被这话彻底激怒了，便断绝了对邓中夏的经济支持。邓中夏的生活遇到了极大困难，但仍义无反顾。

成长为工人运动领袖

对于邓中夏来说，广州是一个十分重要的地方。

1920年10月，邓中夏加入北京共产党早期组织，开始投身到工人运动的洪流中。他曾三次到广州出席重要会议，在此领导了举世瞩目的省港大罢工，成长为中国共产党著名的工人运动领袖。1925年五卅运动爆发，全国掀起了反帝斗争的高潮。邓中夏和负责广东地区工作的周恩来、陈延年等商议，决定派人去香港发动罢工，声援上海人民。经过一番会议讨论，大家一致推选邓中夏为负责人。邓中夏没有片刻迟疑，马上赶赴香港。

在香港期间，邓中夏派人分头发动工人，亲自给各工会做工作。

很快，轰轰烈烈的省港大罢工开始了。罢工工人成立了罢工工人代表大会和

1925年7月3日，省港罢工委员会成立，图为省港罢工委员会部分成员合影。左五为苏兆征，左六为邓中夏

省港大罢工期间，邓中夏向工人群众演讲

罢工委员会，邓中夏担任罢工委员会的党团书记，和工人领袖苏兆征一起，成为罢工的核心人物。他还主持创办了“劳动学院”和《工人之路》日报，对工人进行宣传教育，培养工人干部。

省港大罢工爆发后，安排好20多万罢工工人在广州的食宿是一大挑战。邓中夏通过广东革命政府查封了广州大批赌馆、烟馆和一些酒楼，首先为工人解决住宿问题。但由于从香港涌入广州的罢工工人数量大，生活条件依然非常艰苦。他专门召集会议并发言：“这次罢工，回来了这么多工人，生活问题非常重要，这不仅是个繁重的事务工作，也是一件复杂的政治工作，是关系到我们罢工能不能巩固和持久的大问题。真把这件事办好了，也就等于对帝国主义，打了一个很大的胜仗。”

大家都同意邓中夏的意见，会上派人专门负责安排好工人生活。不久，工人都住进了宿舍区，并按宿舍领取杂费和茶水费。各宿舍区还办起了食堂。入冬前，罢工委员会调集了大量的棉衣、被褥发给工人，安排好工人的基本生活。工人十分感动，十分认可并支持邓中夏在罢工委员会的工作。

省港大罢工坚持了16个月之久，大大提高了工人的觉悟，支援了北伐战争的胜利进行，为中国革命作出了重大贡献。

用生命捍卫对党的绝对忠诚

1922年7月，邓中夏出席了中共二大并参与了二大宣言和党章的制定。中共二大党章体现了严明党的纪律的极端重要性，邓中夏用实际行动践行了一个共产党员对党的纪律的坚守，维护了党的章程的神圣尊严，用生命捍卫了对党的绝对忠诚。在长期的革命生涯，尤其是身处逆境时，邓中夏始终把党和革命的利益放在第一位。

1933年5月15日晚，因叛徒出卖，邓中夏在法租界被巡捕逮捕，后被叛徒供出了他的真实身份。国民党中央党部立即花了10多万现大洋上下打点，收买了法租界巡捕房，将邓中夏押往南京国民党宪兵司令部监狱。

在狱中，面对前来劝降的官员，他义正词严地驳斥："我没进来前，倒想有一天会进来。现在进来了，就从未想到会出去。"见诱降无效，敌人一次次地用酷刑摧残他的肉体。邓中夏右脑上离耳朵不到一寸的地方被打得皮开肉绽。关于党的秘密，他没有向敌人透露过一个字。

在阴暗潮湿的监狱中，邓中夏不忘身为共产党人的使命，坚持宣传马克思列宁主义，并忍着身上的剧痛，在狱墙上写下了"但看十年后，红花遍地开"的诗句，表现出了一个共产党员的坚定信仰信念。有一次，他受完重刑回到牢房，就接着讲上次未讲完的课，结果牵动了伤口，血汩汩地往外流。但他没有停下课程，而是一边擦血，一边坚持讲完。

党的秘密支部派人看望邓中夏时，他坚定地表示："请告诉同志们，就是把邓中夏的骨头烧成灰，我邓中夏也还是共产党员！"就是这么简单的一句话，浓缩了他对党、对革命事业的无限忠诚和视死如归的英勇气概。

同年9月7日，在生命即将走到终点时，邓中夏提笔写下了给党中央的最后一封信："同志们，我快要到雨花台去了，你们继续努力奋斗吧！最后胜利终究是我们的！"

一位难友记录下邓中夏临难前的情景：那是1933年9月21日的黎明，天色阴沉，乌云密布。刽子手叫邓中夏出来。大家都望着邓中夏，心里都明白，他即将遭到敌人的杀害，心里都有说不出的悲痛。邓中夏没有显出丝毫恐慌，高呼"打倒国民党！共产党万岁！全世界无产者联合起来！"一步步走向刑场。

临刑前，宪兵问："你还有话说吗？"邓中夏回答："请你们睡到半夜三更时好好想一想，杀死了为工农谋福利的人，对你们自己有什么好处！"敌人害怕邓中夏进行革命宣传，命令立即开枪。雨花台下，邓中夏献出了年仅39岁的宝贵生命，他的事迹会被历史和人民永远铭记。

张善铭：出路只有一条，就是把敌人打倒

张善铭（1900—1928），又名张善鸣，广东大埔人。1918年就读于广东甲种工业学校。1921年8月加入中国共产党，是中共广东支部早期党员之一。1924年前往莫斯科东方大学学习军事。大革命失败后，与彭湃等策划了海陆丰武装起义，建立海陆丰工农民主政权，并创立东江革命根据地。张太雷牺牲后，代理中共广东省委书记一职。历任中共海陆丰地委书记、中共东江特委书记、中共北江特委书记等职。

地处粤东北的梅州，是广东省唯一一座全域为中央苏区的地级市，此地的群众革命热情高涨，素有“革命战争梅人无不参与”之盛誉。除了最为世人熟知的著名革命家、军事家叶剑英元帅，这里还诞生了一位优秀共产党员、青年运动的领导者——张善铭。

自1921年经谭平山介绍加入中国共产党，张善铭开始了长达七年激情燃烧的革命岁月，全身心投入党的建设与革命根据地的扩张之中，直到被捕牺牲。对于身处和平年代的普通人而言，七年不过是漫漫人生中的一段，但对于在风雨飘摇的岁月里，为人民解放事业燃烧自己，换来曙光的革命烈士而言，这便是生命的全部。

从进步青年到青运先驱

1900年，张善铭出生于梅州大埔县西河镇黄砂村一个贫苦家庭，14岁才上小学。中学时期，他已萌发爱国情怀，曾组织社团发动学生投入爱国运动。1918年，成绩优异的张善铭考入广东甲种工业学校（简称“甲工”），前往广州读书。

当十月革命的炮响从遥远的俄国传来，受到进步思想的激励

与振奋，张善铭在学校阅读了《社会主义史》《唯物主义史观》《新青年》等进步书刊，思想上有了很大转变，开始倾向社会主义并积极参加各种社会政治活动。张善铭在校内结识了阮啸仙、刘尔崧、周其鉴，四人并称为红色甲工的“四大金刚”。1920年，张善铭先后加入广州社会主义青年团、广州马克思主义研究会、广州共产党早期组织，并于次年秋经谭平山介绍，正式加入中国共产党，成为首位梅州籍共产党员。

1924年，阮啸仙（中间站立者）、彭湃（右一）于广州送杨石魂（左一）、张善铭（中间坐）赴苏联学习前的留影

张善铭毕业后，和阮啸仙一起参加广州社会主义青年团的领导工作。由于张善铭努力工作，广州社会主义青年团取得较大进步和发展，受到团中央的赞扬。1923年10月，张善铭担任社会主义青年团广州地方委员会委员长。

为了团结和争取更多的进步青年与各种非马克思主义思潮作斗争，张善铭与阮啸仙等人筹建广东新学生社，以该社名义，召开了广州各大中学校的学生代表会议，成立统一的学生联合会，并在学生会中建立党、团组织，改造广州地区形形色色的学生团体。

每到寒暑假，张善铭积极动员返乡的社员抓住机会同广大学生、工人、农民交朋友，推动各地革命运动向前发展。在社员的努力下，省内大部分城镇乃至香港等地都建立了广东新学生社分社，成为广东省反帝反军阀斗争的一支重要力量。

1924年，张善铭被党组织选派去莫斯科东方大学学习。他除了认真学习军事理论，还学习建设苏维埃政权的经验。一年后，张善铭结业回国，不久调国民革命军第四军任政治部主任，随军南征盘踞在广东南路的反动军阀，取得胜利。1926年3月，国民革命军准备北伐，张善铭因体质较弱，留在广州休养治疗。8月，张善铭刚结束在广州的疗养，奉命转到海陆丰，协助彭湃领导中共海陆丰地委的工作，不久接任中共海陆丰地委书记一职。

英勇转战海陆丰

张善铭继任中共海陆丰地委书记一职后，与地委其他领导人一同制定了海陆丰农民运动最低限度政纲。在商讨决议时，他指出，海陆丰地区未来可能面临激烈战斗，必须要积极准备力量，用海陆丰的联合势力打倒反动势力。在此期间，带病工作的张善铭领导中共海陆丰地委对党、团组织进行了整顿，清除了右派和动摇分子，巩固了党的组织建设，并在海丰县城鉴湖创办党校，举办党员骨干训练班，培养更多干部人才，输送至海陆丰各地从事革命工作。

对张善铭在举办党员骨干训练班时亲自作政治形势报告的情景，海丰地区的一些老人记忆犹新：“善铭当时作报告，边讲边吐血。怕影响学员的情绪，一口一口、鲜红的血吐出来，用手帕一擦，包起来，继续作报告。”学员见状心疼不已，张善铭却乐观地说：“把课讲好更要紧。”学员们被他的精神所感染，更加努力地发愤学习，更加积极地工作。

训练班连续举办三期，培养了200多名骨干。他们毕业后，被分配到海陆丰300多个乡村，在当地建立了党的支部或小组。全地委辖区党员人数由700多人增至4000多人，海丰县850个乡村就有340个建立了党支部，为将来武装起义作了充分的准备。

1927年，国民党反动派在广州发动“四一五”反革命政变，中共海陆丰地委与上级失去联系。张善铭等地委领导临危不惧，经过严密的部署和周密的计划，决定举行武装起义，用实际行动回击国民党反动派的猖狂进攻。4月下旬，地委成立中共东江特别委员会以统一指挥东江地区的革命斗争，并于30日起在紫金、海丰、陆丰相继发起农民武装起义。当地的农民起义军先后攻占国民党统治下的海陆

中共海陆丰地委办公地——海丰县城鉴湖

紫三县，成立临时人民政府。至此，海陆丰地区农民反蒋起义（即海陆丰第一次农民武装起义）取得了胜利。

不甘失败的国民党反动派再次向海陆丰发起猛烈进攻。为保存革命力量，张善铭当机立断，决定避敌锋芒，撤出县城，向黄羌、新田一带转移，中共海陆丰地委迁到黄羌圩下寨邱氏公厅。

当时的黄羌圩是海陆惠紫多县交界的贸易市场，来往赴圩的各县群众络绎不绝，是收集各地情报的绝佳地点。张善铭积极联系群众，运用自己所学的军事知识，把各县群众主动反映的当地政治军事情报绘制成地图，作为指导革命战争的依据。他领导群众，把重建农军和抗租斗争搞得热火朝天。

1927年南昌起义举行，大大鼓舞了全国人民。在此期间，张善铭等与受命前来组织海陆丰暴动的黄雍会合，经讨论，确定以“土地归农民所有”的革命口号，公开发动农民抗租，由抗租斗争再扩大为武装斗争，夺取县城。同年8月9日，张善铭召开海陆紫三县农军大会，并代表中共东江特委发动农军：“此时汪精卫集团已与蒋介石同流合污，公开叛变革命，到处疯狂搜捕共产党人和革命分子。我们的出路只有一条，就是拿起武器，把敌人打倒！”

9月初，中共海陆丰地委易名为中共海陆丰县委，张善铭任书记。此时，南昌起义军南下广东的消息不断传来，使海陆丰党组织和群众的精神更加振奋。为了接应南昌起义军入粤，中共海陆丰县委分析了形势，决定在海丰、陆丰两县发起第二次武装起义。

驻海丰城的国民党反动部队在农军的进攻下，于9月撤出县城。农军又一次攻占了海丰、陆丰县城，建立起工农的革命政权，各区农会也接管了区政权。在此期间，张善铭意识到虽然已攻占了县城，但是革命阵地仍然不能离开农村，应该加强农村的力量，使农村成为长期开展革命斗争的依托。他安排杨其珊等人组织人员将缴获的金银、布匹、粮食等战略物资及时运往黄羌的朝面山，一时间从县城通往朝面山的挑担人员川流不息。果然，不出其所料，驻惠州的国民党军十八师得知海陆丰第二次武装起义后，又派重兵进攻，张善铭、黄雍决定暂时撤出县城，退回朝面山区继续坚守。

撤离的途中，转移到海陆丰的南昌起义军与陆丰党组织取得联系，来到了朝面山休整。张善铭立即筹集猪肉、大米，并取出先前储存好的布匹送到朝面山、中峒慰问起义部队，派医生给伤病员治病，还亲自到部队做思想政治工作，组织军民联欢晚会等。时任中共中央南方局委员的恽代英获知海陆丰工农政权的情况后，肯定了张善铭的起义军整编工作，称赞他的安排是“有正确的指导”。

1927年10月下旬，撤退至朝面山地区的南昌起义军余部与海陆丰的工农武装结合，改编为工农革命军第二师。有了强有力的武装力量支持，张善铭等县委领导人决定把握时机，举行海陆丰第三次武装起义。11月1日，工农革命军一鼓作气，先后收复海丰、陆丰县城，取得第三次起义的全面胜利。

坚持斗争血染红旗

1927年11月，张善铭调任中共广东省委常委，参与策划广州起义。起义失败后，张善铭在香港负责收容起义流散人员，担任中共广东省委代理书记。12月19日，张善铭代表省委向党中央报告广州起义经过和全省革命斗争情况，并提出将参与起义的第四军军官教导团向北江撤退，与北江工农军相结合建立新的革命根据地的意见，得到党中央的支持。

1928年1月，为了加强对北江农民暴动的领导，中共广东省委决定任命张善铭为中共北江特别委员会书记。张善铭根据省委的指示，首先健全中共北江特委，增补必要成员，随后制定《关于各县暴动工作纲领》，指导和推动了北江农民暴动。

随后，张善铭派人联络朱德部队，协助北江革命根据地中心——仁化当地的党组织，发动当地农军和农民数百人，攻下仁化县城。仁化农军也因此顺利改编为工农革命军独立第四团。仁化县的革命斗争形势有了新发展。

不久，张善铭到香港向中共广东省委汇报北江工作情况，留在了省委工作。当时，国民党余汉谋对海陆丰根据地进行“围剿”，步步紧逼。张善铭被派回海陆丰出任中共东江特委特派员，赴东江组织力量对敌人进行反击。1928年4月，张善铭抵达汕尾登陆后，隐蔽在海边一处渔民放网的小寮房内，遇敌围捕来不及走避，不幸落入敌手，壮烈牺牲，时年28岁。

继往开来，青春无悔。张善铭的一生是英年赴死仍无悔的一生，是血染红旗以明志的一生。

李源：一切以革命事业为重

李源（1904—1928），广东博罗人。1921年加入中华海员工业联合总会。1924年加入中国社会主义青年团。1925年秋加入中国共产党。先后参加了香港海员大罢工和省港大罢工。1928年6月当选为中共中央委员，接任中共广东省委书记。李源是中国无产阶级杰出的忠诚战士、坚定的共产主义者。

“这次我要出发到艰险的地方去。你正身怀六甲，不能随行。如果我不幸牺牲了，将来生下儿子或者女孩，辛苦你抚育了。也许孩子诞生，不能见到爸爸，请你教育孩子长大后为烈士报仇，为中国人民求解放、谋幸福……”这是时任广东省委书记李源给爱妻的诀别书。1928年8月他奉命前去东江地区巡视工作，出发前，李源深知当地形势凶险，此行凶多吉少，便将自己的骨肉与事业郑重而坚定地托付给爱妻，自己抱着必死的信念决然前行。最终他的人生永远定格在了24岁，践行了对党忠诚的初心使命。

李源不屈不挠的革命精神、智勇双全的人格风范，为党组织打开革命局面、发展革命力量作出了巨大贡献。他牺牲后，同年的11月，中共广东省委举行活动悼念为革命牺牲的同志，特别指出，对于李源等人的牺牲，“全党应当永远纪念他们的努力”。

创“工余乐社”，领工运斗争

1904年李源诞生在东莞园洲镇（今属博罗县）李屋村的一户人家。母亲自他出生后晚上就常做美梦，梦见此儿长大后会让家人脱离苦难，过上幸福生活，便将他的乳名唤为梦福。然而，父亲得病早逝，抚养两个儿子的重担，一下子就压在瘦弱的母亲身上。无奈之下，李源3岁那年，母亲被迫改嫁。从此，他被当私塾先生的外公接过去抚养，外公为他起名李源。李源只读了两年书，便辍学替人放牛。

1919年，年仅15岁的李源和哥哥、同乡一起到香港谋生，在一艘英国轮船上当“侍仔”（即杂役，负责洗碗刷碟、端菜送饭、洗擦地板等）。作为船上最低级的工种，李源和其他“侍仔”每天都要干最苦最累的活，工作期间还要看工头和乘客的脸色，时常无端遭受责骂和侮辱，却只拿最少的工钱。童年的苦难和辛酸，让李源分外痛恨地主和资本家，反抗帝国主义和社会不平等的思想在他心底萌发。

海员工作枯燥无味，缺乏消遣，许多船员闲时沉迷赌博、抽鸦片。为了抵制这些恶习，李源发起成立“工余乐社”，用丰富多彩的粤剧、粤曲演出等活动纠正海员的不良习气，使同事紧紧地团结在一起。

当时，香港物价飞涨，海员被资本家剥削得苦不堪言。1921年，李源带领乐

香港海员和市民欢庆罢工胜利

社成员加入中华海员工业联合总会，组织海员为提高工资、改善生活进行罢工斗争。乐社将海员的苦难境地编成粤曲，用演唱的方式进行宣传，不断启发海员的斗争觉悟。香港海员大罢工坚持了56天，最终取得重大胜利。经此一役，李源深刻认识到，备受压迫的工人们，只要团结在一起就能产生强大的力量。

1925年5月30日，五卅运动爆发，随后香港、广州两地声势浩大的省港大罢工也轰轰烈烈地开展起来。得知此事后，李源与乐社成员商议，决定在轮船返港后带领海员加入罢工。眼见工人又要闹事，资本家自然无法坐视不管。包工头联系警探，威胁阻挠海员们道："五卅事件与香港政府无关，也与你们无关，你们不要罢工闹事！"

然而经过李源等乐社骨干启发的海员们不愿再任由资本家欺压，而是据理力争大声反驳："帝国主义屠杀中国同胞，为什么跟我们无关？"轮船上500多名海员冲破包工头和警探的阻挠全部离船上岸，参加省港大罢工。

为了更好地投身于工人运动，李源回到广州后，进入省港罢工委员会创办的罢工工人宣传学校，进修"帝国主义侵略史""中国革命史""劳动运动史""资本制度浅说"等课程。经过集训，李源的政治觉悟和军事知识有了显著提高，这段历练也让他深刻认识到无产阶级的历史作用和使命，决心投身于共产主义事业。

1925年秋，李源经苏兆征介绍加入中国共产党，在省港大罢工结束后被党组织安排到国民政府财政部的缉私检查队任指导员，后因巡查截获不少走私货物受到表扬。

抗争"四一五"，智救周文雍

1927年，国民党反动派发动"四一五"反革命政变，广州城笼罩在白色恐怖之下。

国民党广东当局背叛革命，出动大批军警四处搜捕、杀害共产党人和革命群众。当天，李源所在的缉私检查队驻地遭遇国民党第五军围攻，队员死伤惨重。冲出重围后，李源化名李昌、李泉，作为中共广东省委的特派员在广州坚持地下斗争。在国民党严密的布控下，李源等人依然秘密建立了武装力量达数千人的工人组织。

11月1日，李源和周文雍将被反动派驱逐的2000多名铁路工人和被解雇的500名火柴工人组织起来，向汪精卫请愿，要求释放政治犯，恢复工人的工作以及恢复工会活动等。汪精卫的消极应对激怒了请愿队伍，工人们游行至惠爱东路，遭到军警镇压，双方激烈搏斗，周文雍和30多名工人受伤被捕。

为营救周文雍，李源、沈青等人组成营救小组，制订了先让周文雍吃下会引起高热的食物，迫使反动当局将他送往医院治疗，谋划在医院执行营救的作战计划。营救当天，先由黎胜、陈铁军、陈燕燕等将生姜、辣椒炒饭送进监房，让周文雍吃后高热呓语被送进医院。沈青带人假装患者家属，从正门出其不意缴下站岗哨兵的枪。早已埋伏好的李源和其他成员快步冲进病房，用白被单包起周文雍，背着他迅速跑出医院，将他安置到事先准备的无牌小汽车里，神不知鬼不觉地转移到安全据点。

第二天，广州和香港的报纸在头版头条报道：《无牌小汽车，劫走共党周文雍》。李源谋划的这一英勇机智劫走周文雍的传奇式革命事件，瞬间传遍了广州城。

足迹遍南粤，临难显忠诚

广州起义中，李源担任第五暴动区暴动委员。深感自己所在区的责任重大，行动前，他对战友邓发感叹："我们负责这个区，反动的武装非常充足，反动的机关又如此重要，我相信这次一定会与反动派拼个你死我活！"

起义过程中，李源、邓发及其所领导的工人赤卫队战斗勇猛，但敌军在帝国主义军队的支持下，兵力输送源源不断。至第三天，起义军主力已撤，李源和分散在全市各处的起义工人、士兵依然浴血奋战在前线，直至下午2时，因腹背受敌，李源不得不指挥工人赤卫队向东郊和小北撤退，他本人也乔装转移到香港。

1928年，李源与黄雍受命前往琼崖主持工作。大革命失败以后，中共广东省委急于在短期内完成全岛暴动，肃清反动势力。李源等人到任后，认真分析了琼崖目前的革命形势，清醒认识到"只得零碎地继续暴动"。尽管受到"左"倾冒险主义的影响，但在李源的带领下，琼崖特委机关开展了革命根据地建设等一系列工作，红军队伍很快发展到1400人，赤卫队发展到万余人。

1928年6月，中国共产党第六次全国代表大会在莫斯科召开，因工作需要，李源并未出席，但仍被选为中共中央委员，接任广东省委书记，准备开展全省夏收暴动。当时各地革命斗争转入低潮，李源和省委不遗余力地开展工作，但暴动始终未能实现。经此挫折，李源和省委终于意识到“左”倾思想的错误，开始提出反对一味强调攻城等意见，广东革命斗争逐步转入创建发展革命根据地的新阶段。

红旗

《红旗》

为传达党的六大精神，1928年8月，李源前往东江巡视工作。当时斗争环境恶劣，派往各地的同志，往往是去一个，牺牲一个。但他不怕艰险，毅然前往。

同年秋，李源到达潮汕兴梅地区，传达党的六大精神，号召干部们要有信心，不怕艰苦，深入联系群众，一点一滴地在群众中扩大党的影响，逐步恢复革命力量。随后，他在潮汕、丰顺、大埔等地与游击队一起进行艰苦的斗争。

9月初，李源从丰顺县前往大埔县，途经三河坝渡口时遭遇检查。本来，中共东江特委在渡口设有秘密联络点，买通看守渡口的民团团丁，让地下党员能顺利通过。但这一次，负责联络的交通员在联络时走漏了风声，团丁为了重赏向敌军告密，李源一抵达便马上被逮捕。

狱中，他铁骨铮铮，严守秘密，坚贞不屈，惨遭敌人杀害，年仅24岁。

李源为革命事业奉献一生，始终英勇无畏，党组织需要的地方，总会出现他的身影。战友邓发评价他“每次群众运动和斗争，都见他的影子出现”。他牺牲后，当时广东省委机关刊物《红旗》发表了《纪念死难诸先烈》一文，对李源等同志进行了沉痛悼念。

罗登贤：个人死不足惜，责任未了才是千古遗憾

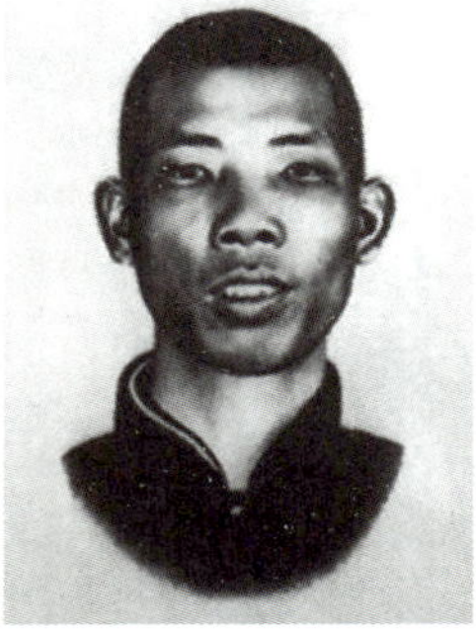

罗登贤（1905—1933），原名罗举，广东南海人。1925年加入中国共产党，同年参加并领导省港大罢工。1927年参加广州起义。九一八事变后，积极组织与发动东北人民进行抗日斗争，开创了在中国共产党领导下的东北人民抗日游击战争的新局面。曾任中共广东省委书记、中共满洲省委书记、中共中央南方局书记、中华全国总工会代理委员长等职。

罗登贤是中国共产党的优秀党员，著名的工人运动领袖，东北人民抗日救亡运动的重要领导者。在波澜起伏的革命斗争生涯里，在血与火的生死考验中，罗登贤始终坚定勇敢，至死不屈不挠。

他壮烈牺牲时年仅28岁，战友、同志在纪念他时，没有一个人能准确地记起他出生于何月何日，但大家决不会忘记他在被敌人囚禁时说过的话："我是始终要为无产阶级利益奋斗的，我决定以我的生命献给革命，什么也不能动摇我。"罗登贤的革命业绩和牺牲精神，永载中国革命史册。

省港工人运动领导者

1905年，罗登贤出生于广东南海的一个贫苦人家，父母早年双亡，他11岁就跟着姐夫到香港太古船厂当学徒，学习安装电灯，学做钳工。童年的困苦和做工的艰辛，使他饱尝帝国主义的欺凌和资本家的剥削压迫之苦，也磨砺了他坚强的意志和勇于斗争的精神。

有一次，一个新徒工做坏了活，遭到工头毒打。罗登贤挺身而出向工头说理："你不要打他，活做坏了是我的过失，该打该

罚由我承担！”结果他也挨了工头的打骂，却保住了那个小徒工的工作。工友们深受感动，对罗登贤十分敬佩。

1920年4月，香港机器工人举行罢工。为了要求厂方改善生活待遇、争取民主权利，罗登贤所在的太古船厂工人参加了罢工，迫使资方答应了工人的要求。通过这次斗争，罗登贤深刻认识到组织工会、团结工人力量的重要性。随后，他积极推动太古船厂成立工会组织。

1922年初，香港海员大罢工爆发，罗登贤当即在太古船厂召开工人大会，号召工人将罢工进行到底。在罗登贤等同志的积极组织和领导下，太古船厂工人在罢工中取得了增资15%的初步胜利，也壮大了香港海员大罢工的声势。

1924年初，第一次国共合作局面形成。为加强党在广东地区的领导，当年10月起，党中央先后派周恩来、陈延年担任中共广东区委主要领导人，中共广东区委派杨殷、陈日祥到香港开展工作。在这些共产党人的影响下，罗登贤开始接受马克思主义，于1925年春加入中国共产党，随后担任中共香港支部成员，不久又担任香港海员工会秘书。

加入中国共产党之后，罗登贤展现出坚定的革命立场和杰出的领导才干。1925年五卅惨案发生后，全国掀起轰轰烈烈的反帝浪潮，广州和香港爆发了声势浩大的省港大罢工。罗登贤参与省港罢工委员会的领导工作，深入香港各船厂发动工人参加罢工斗争，带领香港工人去广州参加反帝示威游行。他组织工人参加工人纠察队武装封锁香港数千里的海防线，抗议帝国主义制造沙基惨案的暴行。

1926年北伐战争开始后，罗登贤组织演讲团，到罢工工人中宣传北伐的重要意义，动员数百名罢工工人参加北伐运输队，支援北伐军。省港大罢工结束后，罗登贤先后担任中共香港市委常委和中共广州市委委员，继续在广州、香港领导工人运动，成为著名的工人运动领袖。

冒死参加广州起义

1927年大革命失败后，中共中央决定发动广州起义。罗登贤参与广州起义的准备工作，冒着极大危险往返于香港和广州之间。他和周文雍等人将多支广州工人武装改编为统一的工人赤卫队，按行业编为七个联队。罗登贤还参加工人赤卫队总指挥部的领导工作，并兼任第一联队队长。工人赤卫队成立秘密兵工厂，赶制了成批的手榴弹、炸弹和梭镖。12月11日，广州起义的枪声打响，罗登贤带领第一联队负责攻打公安局和保安队。在起义后成立的广州苏维埃政府中，罗登贤在人民外交委员会工作。

罗登贤和妻子周冷波

广州起义失败后，罗登贤被迫转移到香港，冒着随时可能被捕的危险坚持工作。每当出现危急情况，他都第一时间撤掉联络暗号，以免暴露导致其他同志落入虎口，再掩护同志们一个个离开，而他自己总是留在最后处理党的文件，并尽可能将党的重要文献保存下来。一次，罗登贤在香港召集会议，到了约定时间人还未到齐，他预感到可能出了问题，便迅速安排已到场的同志转移，打算自己留到最后藏好重要文件再离开。正在这时，敌人突然闯了进来，罗登贤机警地把几张用薄纸写的文件揉成团直接吞进了肚里，守住了党组织的秘密。

1930年夏天，罗登贤由上海重返香港，任中共广东省委书记，领导广东的革命斗争。在担任中共广东省委书记期间，省委秘书处曾有个别同志提出八小时工作制问题。罗登贤严肃地指出："注意劳逸结合是对的，但在革命还未取得胜利的时候，万万不能在共产党机关内提倡八小时工作制，八小时工作制是我们领导工人阶级向资本家作斗争的战斗口号，亦是斗争的目标和要求。共产党员向党提出这种要求是一种可耻的行为。"在他的耐心教育下，提要求的同志也认识到了错误。

东北抗日赴国难

1931年春，罗登贤以中共中央代表的身份被派往东北。九一八事变后，中国共产党坚决主张抗日。罗登贤号召东北全体党员与东北人民共存亡，他说："蒋介石国民党以不抵抗政策出卖东北同胞，我们中国共产党人一定要与东北人民同患难，共生死，争取东北人民的解放。""党内不允许任何人提出离开东北的要求。如果谁提出这样的要求，那就是恐惧动摇分子，不是中国共产党党员。”随后发表的《中共满洲省委为日本帝国主义武装占领满洲宣言》，深刻地揭露了日本帝国主义侵略东北的阴谋，以及国民党反共卖国不抵抗主义的罪行，号召工农兵劳苦群众罢工、罢课、游行示威，反对日本帝国主义侵略。

同年底，罗登贤担任中共满洲省委书记后，立即把中共满洲省委的工作重点由城市转到农村，广泛组织东北人民进行游击战争，派出许多优秀党员和干部分赴东北各地建立抗日游击队，为以后东北人民革命军、东北抗日联军的建立奠定了基础。同时，罗登贤还非常注意团结东北各地的其他抗日队伍，组成抗日统一战线。可以说，罗登贤是中国共产党在东北的抗日武装的主要创建人。

在罗登贤等人的领导下，中共满洲省委执行了正确的路线和策略，使东北地区各地的抗日武装快速壮大，掀起了抗日斗争的热潮，大大打击了日军的侵略气焰，延缓了日军迅速侵占全东北的计划。

三次被捕志不移

罗登贤曾经三次遭到逮捕，尽管敌人对他施尽惨无人道的酷刑，但他始终坚贞不屈。

罗登贤第一次被捕是在1922年。当时他发动太古船厂工人开展罢工斗争，响应香港海员大罢工，迫使资本家同意了增加工人工资的要求。后来资本家勾结香港当局，以罗登贤闹工潮为借口逮捕了他，并判处半年徒刑。但是，坐牢不仅没有动摇罗登贤的革命信念，反而更坚定了他斗争的决心，使他的革命思想更加牢固。出狱后，他又立即投入新的战斗。

罗登贤第二次被捕是在1928年2月。当时他作为中共广东省委常委，与省委代理书记邓中夏及几个常委在香港的广东省委地下机关开会，突然遭到香港警察搜查而被捕。由于敌人找不到证据，加上党组织的营救，罗登贤等得以保释出狱。出狱后，有人问他：“你不怕再坐牢吗？”他斩钉截铁地回答：“怕死、怕坐牢就不要革命，我虽赴汤蹈火，万死不辞。”

1933年3月28日，罗登贤第三次被捕。当时他任中华全国总工会上海执行局书记。由于叛徒告密，他在上海公共租界被捕。在法庭上，在叛徒做证时，罗登贤等人与敌人进行了针锋相对的斗争。

罗登贤怒斥法官和叛徒说：“你们给我的罪名是‘反动分子’。我要告诉你们我的经历：1925年，我帮助组织与领导了香港罢工。我现在刚从东北回来，在那边我同义勇军一道作战，打击日本强盗。我曾在上海日本纱厂帮助组织罢工。这些全是反对帝国主义的斗争，难道这就是我被控告为从事‘反革命活动’的理由吗？”罗登贤义正词严，驳得法官无言以对。后来，罗登贤等被强行引渡到上海市公安局关押。

国民党反动派无理逮捕和迫害罗登贤等人的消息传出后，引起了广大爱国人士的极大愤慨。1933年4月1日，中国民权保障同盟主席宋庆龄在上海《新闻报》上发表了《告中国人民——大家一致起来保护被捕的革命者》一文，热情地赞颂了罗登贤等革命者坚强不屈的斗争精神，称他们是“中国的反帝战士”，呼吁民众营救他们。

4月2日，反动派匆忙把罗登贤解送到国民党南京警备司令部监狱，对他施尽了惨无人道的酷刑，如压杠子、灌煤油、皮鞭吊打、火针刺指甲等，折磨得他遍体鳞伤。敌人用硬的不能使他屈服，又让叛徒劝降，但始终动摇不了罗登贤坚强的革命意志。

1933年8月29日凌晨，敌人在杀害罗登贤之前，问他还有什么话要说。他怒视敌人，凛然道：“我个人死不足惜，全国人民未解放，责任未了，才是千古遗憾！”罗登贤昂首挺胸站在南京雨花台上高呼口号，英勇就义。

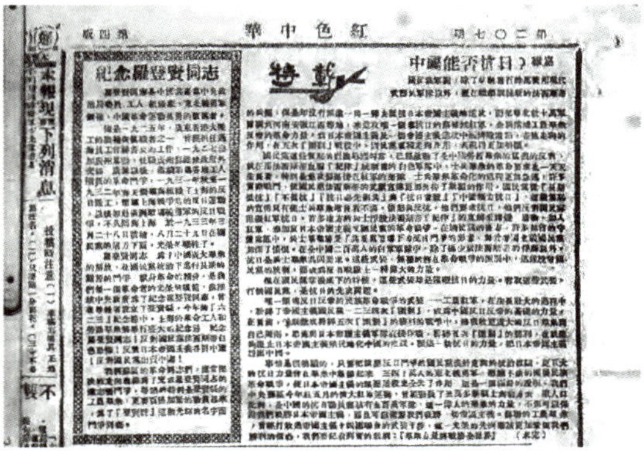
紅色中華
第四版
第二〇七期
紀念羅登賢同志
本報現有下列消息
中國能否抗日？

1934年6月26日，中华苏维埃共和国临时中央政府机关杂志《红色中华》发表了《纪念罗登贤同志》一文

1933年11月30日，上海《中国论坛》周刊发表了题为《在中国革命运动史中罗登贤的名字将永远是光辉灿烂的》的悼念文章，高度评价了罗登贤革命的一生、战斗的一生。

陆更夫：为共产主义事业而死，虽死犹荣

陆更夫（1906—1932），原名陆承楠，又名陆梗夫，四川叙永人。1923年加入中国社会主义青年团，创办《心波》《红涛周刊》等刊物宣传革命。1925年考入黄埔军校第四期政治科，同年加入中国共产党。1926年参加北伐战争，荣立战功。1927年参加广州起义，失败后在海陆丰地区开展斗争。1928年赴苏联学习。1930年底回国，先后在中共中央北方局、上海临时中央局和中央军委工作。1931年12月任中共两广省委书记。

更夫，是夜里的打更人，也是黎明的报晓者。青春正盛的陆更夫为自己改名"更夫"，就是要全天下都知道，他想做苦难中国的打更人、革命胜利的报晓者。

1925年，陆更夫考入黄埔军校，次年就随叶挺独立团参加北伐。在离家千里之外的江西，他写了封家书："我们的军队由广州出发，我也由湖南、湖北、江西，将来不知能否到南京、上海。南昌到汉口只须二日，汉口四日到重庆，要是我回家也很容易，不过我现在不能回来！"戎马倥偬，笔刀征战，人生短暂如流星一瞬，陆更夫将它尽数献给了革命，年仅26岁就壮烈牺牲。

当个报晓的打更匠

陆更夫1920年考入四川省叙永县联立中学，后考入国立成都高等师范学校。当时吴玉章任成都高师校长，恽代英不久也从泸州来成都讲学，以革命思想启迪、教育广大青年。陆更夫在革命思想的熏陶下，倾向进步，萌发救国救民之志，于1923年加入中国社会主义青年团，积极从事革命活动。在校期间，他创办了《心波》《红

涛周刊》等刊物，宣传革命思想。

黄埔军校武汉分校

1925年，陆更夫考入黄埔军校第四期政治科，下决心“不要钱，不要命，爱国家，爱百姓，做一个新时代的革命军人”。同年，陆更夫加入中国共产党。

入校后，他把原名陆梗夫改为陆更夫。同学打趣：“更夫者，打更匠也。”他笑着说：“打更匠有什么不好？中国正需要更多的打更匠彻夜巡逻，对付匪盗，报晓黎明。打更匠何辱乎！我当个报晓的打更匠，唤醒广大民众更好。”他也用短暂的一生践行了自己的这番话。

1926年6月，陆更夫提前毕业，被分配到国民革命军第四军叶挺独立团从事政治工作。在团长叶挺、团参谋长周士第的率领下，陆更夫积极做好政治工作，深入连队鼓励官兵，不怕困难和牺牲。

1927年2月，黄埔军校武汉分校成立，陆更夫调任分校政治部宣传科科长，并主编《革命生活》日刊。4月12日蒋介石发动反革命政变后，陆更夫与蒋先云、陈赓等人发起成立黄埔各届学生讨蒋筹备委员会，被选为委员的陆更夫等

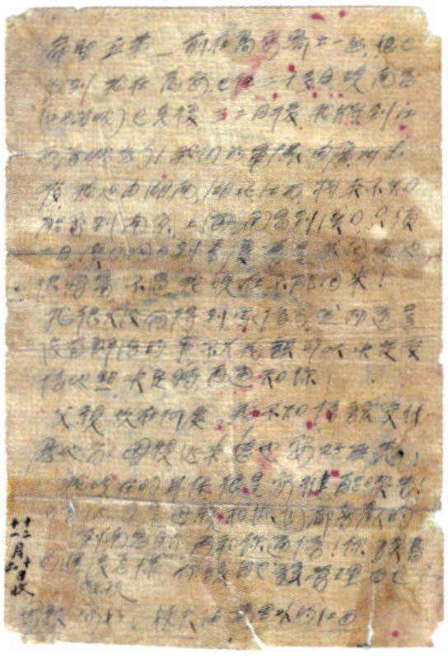

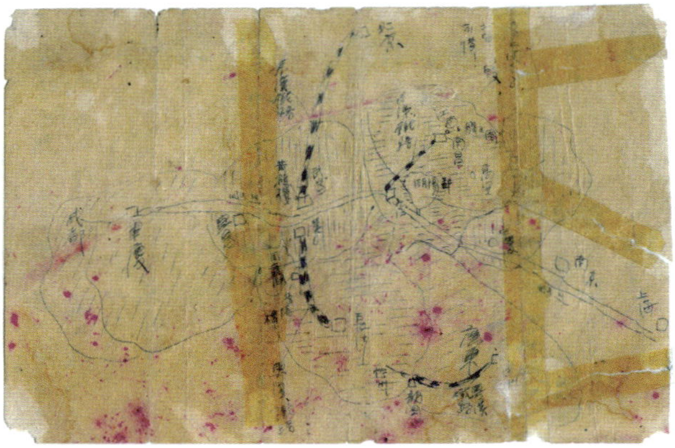

左图为陆更夫家书（正面），右图为陆更夫在家书背面绘制的北伐路线图

人组织召开了讨蒋大会。其间，他曾多次署名发表《斥蒋介石！》《再斥蒋介石！》《蒋校长到何处去了！》等讨蒋檄文，痛斥蒋介石叛变革命，轰动全国。

他在《在讨蒋大会里枪毙杨引之！》一文中写道："首先枪毙蒋介石大大小小的走狗，然后在民众面前枪毙蒋介石，让反革命在我们的面前发抖吧！"他提醒人们"不要对蒋介石存有丝毫姑息，而要与之作百倍的斗争"；勉励同志"在这革命的患难之秋，我们应当努力做好宣传工作，以唤起民众一道起来和敌人斗争"。

广州起义露峥嵘

1927年7月15日，汪精卫控制的武汉国民政府背叛了革命，黄埔军校武汉分校被解散。军校3000多名学生被改编为国民革命军第四军军官教导团，陆更夫任连长。在叶剑英的领导下，教导团经过长途跋涉，辗转到达广州。

1927年底，陆更夫参加了张太雷主持的200多名共产党员骨干分子会议，决定领导全连战士参加广州起义。12月11日凌晨，广州起义爆发，他带领战士们攻占了市公安局，救出了囚禁在市公安局牢房的800多名共产党员和群众。

广州起义时受陆更夫领导的战士程子华（曾任全国政协第五届、第六届副主席）回忆：陆更夫指挥打仗，很有一套。他非常勇敢，总是身先士卒，冲锋在前，对士兵也很关心、爱护，深受战士们敬重。

广州起义失败后，陆更夫等同志把剩下的部队整编为红四师，并带到海陆丰与彭湃会合。1928年1月8日，在彭湃领导下，叶镛、徐向前、陆更夫率领红四师两个团进攻陆丰城。到2月中旬，红四师与红二师及各县农军密切配合，连续作战，海陆丰革命根据地扩大到海丰、陆丰、惠阳、紫金、惠来、普宁、五华等七个县。

红四师成立旧址

由于敌人多次"围剿"，战斗频繁，红四师人员幸存者仅数百人。为避免暴露目标，他们还不能生火、煮饭，有时食生番薯充饥。陆更夫与大部分官兵是外省人，不懂广东话、潮汕话、客家话，斗争难度陡然增大。

其间，曾在红四师师部和东江党校工作的陆更夫女友郑梅先，在海陆丰征战中因病牺牲。陆更夫化悲痛为力量，鼓励官兵，坚持游击战争，尽量保存有生力量，伺机打击敌人。

1928年7月，陆更夫离开海丰到香港，再转赴上海，向中央汇报了红二师、红四师在海陆丰及东江地区革命根据地艰苦卓绝的战斗情况。正是陆更夫对党的事业认真负责、实事求是的态度，挽救了红四师不少优秀官兵的生命。

横眉冷眼对屠刀

1931年10月，陆更夫任巡视员，赴两广重点抓军事斗争。不久，经中共两广省委同意，陆更夫派员到东江、琼崖指导军事斗争。他指出：两广红军要遥相呼应，互相配合不断打击敌人，以扩大华南革命根据地，配合全国革命形势的发展需要。

此时，中共两广省委虽然设在香港，但并不安全，屡遭破坏，省委主要领导人如蔡和森、林道文、陈舜仪等人接连被捕，遭国民党当局残忍杀害，党在白区的力量受到极大损失。1931年12月，中共两广省委书记章汉夫被捕。省委常委会召开紧急会议，推选陆更夫为中共两广省委代理书记兼省委宣传部部长、中共两广省委军委书记。不久，中共中央任命陆更夫为中共两广省委书记，仍兼中共两广省委军委书记。

陆更夫与省委常委开会商议，决定在两广加强党的思想建设、组织建设，阻止叛徒破坏党组织，领导华南人民坚决进行反帝反封建斗争，支持、协助各个反日团体的革命活动，扩大群众的抗日基础，加强工会、青年会、妇女会、文化教育界等人民团体的工作，发动各界人士奋起抗日，结成抗日统一战线。

会后，中共两广省委制定了《关于切实建立组织工作的决议》等重要文件，发至东江、珠江三角洲、南路、粤西、粤北、琼崖、广西等地区党组织，强调不管反动派如何破坏，各级党组织都要头脑清醒，认真加强思想教育，重建或扩建党组织，团结各群众团体，带领人民反抗日本帝国主义侵占我国的罪恶行径。

九一八事变后，以青年学生为先锋的群众性抗日救亡运动风起云涌。陆更夫在此关键时刻，领导中共两广省委干部积极宣传、贯彻中共中央关于抗日的相关指示，派员到华南各地掀起了波澜壮阔的抗日高潮，他本人更是冒着生命危险到广州、桂林开展工作。

1932年3月14日，中共两广省委常委会会议召开前两天，省委常委廖多汶被捕叛变，当即供出省委常委开会地址，导致陆更夫和另外五名常委在开会时被港英当局逮捕。

港英当局原打算立即将陆更夫等由香港移交到广州，后经党组织积极营救，被捕六人获担保释放。5月6日，陆更夫等人打算坐船离开香港赴上海。不想，港英当局早与国民党反动派勾结，将陆更夫等人乘坐轮船的名称、起航时间等信息泄露给国民党当局。陆更夫等人刚抵达上海杨树浦码头，就被再次逮捕。他们先被关在上海市公安局，后又被转押回广州。

反动派妄图拉拢陆更夫，假惺惺地说："你曾是国民党党员、中央军校的宣传科长，国民党中央军校党部常委，是国民党的重要官员。只要你声明脱离共产党，重返国民党，把中共机密和共产党在广州、香港地址告诉我们，你立即可以享受荣华富贵，还可使你与家人团聚。"

陆更夫不为所动。软的不行，敌人便一改嘴脸，对其施以酷刑，甚至把他的腰椎骨打断……在狱中，他坚贞不屈，坚持斗争，并向同狱难友发誓道："头可断，血可流，革命意志不可灭！为共产主义事业而死，虽死犹荣！"

无计可施下，敌人将陆更夫等一行押赴广州市东郊石牌刑场准备枪决。赴刑场前，陆更夫挥毫写下壮烈诗句：

长夜漫漫困黑牢，横眉冷眼对屠刀。
头颅换来乾坤赤，中华英魂振九霄。

沿途，他们高呼"中国革命必胜！""共产党万岁！"等口号，慷慨就义。1932年7月15日，陆更夫的生命永远定格在26岁，但他用自己的热血，在东方的地平线上画出了一抹殷红的晨光。

蔡和森：干革命，哪里需要就去哪里

蔡和森（1895—1931），字润寰，号泽膺，湖南湘乡人。早年在长沙与毛泽东发起组织新民学会，后到法国勤工俭学。1921年冬回国，加入中国共产党。1922年起主编中共中央机关报《向导》，1925年参与领导五卅运动。曾任中共中央政治局委员、中共中央代理秘书长、中共中央宣传部部长、中共两广省委书记。蔡和森是中国共产党早期的重要领导人，杰出的共产主义战士，无产阶级革命家、理论家和宣传家，也是卓越的工运领袖。

毛泽东曾说："一个共产党人应该做的，和森同志都做到了。"

周恩来曾说："和森同志是永远值得我们怀念的。"

邓小平曾说："蔡和森同志是中共早期的卓越领导人之一，他对中国革命作出了重大的贡献，中国人民永远记着他。"

蔡和森在他短暂的36年人生中，明确提出要"明目张胆正式成立一个中国共产党"，率先提出"党的纪律为铁的纪律"，"必如此才能养成少数极觉悟极有组织的分子，适应战争时代及担负偌大的改造事业"的理论，领导了五卅运动，并以丰富的斗争经验，将这场运动发展到了广州、香港等城市。作为中国共产党早期的重要领导人，杰出的共产主义战士，无产阶级革命家、理论家和宣传家，蔡和森还出版了中国共产党第一部党史著作，开党史研究为党的建设和党领导的革命事业服务的先例和传统，为中国共产党理论工作和党史教育作出了重要贡献。

壮志凌云：积极寻求中国出路

蔡和森生于1895年，因家道中落，13岁就到杂货店当学徒帮补家用，起早贪黑，对劳动人民的苦难深有感触。即便如此，他仍旧每天挤出时间看书。学徒期满后，他以优秀的成绩先后考入了永丰国民小学、双峰高等小学。

在双峰读书期间，了解到同盟会的革命故事后，蔡和森对孙中山先生非常崇拜。在南京临时政府号召人们剪掉辫子时，他立即剪掉自己头上的辫子，并推动家乡永丰镇开展剪辫子运动。蔡和森还鼓励母亲也把辫子剪掉。初次的反抗行动，启蒙了他的革命意识。

蔡和森曾立言明志："猎取功名，升官发财，不是我们要走的路，我们读书为的是'改造社会'。吾人之穷极目的，惟在冲决世界之层层网罗，造出自由之人格，自由之地位，自由之事功。"

1913年秋，蔡和森成功考入在湖南颇有名气的湖南省立第一师范学校，在这里他遇到了影响他一生的挚友——毛泽东。两人志同道合，在杨昌济、徐特立等进步教师的引导下，积极探索挽救危难中国的途径，以极浓厚的兴趣研究着文学、哲学、历史，深切地关注着社会现实。

1918年4月14日，经过毛泽东、蔡和森等人的酝酿，新民学会在蔡和森家成立。新民学会以"革新学术，砥砺品行，改良人心风俗"为宗旨，确定了"五不"的纪律规定：不虚伪、不懒惰、不浪费、不赌博、不狎妓。随后，他们又创办了《湘江评论》。在他们的倡导下，一群朝气蓬勃的有志青年，为着共同的理想而团结起来，积极寻求中国的出路。

毛泽东、蔡和森、张昆弟等人还进行了"新村生活"的尝试，经常利用假日漫游农村，了解民情。他们把这种做法叫"读无字书"，目的是考察和学习社会，弥补书本知识的不足。

蔡和森与毛泽东一道从刘家台子出发，在洞庭湖附近的农村做了一次历时半月的"游学"，先后到过湘阴、岳阳、平江、浏阳等县了解社会风俗，特别是农民的政治、经济状况。

蔡和森回到家里之后，向母亲、妹妹概述了这次经历，深有感受地说："我们见人说话，遇事帮忙，获得农民的欢迎，得到了不少教益。看来，天下贫苦农民是一家，只要乐于助人，走遍天下也不难啊！"

首提“建党”：党的纪律为铁的纪律

位于法国巴黎以南100公里处的蒙达尔纪，是一座风景优美的小城。

这里，一块记录20世纪20年代中国留法学生勤工俭学运动的白色纪念牌，静静地竖立在公园内一片绿树环绕的草坪上。纪念牌上用中法双语清晰记录着：“蔡和森、向警予在留法学生会全体会议上提出建立一个新民主主义政党的主张……”纪念牌右上方是一张当年与会学生们的合影，不禁让人联想到他们当年“挥斥方遒、指点江山”的场景。

1918年6月，蔡和森受杨昌济的邀请，赴北京准备留法勤工俭学。在北京，他如饥似渴地阅读进步书刊，开始接触马克思主义，逐渐成长为初步具有共产主义思想的知识分子。1919年，蔡和森踏上艰难的法国求学之路。到了法国，他开始刻苦钻研马克思主义。他的法语水平刚开始并不高，为了能读懂法语版本的各类马克思主义著作和各国革命运动思潮的小册子，他每天清晨都会到公园学习法语，经常一去就是一天，连饭也忘了吃。对于看不懂的词语，他手持字典猛看猛译，靠“蛮力”阅读把这些刊物逐一读完。很快，蔡和森成为坚定的马克思主义者。

为把留法中国青年团结起来，1920年7月，蔡和森与李维汉等13名新民学会会员聚集在蒙达尔纪举行了为期五天的会议，就如何改造中国与世界等重大问题进行讨论。在讨论用什么方法达到“改造中国与世界”这一目的时，会员之间产生了分歧，他决定把这几种意见写信告诉毛泽东。

8月13日，蔡和森给毛泽东寄出第一封信，共有2700余字，他在这封信中旗帜鲜明地提出了建党主张：

“我以为先要组织党——共产党……一、这个党必须是无产阶级革命政党；二、这个党必须以马克思主义为指导思想……”

留法学生会在蒙达尔纪留下的合影，最后排右二为蔡和森

史学界认为，“中国共产党”这个全称，就是蔡和森在这里第一个提出来的。

由于交通不便，蔡和森

的信直到同年11月才送到毛泽东手上。蔡和森久未等到好友的回信，于9月16日又迫不及待地给毛泽东寄去一封6000多字的长信，并在信中提出了具体的建党步骤，首次提出“党的纪律为铁的纪律”，“必如此才能养成少数极觉悟极有组织的分子，适应战争时代及担负偌大的改造事业”。

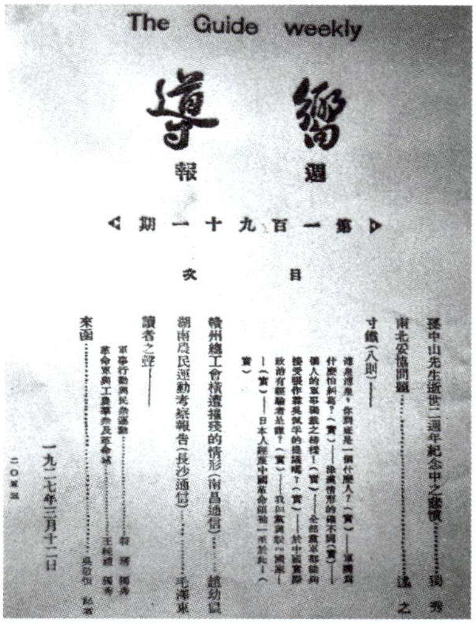
The Guide weekly

嚮導週報

第一百九十一期

目次

孫中山先生逝世二週年紀念中之感憤……獨秀

南北妥協問題……述之

寸鐵（八則）——

贛州總工會横遭摧殘的情形（南昌通信）……趙幼儂

湖南農民運動考察報告（長沙通信）……毛澤東

讀者之聲——

來函……

一九二七年三月十二日

《向导》

毛泽东在复信中对蔡和森提出的建党理论表示赞同：“你这一封信见地极当，我没有一个字不赞成。”

1921年底，蔡和森回国，经陈独秀介绍在上海加入了中国共产党，负责理论宣传工作，成为中国共产党早期卓越的领导人之一。

1922年中共二大，他被选为中央执行委员会委员，任中央宣传部部长，并负责主办党中央第一个公开发行的政治机关报《向导》。他常常不顾哮喘病缠身，夜以继日地工作。在他的主持下，《向导》周报为传播马克思主义、宣传党的纲领和路线方针政策、鼓舞和动员工农群众奋起斗争，发挥了重要作用。

在中央积极筹备第二次全国代表大会时，中共内部发生了李汉俊等人反对党的民主集中制、反对党的纪律写入党章的情况。蔡和森与之进行了坚决斗争。中共二大、三大李汉俊均未到会出席，还托人转来“反对集权、铁的纪律”的意见书，之后离开组织并且反对国共合作。

蔡和森及时批评了李汉俊违反组织纪律的消极行为，明确指出“李汉俊等把民主集中制和铁的纪律与独裁、专制等同起来，显然是不正确的”。他还批评了张国焘的小组织问题，认为“国焘问题在表面上是态度问题，实际上是纪律问题，不明白党员与党员的关系和上级机关与下级机关的关系，根本上反对纪律和集中制，至第四次大会开始明了”，将党员的态度倾向问题上升到纪律的高度加以认识。

浩然正气：哪里需要就去哪里

广州是大革命时期全国革命运动的中心，也是蔡和森曾经战斗过、生活过的地方。1922年5月，中国社会主义青年团第一次全国代表大会在广州举行，蔡和森当选为团中央执行委员。1923年6月，蔡和森出席在广州召开的中国共产党第三次全国代表大会，当选为中央执行委员。

1931年初，广东笼罩在白色恐怖下，党的组织遭受严重破坏，广东省委机关暂设香港。蔡和森以党的利益为重，服从党中央的指示，前去香港主持广东省委的工作，担任中共两广省委书记。临行前，刚从香港回来的外甥女刘昂对他说，香港的情况很不好，劝他暂时不要去。蔡和森回答："干革命，不能只考虑个人的安危，哪里需要就去哪里。"

到达香港后，蔡和森带着妻子和女儿住在一家洋酒罐头公司的楼上。屋子很简陋，生活工作条件极差。但为了替党节省开支，他没有在附近另租房子办公，而是冒着危险，每天早出晚归，到群众中开展工作。

不料，此时原在中共中央担任重要职务的顾顺章叛变，他对长期在党中央担任领导职务的蔡和森相当熟悉，因此，蔡和森开展革命工作的情况愈加复杂危险。1931年6月10日，香港海员举行一次重要的会议。考虑到属于群众性集会，很可能会混进侦探、特务，同志们纷纷劝说蔡和森不要参加。但蔡和森一心想重整海员工会工作，实在放心不下。快到中午时分，他决定赴会。待他一进会场，早在那里蹲守的叛徒顾顺章立即带着四个便衣特务将他逮捕。

蔡和森被捕后，随即被引渡到广东。在广州监狱中，他受到国民党反动派的种种酷刑，但蔡和森没有泄露任何机密。有一次，蔡和森血肉模糊地被拖回牢房，躺在地上时已动弹不得。难友们见此惨状，都伤心地流下眼泪，他仍强忍伤痛鼓励大家坚持斗争，并说"最后胜利一定是属于我们的"。

敌人知道在蔡和森身上难以得到有价值的情报，决定将其秘密处死。1931年8月的一天，敌人把蔡和森拖到监狱的墙边，然后摆了几根粗大的铜钉在他的面前，叫嚣着如果蔡和森再不坦白，就将他钉死在墙上。蔡和森轻蔑地看着敌人最后的伎俩，决不投降。刽子手把他的手脚死死按在墙上，用铜钉惨无人道地穿透他的四肢钉在了墙上。鲜血从蔡和森的四肢流出，漆黑的狱墙被染成了血红色，刽子手还用刀戳烂他的胸口，刺刀一次又一次地扎在蔡和森的身上。在百般折磨下，蔡和森在狱中壮烈牺牲，时年36岁。他的革命业绩和崇高精神，永远铭刻在中国共产党人和中国人民的心里。

郑怀昌：坚信革命一定会成功

郑怀昌（1913—1934），又名郑昌，广东惠州人。1925年在进步思潮影响下，投身于革命洪流之中。1928年加入共青团，1931年加入中国共产党。曾任共青团惠阳县委宣传部部长、共青团淡水区委书记、中共紫河特区特派员、共青团惠阳县委书记等职。1933年到香港，负责中共两广临委工作。1934年2月任中共两广临委书记，组织进步青年，培养革命骨干；10月在香港尖沙咀被捕，11月被杀害于广州。

1934年2月，中共两广临时工委进行改组，郑怀昌任书记。

同年3月，郑怀昌被调去中央学习。随后，根据中共中央的决定，中共两广临时工委改组为中共香港工作委员会。同年8月，郑怀昌从中央学习回来后接任中共香港工委书记。9月，中共香港工委决定在九一八事变三周年纪念期间，广泛开展抗日宣传活动，引起港英当局注意。9月17日，大批警探包围了中共香港工委的活动地点智仁勇学校，逮捕了在该校任职的中共香港工委宣传干事陈光。接着，中共香港工委机关被破坏，郑怀昌等多人被捕。随后，郑怀昌被引渡到广州，遭国民党当局杀害。

从一名普通的革命群众，到中共两广临委书记，再到不幸被掳死于敌手，在短短21年的人生里，郑怀昌一颗赤心献革命，勤廉奋斗在革命一线，立下了汗马功劳。

勤学苦读求进步

1913年，郑怀昌出生于一个小商人家庭，在六个孩子中排行第二，曾先后进入古氏私塾、淡水青年新社小学就读。他学习勤

广东革命政府东征军行营旧址（位于崇雅中学老校区崇雅书院楼）

奋，成绩优异，深得老师器重，无奈战乱频仍，肄业于崇雅小学。

文化水平不高，并没有让郑怀昌停止学习。1925年，广东革命政府在中国共产党的支持下，组织以黄埔军校学生军为主力，粤军张民达、叶剑英部为右路的东征联军，讨伐陈炯明。东征联军在惠阳农民武装的有力配合下，于2月15日攻克淡水。东征军首战告捷，使郑怀昌大受鼓舞。

当时，在革命浪潮的推动下，淡水兴办了一间平民学校，又成立了淡水青年新社，开展文学革命和白话文运动，宣传反帝反封建斗争。郑怀昌热情地加入其中，常常参加平民学校和青年新社的活动。

东征军淡水之战旧址

其间，郑怀昌买来进步书籍，勤读苦学，还分享给其他同学阅读。他决定加入革命的洪流。为了能够让更多人提高思想觉悟，他借了一间小房办起了阅览室。为了让广大的人民群众都能了解革命的意义，郑怀昌加入了军民联欢和宣传队、慰劳队，四处派发革命传单，张贴东征联军政治部布告和标语，为东征联军送茶水、当向导，在街头张贴“打倒帝国主义”“打倒军阀”“打倒土豪劣绅”“实行减租减息”“一切权力归农会”等标语，利用革命舆论打击反动地主的嚣张气焰。

黄埔学生东征军

此时，五卅反帝爱国运动如火如荼，郑怀昌发动同学游行示威，沿途高呼革命口号，号召人们抵制日货、支持国货。省港大罢工爆发后，郑怀昌又主动协助省港罢工委员会派驻淡水办事处的纠察队，堵截查缉去往香港的走私物，向纠察队揭露商团武装和土豪勾结寻衅的阴谋，捉拿走私犯归案。彼时的郑怀昌，虽然只是一名革命群众，却不辞辛劳，以饱满的热情全力支持革命工作。

坚定信仰不动摇

1927年大革命失败后，淡水地区工会、农会转入地下活动。因与原淡水工会负责人邓锡善交往甚密，郑怀昌接受了地下党布置的任务，在逆境中仍坚持斗争。

思想宣传，关系到党的政策的贯彻与落实。郑怀昌经常到淡水镇郊外的上、下土湖活动，趁着夜色利用放纸鸢的方式将革命传单散发到淡水城内和郊外乡村，或用传单包着石头扔出城墙外，使敌人惶恐不安。因表现出色，1928年，郑怀昌被吸收为共青团员。1929年，任共青团惠阳县委宣传部部长。1931年春转为中共党员，任共青团惠阳县委宣传部部长兼团淡水区委书记。

入党以后，他更加认识到宣传工作的重要性，用更多的时间深入宣传和发动群众，普遍恢复全区被反革命政变破坏的赤卫队、少先队、儿童团、妇女会等组织，积极开展革命根据地的反“围剿”斗争，通过建设地下交通站的形式，向红军游击队输送了一批青年队员。妇女会以捐献毛巾和做布鞋等方式慰劳红军，少先队员、儿童团员高唱革命山歌，村庄到处可听到“来来来，工农兵快起来！打倒国民党反动派！建立起工农兵政府，苏维埃！”的歌声。与此同时，郑怀昌还发动本地群众抗租、抗债、抗捐、抗税，保卫夏收。1932年秋，郑怀昌任共青团惠阳县委书记。为了提高思想宣传效果，他结合群众喜好，经常创作民歌，利用客家小调宣传革命道理，和群众一起上台演唱“十月里来谷入仓，穷人米缸有粒粮；只有组织农协会，团结斗争才有行”一类的进步民歌。

1933年10月，中共惠阳县委遭叛徒出卖，许多革命同志惨遭杀害。在严峻的生死考验面前，郑怀昌的信仰丝毫没有动摇，继续积极组织党员撤退隐蔽，转入地下潜伏活动，尽最大努力保全惠阳当地的革命力量。

视死如归斗志强

1933年11月，郑怀昌前往香港向中共两广临委（由两广党、团省委及中共香港市委联合组成）汇报工作，中央巡视员钟仲衡认为他长期在惠阳农村开展革命活动，在香港认识他的人少，便于隐蔽，指定郑怀昌留在香港，逐步恢复中共两广临委与中央和下属党组织的联系，出版《两广红旗》刊物占领舆论阵地，指导党组织进行革命斗争。

1934年2月17日，中共两广临委召开第一次会议，郑怀昌被任命为临委书记。后来，中共两广临委改为中共香港工作委员会，郑怀昌继续担任书记。

在香港工作期间，郑怀昌加强马克思主义学习，用心发展党、团组织，争取一切可以发展的积极分子，团结工农子弟，培养革命骨干。他时而假扮商人在街头叫卖，时而假扮苦力在码头、工厂做工，自印传单散发给当地无产阶级。他关心被捕入狱的同志和工人，用募捐而来的款项给狱中手足送去慰问；他和在香港秘密活动的党员，逐步在广东

郑怀昌故居

兄弟橡胶厂、德成织布厂、三洋织绸厂、中华书局等单位里组织、发展起进步青年团体。他在加强学习党的理论的同时，还鼓励工人购买、阅读进步书刊，将觉悟较高的工人往革命骨干方向培养，尽全力恢复、发展香港的党、团组织。

不幸的是，1934年10月的一个傍晚，由于叛徒出卖，中共香港工委机关遭到严重破坏，郑怀昌在香港尖沙咀被捕。入狱后，敌人问他："共产党有什么好？"他回答道："我们穷人被压迫得没法活下去，共产党好在给我们指出生路——一条革命的道路！"

敌人向郑怀昌施以酷刑，逼迫他供出两广党组织人员名单。但郑怀昌坚贞不屈，始终保守党的秘密。因挂念革命同志的安全，他想尽办法买通狱卒从狱中送出纸条，让可能暴露身份的有关同志尽快撤离。

一次，宪警自以为抓到了郑怀昌的把柄，得意扬扬地押送他前去同省委地下交通员杨华对质，企图以此试出杨华的身份。但郑怀昌临危不惧，在对质时抢先一步说道："这是我房东，我在她家搭膳，每月伙食费15元。"这句话提醒了杨华，她最终没有暴露身份。

1934年11月下旬，郑怀昌被国民党军警押送到广州，不久遇害，年仅21岁。身陷囹圄之时，他仍不忘告诫革命同志："要刻苦坚持，要坚信革命一定会成功！"

张文彬：一生为党工作，死而无憾

张文彬（1910—1944），原名张纯清，湖南平江人。1925年加入中国共产主义青年团。1927年春到武昌中央农民运动讲习所学习，同年加入中国共产党。马日事变后返回平江，组织工农武装，发展党组织。1937年受中央委派到广东开辟敌后战场，壮大了中共领导的抗日武装力量。历任中共平江西乡特委书记、中共南方工作委员会书记、中共广东省委书记等职。

1944年8月，一个平凡而又伟大的生命在国民党的马家洲监狱停止了呼吸。

1944年9月，毛泽东、周恩来等中央领导人在延安参加了他的小范围悼念活动；1945年6月，中共七大通过《关于死难烈士追悼大会的决议》，当主持人念到他的名字时，与会代表肃立默哀，寄托深切的悼念。

这位在延安两次被追悼的先烈就是张文彬。从1927年春加入中国共产党，到1934年2月当选为中央执行委员，张文彬参加了红军长征，任红五军政委、红七军政委、红三军团保卫局局长等职，屡立战功。1936年调任毛泽东秘书。抗战时期先后任中共南方工作委员会（简称“南委”）书记和广东省委书记。1944年8月，张文彬抱着“宁为玉碎，不为瓦全”的信念牺牲于狱中。

危难中的独胆英雄

1920年，10岁的张文彬进入平江县城读小学。1923年，家境贫穷的他在堂兄张子谋的帮助下进入长沙的半工半读学校就读。

1925年五卅惨案发生，耳闻帝国主义的罪行，张文彬参加了反帝宣传活动，阅读了马克思、恩格斯、列宁的著作，思想日渐成熟。

1927年春，张文彬被党组织选送到武昌中央农民运动讲习所学习，聆听了毛泽东、邓演达、恽代英等人的教导，思想觉悟有了很大提高并于同年加入了中国共产党。1928年7月22日，彭德怀等人发动平江起义，成立了中国工农红军第五军。张文彬率领平江县工农游击队骨干参加了红五军，任第一大队党代表。

1929年初，湘赣反动军队大举集结，“围剿”井冈山根据地。这时，红四军主力已向赣南发展，红五军留守井冈山。张文彬和李灿所率队伍被派守黄洋界哨口。经过三个昼夜的激战，张文彬率领官兵们挡住了敌军的猛攻，使之不能逾越一步。敌人见正面攻击不行，便收买反动分子，在一名奸细的带路下，沿着深山密径，从滚子坳翻到金狮面大峡谷，插到了小井，在小井红军医院疯狂杀害100多名红军伤员，旋即向黄洋界扑来。腹背受敌的红军阵地失守。

在这种情况下，红五军只得按原定计划撤退。此时第一大队只剩100多人，且还有20多名伤员。在大雪封山且需要穿越敌人几道封锁线的情形下，这些伤员无法逃离险境。张文彬对李灿说道：“你们走吧，我留下照应这些伤员！”李灿对张文彬说：“这里很危险啊！”张文彬的声音异常坚定：“你们放心走吧，我一定让我们受伤的同志好好地活下来！”

张文彬带着20多名伤员翻山越岭，在荆竹山腹地的山窝找到一口炭窑隐蔽下来。天寒地冻，白天不敢生火冒烟，到了晚上才烧火取暖。为了节省粮食，他们每天只喝两餐稀粥。张文彬除了亲自煮稀粥、护理伤员，还与另外两名留下来的战士一起扒积雪挖野菜。就这样，这支被饥寒和伤痛折磨的红军小队伍，在张文彬的带领下，苦熬了20多天，终于渡过难关，与大部队会合。

张文彬在危难重重的情势下挺身留下照应伤员的英雄事迹，后来被美国女记者尼姆•威尔斯写入《续西行漫记》中，称赞他是“危难中的孤胆英雄”。

抗日救亡中流砥柱

七七事变发生后，党中央决定派张文彬到广东开辟敌后抗日战场。1937年10月，他在香港召开党的会议，对中共南方临时工作委员会进行整顿，正式成立中共南方工作委员会，张文彬任书记。

1938年4月，遵照中央指示，撤销中共南方工作委员会，成立中共广东省委员会，张文彬被选为书记。中共广东省委成立后，张文彬坚决贯彻党中央《关于大量发展党员的决议》，推动广东党的组织快速发展。

1937年春，张文彬（二排右二）在西安

张文彬非常重视党的组织建设工作。1938年5月，在张文彬领导下，广东先后建立了中山中心县委、东莞中心县委、南顺工委以及南雄、韶关、惠阳等地中心支部，很多过去党组织遭到严重破坏的市、县，也相继恢复了党的组织。8月，他主持召开省委第三次执委扩大会议，提出了“为全省发展一万党员而奋斗”的口号。

经过深入细致的发动工作，到1938年10月，在广州地区（包括香港）党员人数骤增至2500余人，潮梅地区发展到2000余人，琼崖地区发展到5000人，其余地区也有较大发展，新发展的党员绝大多数都是经过斗争考验的先进分子。从1938年到1939年9月，县一级党的组织机构在全省各地普遍建立起来，并分别建立了东南、粤中、东江、西江、北江和南路等特委。

除了加强党的组织建设，张文彬还十分注重党的思想教育。他亲自为参加省委举办的党员训练班的同志们讲课。尽管只有初中文化水平，但他经历丰富，爱看书学习，讲的课针对性强，颇受学员的欢迎。他有时还给训练班的同志讲长征以及革命烈士的英雄事迹等。有一次，他在对国民党第四战区内的中共特别支部党员作抗战政治形势报告时，听到参加报告会的一位女同志的名字和原上海全国救济总会负责人黄励烈士的名字同音，一时颇有感触，就含泪向同志们介绍了黄励烈士因叛徒出卖而被捕，坚贞不屈，严守党的秘密，直至临刑前还高呼“共产党万岁”的英雄事迹，使在座同志深受教育，更加坚定了自己的决心和信念。

1938年10月，在日军的强攻下，广州沦陷。以张文彬为书记的中共广东省委高举抗日民族统一战线旗帜，几次给中共中央和中央军委去电，争取中央向广东派遣了两批30多人的八路军军政干部，来广东担任各支游击队领导职务。

在韶关西河的八路军办事处、南雄瑶坑、始兴红围以及韶关五里亭的牛头冲，作为中共广东省委书记的张文彬，运用抗日救亡运动蓬勃高涨的有利时机，指示各地党组织大力发展抗战先进分子入党，派遣党员到各个群众团体中担任职务，领导群众开展抗战活动。

当时的广游二支队是成立不久的抗日武装，内部人员鱼龙混杂，成分复杂。支队司令吴勤积极联系党组织，要求尽快派干部到支队开展整顿工作。1939年，张文彬派出刘向东、严尚民等到该支队开展整顿工作，加强对该支队的军政训练，将其改造成中国共产党直接领导的抗日武装。

1940年11月，张文彬由中共广东省委书记调任中共南方工委副书记，他与方方、廖承志等人一道领导着广东、江西、闽西、闽南的抗日武装斗争。他曾在东江游击队住了三个多月，具体指导部队的工作。广东人民抗日游击总队建立后，张文彬代表南委“住队”，亲自给部队讲政治课，参与部队的军事行动。

在张文彬等人的领导下，广东的抗日救亡运动不断高涨，不少群众抗日救亡团体，如广东抗日救亡先锋队、广州市学联、香港学生赈济会以及惠阳、韶关、佛山、南路、西江等地大批群众救亡团体，接受了中国共产党的领导。广东各地的抗日武装发展到10万余人，自此，以广东为中心区域的华南敌后战场，成为中国敌后的三大战场之一。

1941年12月，日军占领香港。张文彬在香港坚决执行中央的指示，同八路军驻香港办事处的廖承志一起周密布置营救文化界人士和爱国民主人士的工作。

他们先后在香港、惠阳等地召开香港、东江地方党组织和部队负责人会议，商讨营救方案。营救方案确定

位于大埔县枫朗镇的中共南方工作委员会机关旧址

后，张文彬坐镇宝安游击区，亲自抓方案的实施工作。经过努力，将何香凝、柳亚子、邹韬奋、茅盾、夏衍等800多名文化界人士和爱国民主人士，从香港日军的严密控制下营救出来。等他们陆续安全抵达游击区后，张文彬又指派干部做好接待和沿途的护送工作。为了解决食宿费用问题，他亲自率领游击区的领导同志一起四处筹集粮食，多方筹措钱款，动员游击区内的民众先提供粮食，保证被营救的文化界人士和爱国民主人士的吃饭问题，再根据各人情况做好疏散转移工作，尽量做到周密细致，万无一失。文化界人士和爱国民主人士在游击区短暂停留后，就被武工队、广东人民游击队等迅速护送到深圳、河源、惠阳等地，继而被安全转移到各地，无一伤亡。这场大营救活动，也被称为“抗战以来最伟大的营救工作”“世界营救史上的奇迹”。

浩然正气长留人间

1942年5月，南委事件爆发后，张文彬当即同南委书记方方布置机关撤退工作，决定南委机关分头向闽西、东江等地转移。6月初，张文彬向东江方向撤退，途经高陂镇，遇上叛徒郭潜（南委组织部原部长）及他所带引的特务，终因寡不敌众，不幸被捕。6月20日，张文彬被特务押解囚禁于江西泰和县国民党监狱。

张文彬在狱中立场坚定，严厉驳斥国民党特务诬蔑共产党的谣言，痛斥劝降的无耻叛徒，明确表示“宁可坐牢而死，决不跪着爬出去”。然而，一同被捕的南委委员涂振农刚开始表现坚定，但几个月后便动摇了。在一次放风时，涂振农写了一张纸条交给张文彬，上面写道“我有八条理由不会叛变”。张文彬把纸条转交给同在监狱之中的廖承志，并提醒廖承志警惕：此人靠不住，八条不会，碰到九条又会怎样？涂振农叛变后，特务即利用涂振农劝降张文彬，要他抛弃共产主

马家洲集中营，1942年张文彬被捕关押在此

张文彬铜像

义信仰，跟随国民党。张文彬当面斥责：贪生怕死，猪狗不如！

在敌人的残酷折磨下，入狱后的张文彬肺病日益严重。这时候，敌人要挟他，只要他转变立场，不但可以获得自由，还可给他治病。张文彬对敌人的威胁利诱嗤之以鼻，不予理睬。在生命垂危之际，他对廖承志说：“我现在身体不行了，不能为党继续工作了，心里感到很难过。”又说：“我一生为党工作，坚信马列主义、坚信党，现在生命快到尽头，但我死而无憾。将来你出去时，请你将我在狱中的表现转告给党中央、毛主席。”

1944年8月26日，他戴着脚镣，用嘶哑的声音哼着《国际歌》同廖承志诀别，走向刑场。狱中人员在检查张文彬的遗物时，发现他留下的一封遗书，题为《我誓死不能转变》，信中说：“宁为玉碎，不为瓦全。”“我犯（患）了严重的肺病，生的时期（间）不多，吃苦也快到尽头，因而更是誓死而归，乐于就义，愿为江西人，尤其为整个中华民族的革命儿女留些正气吧！”

对党忠诚，是共产党人首要的政治品质。张文彬走了，但他把共产党员的浩然正气长留在人间。1983年4月15日，廖承志在中央党史资料征集委员会南方局党史资料征集小组座谈会上的讲话中说：“张文彬同志同我关在一起，他牺牲是我亲眼看到的……（当时）广东省委能够重新恢复和建立，张文彬同志的功劳很大。”

干净篇

打铁必须自身硬

中国共产党的自我革命精神一脉相承，连续不断。从诞生之日起，她就把铁的纪律鲜明地写在了自己的旗帜上。

面对血与火的考验，无数用崇高理想信念武装起来的革命先辈，始终站稳政治立场，坚定政治方向，勇于自我革命，同一切影响党的先进性、弱化党的纯洁性的问题作坚决斗争。他们在广东开启了加强党的纪律建设的探索实践，是永葆清正廉洁政治本色的模范。

刘尔崧：我为的不是个人的饭碗

刘尔崧（1899—1927），广东紫金人。1918年入广东甲种工业学校学习。五四运动时参与领导广州爱国学生运动。1921年春加入广州共产党早期组织。长期从事工人运动，组织领导广州工团军参加平定广州商团叛乱、讨伐陈炯明的东征战役及北伐战争。历任社会主义青年团广东区委书记、中共广东区委工委书记、中华全国总工会执行委员、广东省工代会主席、省港罢工委员会顾问等职。刘尔崧是广东青年运动的先驱、广东早期工人运动卓越的组织者和领导者。

刘尔崧与阮啸仙、黄居仁并称“东江三杰”。作为广东青年运动的先驱、广东早期工人运动卓越的组织者和领导者，他以一系列卓有成效的工作，有力地扩大了中国共产党在工人群体中的影响力，为党组织在广州乃至广东地区的壮大作出了杰出贡献。

学生运动的“四大金刚”

刘尔崧1899年出生于紫金县一个清贫的教师家庭，1918年以优异成绩考入免收学费的广东甲种工业学校。甲工的学生大部分出身贫苦，学习刻苦勤奋。刘尔崧成绩名列前茅，在校内担任学生会主席。在学校，他大量阅读《新青年》《每周评论》等进步刊物和《阶级斗争浅说》等革命图书。在研究俄国十月革命和马克思主义学说后，他逐渐认识到只有走俄国工人阶级所走的道路才能救中国。

1919年五四运动爆发后，爱国主义浪潮迅速席卷广州。刘尔崧与阮啸仙等人热血澎湃，立即在校内发动同学，到校外发表演说，号召大家响应这场伟大的反帝爱国运动，团结起来反对卖国政府。5月30日，刘尔崧带领学生团体对大新、先施、真光三个公司进行监督检查，高呼“外争国权，内惩国贼！”“抵制日货！”等口号，烧毁了一些日货，结果遭到反动军警的殴打，刘尔崧等人被逮捕。数百学生到警察厅请愿，要求释放刘尔崧等人。面对声势浩大的学生，警察厅厅长只能下令释放刘尔崧等三人，但却暗中授意甲工校长以“聚众扰乱治安”为名，开除刘尔崧、阮啸仙、周其鉴三人的学籍。甲工师生强烈反对，以罢课罢教的形式迫使校方收回成命。事后，刘尔崧、阮啸仙、周其鉴三人合影留念，刘尔崧在照片背面题了这首诗：“莽莽大地，哪块是我们的故乡？济济众生，哪个是我们的知己？孤零零的几个人儿，联成一气，势利是非所为，炎凉更非所知，海可枯，石可烂，此志不可移。”

广东甲种工业学校

由于在学生运动中表现突出，1920年8月，刘尔崧加入了广州社会主义青年团，成为社会主义青年团广州地区第一批团员，翌年加入中国共产党。1921年，因校方独裁专制、贪污腐化、设备残缺，学生不能安心读书，刘尔崧带领学生向广东省教育委员会上书，迫使校长高仑下台。这场斗争让甲工成为广州学生运动的中心。刘尔崧、阮啸仙、周其鉴、张善铭也因为在这场斗争中的出色表现，被誉为红色甲工的“四大金刚”。

全世界工农们联合起来

“青的山，绿的原，灿烂的山河；美的衣，鲜的食，巍峨的楼阁。谁的功？谁的力？劳动的结果。全世界工农们，联合起来啊！”这首脍炙人口的《劳动歌》是刘尔崧为紫金县劳动半夜学校所写的。为了更好地传播马克思主

1924年，中共广州地委派刘尔崧等人到沙面发动数千洋务工人举行罢工，要求取消“新警律”。图为罢工队伍离开沙面时的情况

义，1922年8月，刘尔崧在紫金县城开办了一间吸收工人学习的业余学校——紫金县劳动半夜学校。学生大部分是手工业工人、农民、小商贩，还有一部分小市民。刘尔崧每次从广州回来都亲自去上课，用大家喜闻乐见的形式进行思想教育，慷慨陈词，痛斥腐朽。挤不进教室的群众为了上课，甚至站到校门外听。

1922年冬，党组织派刘尔崧到顺德县开展工农运动。在很短时间内，刘尔崧将碾米、梳篦、茶楼、建筑、炮竹等工会先后改组，并成立了广东第一个县总工会。1923年，为了扭转广州的工会组织大部分为国民党右派和工贼组织的广东省总工会、广东机器工会所控制的局面，刘尔崧等在深入调查后，提出可以从拥有8000名会员、有较大影响力的广东油业总工会入手进行改组。他与油业工人打成一片，帮助工人团结起来，将原工会的会长制改为委员制，领导发动了以增加工资、改善劳动条件为目的的罢工。刘尔崧正确掌握斗争策略，使罢工获胜。榨油行业的资本家不得不承认：“榨油佬真齐心，有法子，好计谋。”

1924年2月，刘尔崧兼任国民党中央工人部干事和工人运动特派员，协助部长廖仲恺开展工作，促进工会的大联合。同年夏，英帝国主义在沙面租界颁布了侮辱中国人民的“新警律”，规定华人出入沙面，必须携带贴有雇主相片的护照，而欧美人、日本人、印度人、越南人均可自由出入，沙面洋务工人对此十分愤慨。中共广州地委派刘尔崧等人发动工人举行大罢工，使沙面金融、商业活动陷于瘫痪。经过30多天的斗争，罢工获得胜利，英帝国主义宣布取消“新警律”。

严于律己“大义灭亲”

在旧中国，不少读书人追求的是升官发财。作为甲工的高才生，刘尔崧毕业后完全有机会去找一份薪水不薄的工作，但他却服从组织安排，毅然选择加入爱群通讯社做记者。他把调查得来的工农群众有关问题写成稿件投向各报馆，反映工农群众的利益和要求。在任爱群通讯社记者期间，除了微薄的稿费，刘尔崧无其他收入来源，生活非常清苦。很多人感到十分不解，有人问他："你为什么要干这一行穷光蛋的职业呢？"他满怀豪情地回答："我为的不是个人的饭碗，而是工人大众的饭碗。"有人听说后公然讥讽他是个"大傻瓜"，他依然故我，坚守初心。

在广东油业总工会工作期间，刘尔崧认识了女工陈六。两人确定关系后，决定打破封建礼教嫁娶风俗，不送聘礼，不摆酒请客，不抬花轿，婚事一切从简。刘尔崧与陈六婚事新办的决定遭到陈家的反对，并由陈六的姐夫曾西盛出面阻拦。曾西盛虽是工人出身，却满脑子封建礼教思想。他提出，刘尔崧与陈六结婚必须按照"老规矩"行事，即男方送彩礼，女方坐花轿，摆酒席宴请亲朋好友，否则不准结婚！刘尔崧坚决地说："我们年轻人结婚不应铺张浪费，否则累人累己。"曾西盛听不进去，两人话不投机，不欢而散，从此，曾西盛对刘尔崧心怀不满。

结婚后，刘尔崧将每月领取的薪水大部分拿去资助、救济家庭困难的同志或工友，有时连自己吃饭都没有钱，还要靠陈六省吃俭用支持他。刘尔崧工作繁忙时，经常早出晚归，废寝忘食。陈六心疼他，带着孩子捎上他喜爱吃的米糕去探望，反遭刘尔崧批评。在刘尔崧看来，革命者"除了革命工作外，一切都不要顾，只有以全副精力为党工作，纵然牺牲了性命，也是光荣的"。

严于律己的同时，刘尔崧对隐藏在工人队伍内部大肆贪污腐败的工贼也毫不手软，哪怕是自己的亲戚。曾西盛在担任广东油业总工会主席后，清理出一笔约有10万元的余款，于是建议在原总工会处建一间钢筋水泥的三层的油业总工会大楼。党便派了曾西盛和刘尔崧两人负责执行监管。谁料曾西盛为了中饱私囊，竟违反规定插手工会财务，暗地里找建筑商人索要建筑材料回扣，又在承建工头中虚增开工人数，骗取经费中饱私囊，甚至利用职权挪用工会经费搞非法买卖。刘尔崧在检查工作时发现了曾西盛的贪腐行径，迅即找他核实。曾西盛矢口否认，又盘算刘是自己连襟，不会继续追究。不料刘尔崧连夜向中共广东区委汇报，第二天，杨匏安代表党组织到广东油业总工会调查核实曾西盛贪污公款一事，查实后，秘密组织召开党团全体联席会议，讨论决定将曾西盛开除出党，并通过法律手段追回其全部贪污款项。

组建广东工团军

刘尔崧很早就认识到，没有自己的武装力量根本无法维护工人阶级的利益。1924年，广州商会建立了商团军，肆意敲诈勒索群众，干涉工人运动。6月，刘尔崧主持广州工代会通过决议组建广东工团军，反击商团军的进攻。工团军是大革命时期中国共产党在广东领导的最早的革命工人武装，初期有300多人，由黄埔军校学生负责军事训练和政治教育。工团军建立后，在平定商团军叛乱和杨、刘军阀叛乱的战斗中起到重要的作用。

1925年5月30日，五卅惨案爆发。为援助上海工人的反帝斗争，刘尔崧遵循党组织的指示，到广州沙面发动工人罢工。刘尔崧对罢工进行了精心的准备和细致的组织发动工作，领导成立沙面中国工人援助上海惨案罢工委员会，并发表成立宣言："帝国主义不但饮我中国人民之血，而且食我中国人民之肉。"高呼上海人民"一日不胜利，我等一日不返工！"又组织工人纠察队封锁沙面，率领工团军配合省港罢工委员会纠察队捉拿破坏罢工的走私奸商。刘尔崧参与组织领导的沙面大罢工与香港工人的罢工一起，拉开了有20万工人参加、坚持了16个月、震惊中外的省港大罢工的序幕。

1927年春，蒋介石叛变革命意图明显，在选举第二届国民党广东省党部时，把刘尔崧等共产党员排除在外，并免去了刘尔崧省党部工人部部长职务。4月12日，蒋介石发动反革命政变，白色恐怖迅速笼罩全国，许多同志和刘尔崧的妻子陈六都非常担心他的安全，劝他暂时转移。但刘尔崧坚定地说："干革命就是要随时准备牺牲的。怕死，

广东工团军

正在开会的省港罢工工人纠察队

我们就不要干革命了。”4月15日，刘尔崧正准备去长堤大酒店与国际职工代表团会谈，曾西盛率领反动军警突然冲入他的家，刘尔崧深知自己无法脱身，为保护妻儿，他从原本藏身的厨房下水道钻了出来。一见到曾西盛，刘尔崧破口大骂：“共产党的败类，你绝没有好下场！”他昂首对敌，丝毫不怯。反动军警将他押往广州市公安局监狱，在狱中酷刑拷打终不能使他屈服。遇难前，刘尔崧高声朗诵唐代名臣张巡就义前的名言：“南八！男儿死耳，不可为不义屈！”

1927年4月19日，刘尔崧被秘密杀害，沉尸白鹅潭，年仅28岁。

萧楚女：永不熄灭的『红烛』

萧楚女（1893—1927），原名萧树烈，湖北武汉人。参加过武昌起义。1922年加入中国共产党。曾在川、渝、皖、鄂等地传播马克思主义。1925年与恽代英一起主编团中央机关刊物《中国青年》。1926年在广州协助毛泽东编辑《政治周报》。曾任国民党中央农民运动委员会委员、广州农民运动讲习所专职教员、黄埔军校政治教官等职。萧楚女是中国共产党早期著名理论家、教育家和无产阶级革命家。

“做人要像火，给人以光明，以温暖。一个人的能力有限，至少也应该像一支蜡烛，在黑暗中照耀别人。”这是萧楚女烈士的人生观，也是他一生的真实写照。作为中共早期的无产阶级革命家、自学成才的卓越理论家，他就像一支永不熄灭的“红烛”，光明磊落地燃尽了自己，却点亮了坚定不渝的理想意志，播撒了大片革命的火种。

吾将上下而求索

萧楚女原名萧树烈，1893年出生于一个商贩家庭，年幼时生活较优越，但10岁那年父亲生意失败病逝，家道中落。此后，萧楚女辗转多地，做过很多种社会底层的工作，靠微薄的薪水谋生，尝尽了世间冷暖，也亲历了帝国主义者在中国的飞扬跋扈、为非作歹和腐朽官员的懦弱腐败、卑躬屈膝。他内心悲愤却又不知出路在何方。

1911年武昌起义发生时，胸怀救国为民理想的萧楚女和好朋友郑希曾加入湖北新军。在守卫汉阳的战斗中，萧楚女担任炮兵手，作战英勇，但因所在部队没有援军，战况惨烈，他的一只耳朵被震聋了。

辛亥革命推翻了长达2000多年的封建帝制，建立了中华民国。然而袁世凯窃取革命果实，政党林立，国家依旧混乱黑暗。极度失望的萧楚女退出新军后，曾尝试“实业救国”道路，与好友郑希曾拿了退伍军饷考入武昌新民实业学校，学习桑蚕技术。但还未开始干实业，郑希曾就因参加反袁革命牺牲。萧楚女在纪念好友的《烈士郑希曾传》一文中痛呼：“那一年间，我们是梦然地为所谓国民党做着那‘跑龙套’的工作！自然，这样的革命如何能成？大家闹乱中国，愈使吾民焦头烂额而已！”

萧楚女接受了好友父亲郑锡云老先生的资助，寓居乡下，埋头苦读。古今中外，政治、历史、哲学、伦理方方面面，他无不涉猎。通过读书，萧楚女接受了“物竞天择，优胜劣汰”的进化论观点，并以此作为自己富国强民理想的指引。

1915年新文化运动兴起后，萧楚女回到武汉与友人创办《崇德报》并担任主笔，同时为《大汉报》撰稿。他在屈原《离骚》“忽反顾以流涕兮，哀高丘之无女”诗句中取了象征爱国志士的“女”字，署名“楚女”宣传民主主义思想，反对帝国主义和封建专制。他写文章不仅一针见血，而且高产，报社同事戏称他是“打字机”。萧楚女身体力行反对封建制度，他动员19岁守寡的妹妹脱离节妇堂去学校读书，撕掉小妹的裹脚布，自己戒了连一分钟也不能离的纸烟，脱下穿惯了的皮袄，生活维持最低的要求，所有的钱都拿去买书。

在武汉时，萧楚女每天到中华大学旁听来充实自己，认识了从中华大学中文系毕业后留校担任中学部主任的恽代英，两人志同道合，相见恨晚。恽代英组织了利群书社，经销《共产党宣言》等马克思主义经典著作和《新青年》等革命书刊，宣传马克思主义。1920年萧楚女参加了书社，阅读了一系列关于马克思主义的图书后，又利用在湖北省立第二师范学校任教的机会，用学到的辩证唯物主义和历史唯物主义理论思想讲授课程，支持、参加学生斗争。1922年夏，萧楚女加入中国共产党，正式成为一名无产阶级战士。

青年人生的指路明灯

在湖北省立第二师范学校任教时，萧楚女就坚定了只有培养青年才能拯救这个危亡的民族的信念。“谁得到青年，谁就得到胜利。”这一观点在他于安徽宣城任教期间所赋一词篇中尤可见：

今日少年，
断粥身功，
将来东亚主人翁。
前程万里，
毛羽需丰，
一旦奋起何其雄。

为此他的足迹遍布全国：1921年在湖北省立第二师范学校任教，鼓励学生学习新文学、宣传移风易俗；1921年秋至安徽省宣城第四师范学校任教，提出“到民间去”和“改革社会”的口号，鼓动学生们关注并参与到关系国家前途命运的大事中去；1922年到重庆，为解决进步青年的失学问题，建立了私立重庆公学，培养自立谋生、爱国爱民的新人；1923年6月到四川省立第二女子师范学校任教，被学生亲切地称为“青年人生的指路明灯”“知识海洋的掌舵人”。

这期间，萧楚女还担任《新蜀报》主笔，写了不少针砭时弊的社论、时评，笔锋犀利，战斗性强，不是指责土酋军阀，就是痛骂贪官污吏，连反动派所控制的报刊也不得不赞叹萧楚女的文章是“字夹风雷，声成金石”。

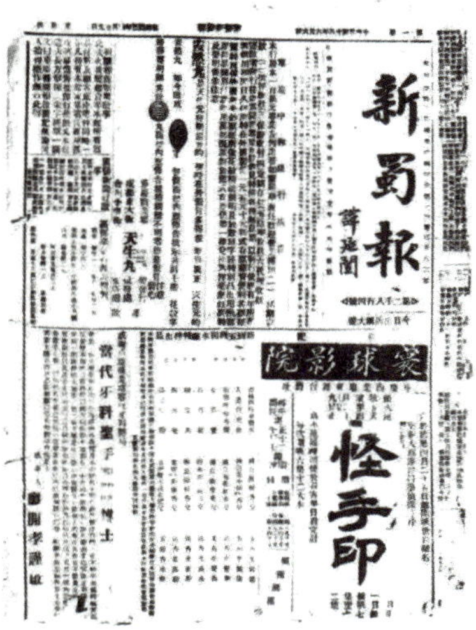

《新蜀报》

1924年，萧楚女因母亲生病重回武汉。母亲逝世后他去往襄阳，再次来到湖北省立第二师范学校任教，向学生宣讲《共产党宣言》，宣传马克思主义，成为鄂北地区最早的马列主义传播者。

1925年萧楚女被团中央调到上海工作，协助恽代英编辑《中国青年》，他保持每个月十篇文章的产量，一直写到

1927年牺牲的前三天。在《个人主义之分析》中他是这样认为的："我们做革命党员的人，根本上的职责所在，便是要牺牲自己一切享乐生活乃至性命而为'他人'（社会上一切被压迫者）去谋福利的"。包括1925年在南京担任《人权日报》主笔，在河南任《中州评论》主编，除宣传马克思主义理论外，他的文章都致力于改善青年的生存状态，指导他们走出各种人生困惑，走入社会去奋斗。

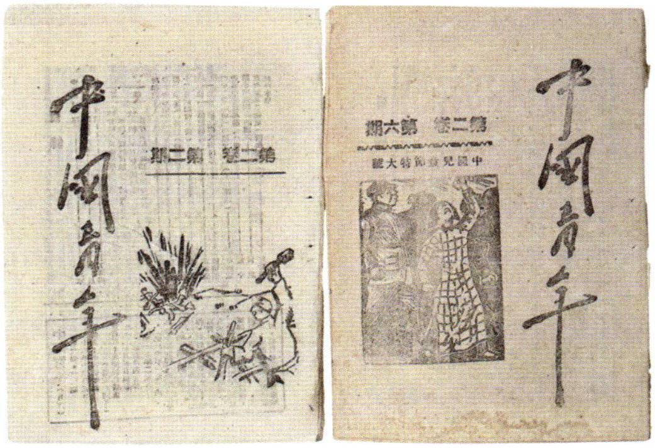

《中国青年》

红烛血泪荐轩辕

1926年初萧楚女受党组织委派，到广州任国民党中央宣传部检阅干事，并协助毛泽东编辑《政治周报》。3月，他担任第六届农民运动讲习所专任教员，

1925年春，团重庆地委部分负责人合影，二排左二为萧楚女

协助毛泽东分担全所的领导工作。第六届农讲所的327名学生来自全国20个省区。萧楚女非常细心，内蒙古学员报到时，他亲自叮嘱学生要挂好蚊帐，说：“这里可不比你们北方，蚊虫多得很，一定要挂好蚊帐，否则会闹病的！”

在教务工作上，萧楚女按照毛泽东制订的教学计划，设置了25门课程。他负责讲授的“帝国主义”“中国民族运动史”“社会问题与社会主义”三门课程都是新型科目，没有现成讲义，他便查阅了20多种书刊，编写三本讲授大纲发给学生使用。毛泽东曾盛赞萧楚女：“农民运动讲习所的教书，主要靠他”。除了上课，在自修课上或者课余饭后萧楚女常常指导学员作课外理论研究，就每本书的中心内容列出一些问题，供学员阅读时思考研究。

繁重的工作和艰苦的环境使萧楚女身患严重的肺病。有一次，他在讲课时，突然吐血了。学生们赶紧劝他回宿舍休息。萧楚女决然地摇了摇头：“人是应该利他的。做人要像火，给人以光明，以温暖。一个人的能力有限，至少也应该像一支蜡烛，在黑暗中照耀别人。一支蜡烛如果没有风吹，可以多亮些时间，若是遇到风吹，就要缩短照亮的时间了。但是在熄灭以前，应该努力发光。这就是我的蜡烛人生观。”后来病情严重的时候，他讲课时常坐在一条长椅上，一手攀住讲台，一手支在椅上，边咳边坚持讲课。

1926年11月，萧楚女结束农讲所的教学，来到黄埔军校任政治教官。他的演讲慷慨激昂，富有感染力，得到全校学生的欢迎和喜爱。茅盾《客座杂忆》记录萧楚女第一次上课的趣闻：“军校学生听楚女课者，凡二三千，……则在操场中授课。第一次上课，讲未多时，值日官请楚女‘再高声些’。楚女嗓子本颇洪亮，然因在露天，人数又多，后排者尚不能听清，于是楚女运气高呼，不意用力太猛，裤带崩断，幸纽扣尚固。萧楚女称‘此为平生第一次窘事’。”在给黄埔军校学生上课时，他再次谈到了“蜡烛人生观”，说：“人也要像蜡烛一样，在有限的一生中，有一分热发一分光，给人以光明，给人以温暖。”

1927年春，蒋介石在各地制造反革命惨案，萧楚女夜以继日地撰文揭露反动派的罪恶。因过度劳累，他的肺病恶化，住进广州东山医院治疗。1927年4月15日国民党反动派开始进行反革命大屠杀，他们闯进东山医院，从病床上把萧楚女拖走。看着来势汹汹的敌人，萧楚女笑了笑说：“我是一个病得要死的人了，难为你们送我一顶烈士的帽子。”说完就淡然地跟他们走了。敌人对他

位于湖北襄阳昭明小学内的萧楚女生平展厅

进行各种酷刑拷打，但一无所获。4月22日夜，萧楚女被载往南石头监狱，蒋介石电令秘密处决。负责行刑的国民党营长周东对他说：“萧教官，你这根蜡烛快要熄灭了，在这生死一瞬间，你愿意悔改吗？”萧楚女横眉冷目地说：“你们杀吧！真正的共产党人是不怕死的，共产主义运动是镇压不了的。总有一天，人民会审判你们这班狗豺狼！”并高呼“打倒国民党！”“民族解放万岁！”“中国共产党万岁！”枪声响起，年仅34岁的萧楚女壮烈牺牲。然而，这支“红烛”并未就此熄灭，他舍身忘我，忠于革命理想、忠于国家人民的伟大情怀，将始终炽热地燃烧在代代后人心中。

林伟民：中共广东区委监委第一任书记

林伟民（1887—1927），原名林兴，广东珠海人。早年在香港谋生。1921年和苏兆征等人组织中华海员工业联合总会。1922年参加领导香港海员大罢工。1924年加入中国共产党。1925年参加领导省港大罢工，同年任中共广东区委监察委员会书记、中华全国总工会执行委员会委员长。林伟民是中国工人运动的先驱，早期中国工人运动的卓越领袖。

林伟民，中国早期工人运动的伟大先驱、杰出的领导者与组织者，中共广东区委监察委员会第一任书记。他出身贫寒，却成为杰出的工人运动领袖；他饱受压迫，却以无私大爱帮扶劳苦大众。他铁骨铮铮，胸怀理想，用毕生实践诠释了自己的名字——风骨伟岸，心系民生。

坚定革命信念

1887年9月，林伟民出生在香山县三灶岛（今属珠海市）西洋田村一个贫苦的农民家庭。父母租地耕种，捕鱼捞虾，起早贪黑却收入菲薄。两个姐姐从小就被送去当童养媳，林伟民作为承载着家庭希望的长子，在村里私塾读了几年书。但由于父亲病逝，学业无法继续，林伟民只能到附近的酿酒铺做杂工谋生。一次揭蒸酒锅锅盖时发生意外，他的右手被严重烫伤，老板不仅没有赔偿，还借机将他辞退。19岁的时候，林伟民和村里大多数人一样去香港谋生。先是在码头做搬运工，后来在一名海员乡亲的帮助下，通过一家包工馆的介绍，在一艘英国远洋轮船上当“侍仔”，从此开启了他的海员生涯。

外国轮船上的中国海员在经济上饱受外国资本家的盘剥，林伟民每天连续工作十六七个小时，每月工资却不到十元，还要被包工头从中克扣。居住条件恶劣，五六人挤在一个小间，甚至睡货堆、通路，还经常被凌辱打骂罚款。不仅如此，中国船员在政治上也深受歧视和压迫，去到如美国等资本主义国家，他们甚至都不能上岸。这种悲惨生活和民族耻辱，渐渐激起了林伟民对帝国主义和外国资本家的仇视，反抗的火苗在心中燃起。

当时孙中山正从事推翻清朝统治的民主革命，经常往来于海内外。海员工作的特殊性使林伟民有机会接触到孙中山。同乡情谊更使林伟民深受孙中山革命理论的影响，他利用工作便利，冒着生命危险，帮助孙中山购买和运送军火物资，掩护革命党人，筹措活动经费，秘密传递消息。这段经历让林伟民坚定了自己的革命信念，找到了人生的奋斗目标。

掀起“高潮的第一怒涛”

1921年3月，林伟民与苏兆征在香港正式成立了海员工人的组织——中华海员工业联合总会（简称“香港海员工会”）。林伟民当选为香港海员工会第一届干事会干事，负责组织、宣传等工作。

工会成立后，针对中国海员的悲惨现状，林伟民提出，海员自发、零星地对资本家提出改善待遇的作用不大，应发挥工会作用，代表全体海员有组织地向轮船资方提出总的要求。1921年9月起，在林伟民等人的领导下，香港海员工会带领工人先后三次向轮船资本家提出增加工资、改善待遇及反对包工头剥削等要求，但资本家毫不理会。于是林伟民与苏兆征决定通过罢工来解决问题，1922年1月12日，在工会第三次诉求

香港中华海员工业联合总会成立

得不到资本家答复后，香港船员开始举行大罢工。

苏兆征带领罢工船员回到广州，成立总指挥部，林伟民留在香港继续发动船员罢工。林伟民在码头向一批批刚抵港的外洋轮船通报罢工消息，动员海员立即罢工回广州。为了保障罢工的顺利进行，林伟民组织海员积极分子成立了“打狗队”，专门对付企图破坏罢工的流氓和工贼，并联络香港运输业等行业工人，争取他们的支持。到1月底，回到广州的罢工海员及家属有1万人以上，轮船纷纷停航。此时林伟民也返回广州，和苏兆征一起组织罢工。为了反击港英当局和轮船资方对罢工运动的破坏，总指挥部致电当时设在上海的中国劳动组合书记部，劝阻上海失业工人受雇前往香港，从而瓦解港英当局招募新工人的图谋。又由林伟民负责成立一支罢工纠察队，驻守前往香港的各个陆上交通要道与港口，实行严格的经济封锁，断绝香港的物资供应，使得轮船资本家损失巨大。

海员罢工得到香港各行业工人支持，港英当局只好选择谈判。林伟民在谈判过程中立场坚定，既不为花言巧语所惑，也不为威逼利诱所动，出色地完成了任务。港英当局和外国轮船资本家最终接受了海员工人提出的各项条件，这场斗争以林伟民和工人们的胜利告终。邓中夏在《中国第一次罢工的高潮》一文中，称赞香港海员大罢工是“高潮的第一怒涛”。

成立第一个地方纪检机构

林伟民善于思考并总结经验，具备突出的组织能力和宣传能力。香港海员大罢工取得胜利后，林伟民受邀到第一次全国劳动大会上介绍经验，并受上海海员邀请，赴上海逐一说服海员，打破地域、行帮的偏见，团结起来建立上海海员工会，领导罢工并取得胜利。1924年春，林伟民接到了国际运输工人代表大会的邀请，前往莫斯科参加大会。其间他与旅苏党组织见面交流经验，并在罗亦农介绍下加入了中国共产党，成为外洋广东海员中第一个入党的工人同志。10月，林伟民从苏联回到广州之后，被任命为中共广东区委委员。

中共三大前，中国共产党仅有420名党员，纪律严明，较少出现党员违纪现象。但到1925年1月，全国的党员人数达994人，一些投机分子趁机进入党的组织队伍，建立维护党纪的专门机构迫在眉睫。

中共四大通过的《对于组织问题之决议案》，进一步强调组织建设的重要性。这让地方党组织探索成立维护党的纪律的专门机构，有了先决条件。1925年春，中共广东区委顺势成立监察委员会，这是中国共产党建立的第一个地方纪律检查机构，林伟民被任命为第一任书记，其中监察委员包括杨殷、杨匏安、梁桂华。

上任后，他公正廉洁，铁面无私，严肃处理了一批违纪分子，包括昔日的老朋友、老上级——原香港海员工会会长谭华泽。谭华泽在担任省港罢工委员会会审处主任后蜕化变质，公然营私舞弊，接受贿赂，纵容走私。林伟民、苏兆征等发现后，毅然把他交给罢工工人代表大会审查清算，撤销其职务并关押。

为工人阶级谋权益

林伟民曾担任中华海员工业联合总会广州总办事处主任，他平日广泛接触工人群众，深入调查研究。他帮助广州盐船工人制定罢工方案，派纠察队协助盐船工人罢工，还在报纸上揭露封建官僚的罪行，迅速为盐船工人争取合理权益。

林伟民一心为公，上海船员罢工期间他的妻子在家乡突染重疾后离世，林伟民因为斗争的需要无法照顾和办理后事，以大公无私的行动诠释了全心全意为工人谋权益的理想信念。由于长期以来矢志不渝地为中国工人阶级谋利益，林伟民在全国工人群众中享有很高的声誉，深得广大工人群众的拥戴。1925年第二次全国劳动大会上，林伟民被选为中华全国总工会首届执委会委员长。

5月，上海五卅运动爆发。为支援上海群众的反帝爱国运动，党组织委派林伟民在广州负责反帝大罢工筹备工作。结合当年香港海员罢工的经验教训，林伟民等人从一开始就预料到这场反帝斗争将是一场旷日持久的斗争，因此对各项工作都作长期打算，未雨绸缪。他成立了省港罢工委员会临时办事处，在国民党左派廖仲恺等人的支持下，征集大量

位于广州东堤东园的省港罢工委员会旧址。林伟民代表中华全国总工会参加罢工委员会的领导工作

空房作为罢工工人的宿舍，用以接待罢工工人，并迅速筹集到一笔经费，用以购买粮食、稻草和其他必需的生活用品。在天气相当炎热的时候，他便分别与广东政府和有关商家联系，及时筹集经费，向有关方面招标定制棉衣、被盖等物，及早为罢工工人过冬作好准备，以保证罢工工人能吃饱穿暖，长期安心参加反帝斗争。天气转冷时，罢工工人们都及时领到了御寒棉衣和棉被，感到十分温暖。

省港大罢工正式爆发后，林伟民亲自领导主持了一系列会议，建立罢工组织机构，并积极开展各项斗争活动。他经常深入罢工工人当中，嘘寒问暖，关心他们的生活情况，耐心倾听他们的意见和诉求，尽己所能解决存在的问题。如有些房子雨天漏水，把罢工工人的床铺弄湿了，工人无法安睡。林伟民发现后，立即嘱咐有关人员请人前来维修。他还叮嘱罢工工友要注意保持宿舍的清洁卫生，每天都要有人轮值负责打扫，使宿舍经常保持干干净净的环境。林伟民性情坦率直爽，待人接物热情，作风干脆利落，事无巨细，亲力亲为，能与群众打成一片，因此深得罢工工人的拥戴。工人们遇到困难都会向他反映并得到妥善解决。

手术不打麻药

早在1924年，林伟民便已发觉腿部不适，长期紧张的战斗和一贫如洗的生活，使他的腿疾恶性发作，他被送至医院查出患有骨结核病。住院动手术期间，他仍密切关注罢工斗争的进展，向前来探望的同志了解最新情况，并尽力为罢工事业做一些力所能及的工作。

获悉林伟民患病住院，动手术购买麻药的费用不足时，得过他帮助的盐船工人纷纷将自己手里的一分一厘都捐了出来。但是林伟民却拒绝了大家的好意，认为现在正是省港大罢工的关键时刻，20多万工人，缺的就是钱，这些钱要用在刀刃上。于是果断决定在没有任何麻醉的情况下动手术。切肤刮骨之痛绝非常人所能忍受，医生、工友们被他坚定的意志和为革命事业的无私付出所感动。病情好转后，林伟民为减轻组织负担，坚持出院，在家自己养病。

1927年9月，林伟民病情再次恶化，被送到医院进行第三次手术，终因医治无效不幸病逝，年仅40岁，但他坚定的信仰、旺盛的革命热情和不屈不挠的意志永为后人所崇敬。

梁桂华：卖掉祖屋干革命

梁桂华（1893—1927），原名梁贵华，广东云浮人。1922年加入中国共产党。1923年组织成立南浦农团军，次年入广州农民运动讲习所学习。其后到南海、番禺、中山等县开展工农运动。曾任中共广东区委监委副书记、中共香港地委书记。1927年12月参加广州起义，失败后被捕牺牲。梁桂华是中共广东区委监察委员会领导成员之一，云浮第一个中共党员，佛山早期工人运动领导人之一。

“家是最小国，国是千万家，有了强的国，才有富的家。”《国家》这首歌传遍大江南北，不仅是因为歌词的情真意切，还因为历史上数不清的中华儿女用实际行动践行着他们对祖国的热爱。梁桂华就是其中一员。

梁桂华，云浮中共党员第一人，曾任佛山理发工会主席、佛山市工会联合会和佛山工代会委员、中华全国总工会第一届委员、中共广东区委监委副书记、中共香港地委书记等职。他怀着崇高的理想信念，在重大斗争考验面前始终站稳政治立场，在广州起义中担任工人赤卫队副总指挥，在战斗中不幸负重伤，起义失败后壮烈牺牲。

学武求自强，入党明方向

梁桂华1893年12月21日生于云浮思劳乡三坑村的一个贫苦家庭。父亲梁炽是个搭棚工人，长年在外漂泊谋生。梁桂华12岁那年，父亲在香港施工时不幸摔亡，和他父亲一起干活的乡亲把遗物带回，告诉他，资本家没有为此补偿一文钱的抚恤金，甚至遗体都是由工友捐款埋葬的。这给梁桂华留下沉痛的记忆，并深深认识到资本家丑恶的嘴脸和冷酷无情。

梁桂华故居

家庭的负担，让梁桂华14岁就离开家乡到广州学理发谋生。三年学徒期满后，他在佛山市永汉理发店当理发工。当时的理发工，不比当个看牛娃好多少，经常吃不饱、穿不暖，挨尽了老板的鞭打和唾骂。工余时间，他到佛山拳馆拜师，学习拳术，师傅见他为人老实忠厚，又勤学苦练，遂把生平绝技传授给他。几年后，梁桂华练就了一身好武艺，成为当时佛山有名的武师。

1921年春，广州共产党早期组织在高第街素波巷开办了广东省立宣讲员养成所，佛山的王寒烬、梁复燃毕业后受命回佛山发动工人组织工会。梁复燃经常到梁桂华店里理发，两人时有交谈，令梁桂华的阶级觉悟迅速提高。

尽管识字不多，梁桂华却认识到中国共产党是无产阶级的政党，加入党组织的愿望越来越强烈。当梁复燃向他介绍俄国十月革命后工人阶级取得胜利的情况时，他立刻问道："人家俄国有共产党，我们中国不知道有没有？我能参加就好了。"梁复燃见他有入党的愿望，就向他表明自己共产党员的身份，梁桂华喜出望外，紧握着梁复燃的手说："那你就介绍我参加党组织吧！"1922年春夏间，梁桂华加入了中国共产党，成为佛山市早期的共产党员之一。

全心搞工运，劝返"豆皮勤"

1922年12月，梁桂华领导佛山理发工会举行全行业罢工，要求资方提高工资。在佛山市工会联合会的领导下，各工会相互支持，并组织工人纠察队对资方及黄色工会的破坏给予有力回击。罢工取得胜利，迫使资方把利润分配从原来资方占60%以上降为占53%，工人从原来占40%以下升到47%。

在旧社会，理发工人是被列入"三教九流"的"下等人"。这次工人争取合法利益的胜利，震动了整个佛山，各行各业工人为之振奋，斗争热情更加高涨。

借此机会，梁桂华又配合党组织在各行业中联合了一批骨干，佛山多个行业相继成立工会。工人运动日益高涨，引发了资本家的惊恐和仇恨。于是，他们勾结官府，妄图制造工人内部分裂，将矛头指向佛山理发工会。

梁桂华习武多年，技艺精湛，面对资本家的挑唆，他团结广大工人群众把寻衅的流氓烂仔打得落花流水，粉碎了资本家们的阴谋，维护了工人阶级队伍的团结。然而想不到的是，大地主买办陈恭受的团练局以莫须有的罪名逮捕了梁桂华，判处他一年徒刑。

1923年初出狱不久，梁桂华便接到了党组织给予的一项重要任务：争取吴勤。吴勤，外号“豆皮勤”，曾拜钱维方为师，与梁桂华一样，学得一身武艺，并吸纳了一批青年农民。陈恭受一直企图用钱收买吴勤，以扩充自己的实力。

7月，佛山党组织正领导制饼业工人反对以何合记为首的制饼业行商开除工人，提出保障工人生活，要求提高工资，进行了罢工斗争。中秋将近，若工人罢工，就会导致没有月饼上市。何合记等饼商急得团团转，于是使出诡计，企图利用吴勤在外地雇来工人，借吴勤的地方制饼，迫使罢工斗争失败。党组织希望梁桂华去大桥头争取吴勤支持罢工，不要受资本家的蛊惑。

了解到吴勤出身贫苦，是个孝子，梁桂华决定首先做好吴勤母亲的工作。接着他和吴勤谈心，指出地主资本家利用吴勤来破坏工人运动的目的和企图，并语重心长地说：“吴勤，你也是贫苦出身，难道你还未尝够失业的痛苦？”

失业是吴勤的“伤疤”，亲身体验过资本家压迫的他醒悟过来，掉转枪头有力地支持了罢工，使罢工大获成功。接着，梁桂华又说服吴勤认识形势和未来的出路，经过激烈的思想斗争，吴勤决定接纳梁桂华的意见，组织起南海县第一支农民武装——南浦农团军，

梁桂华、吴勤等鸿胜馆成员为佛山早期共产党员，后为佛山工农运动的骨干。图为鸿胜祖馆旧址

成为中国共产党领导下南海县农民运动的一面旗帜。

监察维铁纪，捐躯赴国难

1925年春，中共广东区委成立了中共历史上第一个地方纪律检查机构——中共广东区委监察委员会。中共广东区委监委成立后，梁桂华任区委监委委员，后任副书记。在中共广东区委监委工作期间，梁桂华始终用崇高理想信念武装自己，同一切影响党的先进性、弱化党的纯洁性的问题作坚决斗争。

5月底，英帝国主义制造了五卅惨案，中共广东区委和中华全国总工会同时发出了反对英帝国主义的宣言，号召香港工人、学生和市民参加反帝大罢工，并派梁桂华、杨殷、杨匏安等到香港，协助苏兆征、邓中夏进行罢工的组织发动工作。梁桂华一方面作为邓中夏的得力助手和保卫人员，另一方面负责发动理发工会等基层工会的群众参加罢工。中共广东区委监委的成立为大罢工提供了有力的纪律保障。罢工期间，工人代表大会成立了工人纠察队，防止敌人破坏和内部可能出现的腐败行为；成立公审处，负责查处贪污、舞弊的失职行为，共通过了撤职、查办和惩戒舞弊的决议46项，整顿纪律的决议80项。6月19日，大罢工进入正轨，党组织又派梁桂华任罢工委员会深圳接待站主任，接待安置罢工归来的工人。

自从加入中国共产党，梁桂华就非常注重政治和文化的学习，理论水平不断提高。他还运用工人熟悉的语言，解释马克思列宁主义的普遍真理。基层工会的积极分子听了他的演讲，纷纷要求入党。

1925年5月1日，第二次全国劳动大会在广州召开，大会决定成立中华全国总工会，梁桂华被选为中华全国总工会执委。图为第二次全国劳动大会会场

1927年初，中共广东区委委派梁桂华担任中共香港地委书记。广东“四一五”反革命政变发生后，国民党反动派与港英当局勾结，在香港跟踪和搜捕共产党人和

进步人士。因叛徒出卖，梁桂华被捕入狱。敌人强迫他招供，用铁锤打断了他的两根肋骨，但他坚守党的纪律，没有说出半句口供。党组织派杨殷前往营救，聘请律师为梁桂华进行辩护，后来因证据不足，被判递解出境。途中，党组织把他转移到澳门，但他的身体已被折磨至残疾。

大安米店

八七会议后，中共广东省委决定在广州起义。梁桂华不顾伤残之躯，毅然投入战斗。工人赤卫队成立之后，由于国民党的严密封锁，当时赤卫队的武器甚少，多为长矛、大刀、棍棒之类。为解决这一问题，梁桂华通过石井兵工厂、子弹厂的工人赤卫队队员和革命工人制造枪弹，秘密准备了许多铁尺、刀棍、手榴弹、炸弹、炸药等。按照党的计划，梁桂华在广州小北直街开了一间“大安米店”作为秘密据点，这家米店中的谷物，有很多都是梁桂华动员乡亲父老捐赠的，准备起义使用的枪支弹药就秘密藏在谷物堆中。

梁桂华以伤残之躯日夜不停地工作，同志们都劝他多休息，他总是笑着说：“将来总有时间休息的。”在工人赤卫队队员们的努力下，到起义爆发时全队有了长短枪50余支、手榴弹200多个，还有大批铁尺、刀棍等，对打击敌人起到很大作用。

梁桂华同时还承担筹款、建立武器运输站和秘密机关的任务。自从入党后，梁桂华仅回过两次家。第一次是回家动员妻子参加革命，第二次回到阔别两年多的家乡，是为了革命回来筹款。在梁桂华的心中，革命利益高于一切，绝不能空手而归。他把心一横，在回家的第二天，就把祖屋典当给了同村兄弟梁甲，获得400银圆后，匆匆告别妻女返回广州，当时他的女儿才刚会走路。临别时，他把农民部特派员委任状和黄埔军校军事训练修业证书交给妻子保存，并嘱咐她说：“这两个证书比生命还要宝贵，切勿在人前暴露，除非是共产党

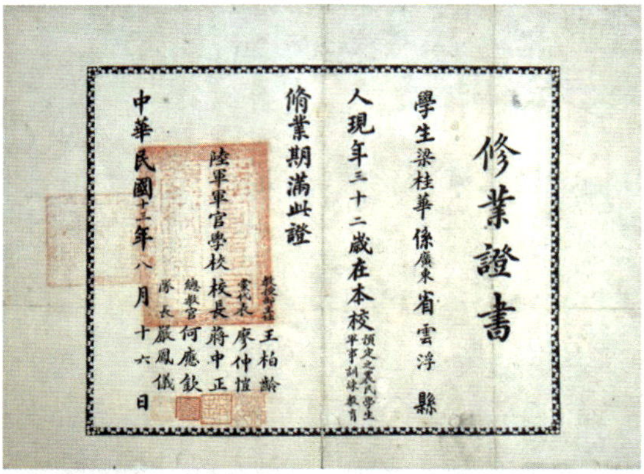
修業證書
學生梁桂華係廣東省雲浮縣
人現年三十二歲在本校預定之農民學生軍事訓練教育
脩業期滿此證
陸軍軍官學校
校長 蔣中正
黨代表 廖仲愷
教授部主任 王柏齡
總教官 何應欽
隊長 嚴鳳儀
中華民國十三年八月十六日

黄埔军校军事训练修业证书

建立了人民的天下……”如今这两份证书收藏于广东革命历史博物馆。

12月11日凌晨，广州起义爆发。梁桂华身先士卒，带领敢死队攻打市公安局。占领市公安局后，梁桂华立即转到长堤电厂一带指挥工人赤卫队，配合第四军军官教导团和警卫团，同沿堤进袭的国民党军和游弋于珠江上的英、日、美、法等帝国主义军舰进行战斗。

12日，反动工会体育队的一批工贼流氓在帝国主义的军舰掩护下，企图在长堤电厂一带强行登陆。梁桂华在阵地指挥战斗，受了重伤，被送到附近的中法韬美医院救治。13日，刚建立起来的广州苏维埃政权遭到敌人疯狂反扑，国民党军重新占领广州，对未及撤离的起义军和革命群众，进行了血腥的镇压。在敌人的大搜捕中，梁桂华被敌人从病床上拖了下来，在韬美医院门前壮烈牺牲，时年34岁。

张威：给母亲的两个银圆

张威（1902—1928），广东陆丰人。五四运动时组织参加反帝爱国宣传活动。1923年参加彭湃领导的陆丰农民运动。1924年加入中国共产党。1927年参加领导海陆丰三次武装起义。曾任中共紫金县委书记、中共东江特委委员、海陆惠紫四县军事暴动委员会陆丰总指挥等职。

1919年五四运动中，陆丰县一个17岁的少年发动成立陆丰县学生联合会，领导几百名学生举行爱国游行，焚烧日本商品，发表演讲："我们是东方雄狮，是伟大的中华民族！"1928年，同样是这个年轻人，在陆丰龙山六角亭，面对国民党的百般利诱和严刑拷打，大义凛然，宁死不屈。就义前写下绝笔信："母亲大人，儿死矣！为革命而死，死得光荣。""农民运动大王"彭湃为他题词"为民前锋"。他就是中共东江特委杰出的领导人张威。

为民前锋勤奉献

张威自幼天资聪慧，胸有大志。他少年时在陆丰县立第一高小读书，接触到五四运动新思潮，便领头组织同校学生和从汕头、广州回乡的青年一同参加反帝爱国宣传活动，发起成立陆丰县学生联合会。在海丰县陆安师范读书时，他以彭湃为楷模，对彭湃的文章爱不释手，主动参加了彭湃组织的社会主义研究社。

1922年暑假，张威与郑镜堂、黄振新、陈自强、颜国璠等进步青年一起发起并于同年12月正式成立陆丰青年协进社，提出“愿同志共牺牲！驱逐城狐社鼠清陆城，坚我宗旨，竭我血诚，共祝吾陆光荣”的口号，学习研究马克思学说，发动民众用合法手段与恶势力作斗争。当时一区区长马成忠利用摊派军饷之机大肆多摊，贪污巨款，协进社的青年通过各种关系，查出贪污数目，然后派出代表到汕尾军饷局告发，使马成忠被撤职。协进社的青年还发动民众清算公营织布厂账目，吓得贪污基建款项的原经理彭少山闻风逃跑。继任者陈辅民主动拜访，表示将保证如实登记经营账目，以便民众检查监督。此外，协进社的青年发动群众告发欺压百姓的县长丘梦元，也使之下台。这些恶势力都因协进社发动群众控告、清算而倒台，协进社因此在陆丰当地出了名。协进社的多数社员在第一、二次国内革命战争时期都成为陆丰革命的骨干，起了先锋作用。

1924年夏秋之交，张威受组织推荐到广州参加广东革命政府举办的政治学习班，同年在广州加入了中国共产党。从此，他以一名共产党员的政治立场来开展工作，斗争的方法方式有了根本性的提高，并迅速成长为中流砥柱。

1925年春，国民革命军举行第一次东征，张威被委任为二十四情报组组长。他先回陆丰侦察敌情，发动、组织农民和原协进社成员策应东征。东征军到达海丰的第二天，张威就已经向周恩来、彭湃汇报敌情分布情况，同时汇报陆丰的“十人团”“贫人党”等秘密农民组织已聚集完毕，完全可以充当向导、侦察员、挑夫等支前角色，一些农民甚至准备了土枪、刀参加战斗。短时间内完成如此全面的情报侦察和前期准备工作，显示出张威强大的组织能力和宣传发动能力，他为东征军克复陆丰作出了重大的贡献。广东省第二次农民代表大会的报告及决议案就肯定了两次东征，认为陆丰农民积极参加，出的力很大。

第二次东征胜利后，张威由农会公举代任陆丰县县长，后辞去县长一职，专心搞农运。1927年9月参与领导海陆丰第二次武装起义后，张威再次被选为陆丰

1921年，彭湃组织社会主义研究社，宣传社会主义思想。图为海丰社会主义研究社旧址

县政府的执行委员。10月，工农革命军陆丰团队成立，张威任陆丰团队副团队长，与谭国非等配合红二师领导第三次武装起义。第三次武装起义胜利后，海丰、陆丰分别成立县委，张威任陆丰县委书记，是全国第一个苏维埃政权的县委书记。

一生奉母两银圆

1927年，张威参加了海陆丰三次武装起义，其间缴获了地主、土豪的大量财产。他把这些金银运到激石溪作为革命经费，储藏在几间房子里。张威当时可谓手握全县军事、财政的领导大权。虽然金银成堆，但他从不会为自己牟取私利，而是坚决把钱都花在支持革命斗争上。

同年，周恩来率领的革命军征战普宁、流沙，直至揭阳，他派刘立道来海陆丰征集2000兵员和募集1万银圆。张威让陆丰赤卫队队员担着大批银圆追上大部队送军饷，用小箩盛，一队10多担。

为了革命，张威可以大手笔地花出几万几千银圆，毫不吝啬，但他对自己却克制至极。张威从小家境贫寒，家里仅依靠母亲耕地的微薄收入来维持，经常没米下锅，常年忍受饥饿之苦。虽然张威长大后掌握大权，管理大量的金银财富，但他没有忘记自己的本分，坚持公私分明，廉洁自律，从没有动过公家的一分钱。1925年张威回乡，但他只拿了一个银圆给母亲作生活费；1927年冬至，张威再次回乡，过后又要出发了，才再拿出一个银圆给母亲。他的母亲一直在念叨："养个儿子当县长，一生只得到他两个银圆。"当时一个银圆的购买力相当于现在300至500元。两个银圆就是大革命时期陆丰的县委书记、县长反哺给家里的全部财富，这就是早期共产党人的金钱观，孝敬母亲尽赤子之心，却不能违背纪律！

张威旧居

坚贞不屈勇就义

作为陆丰全县武装斗争的领导人，张威在疾风骤雨的斗争中表现出非凡的才干和坚强的斗志。1928年3月国民党反扑入境后，张威领导陆丰人民进行斗争。尽管当时一片白色恐怖，但张威毫不畏惧，继续活跃在陆丰的各个村庄，联络组织新一轮的暴动。7月18日，张威在南塘镇潭头村不幸被国民党军逮捕。

张威是海陆丰农运的一面旗帜，国民党遂企图通过扳倒这面旗帜达到瓦解革命阵营斗志的目的，于是对他进行了软硬兼施的诱降，先是承诺，只要他“迷途知返，报效党国，既往不咎，来我军中出任副官，从此飞黄腾达，光宗耀祖”。然而张威不为利益所动。国民党看利诱不成，便露出凶残本性，对张威严刑拷打，他依然坚贞不屈。

国民党看威逼利诱都无效，就将张威的母亲抓到狱中，要她劝降。张威牵着母亲的手说：“娘，儿不孝了！”张母想起大儿子、东海农民赤卫队队长张祖耀不久前被国民党杀害，二儿子张威现在又身陷囚笼，饱受折磨，不禁悲愤交加。听了张威这话，她已清楚结局，心如刀绞！作为母亲，谁都希望儿子能活下来，但她坚信儿子所走的道路是对的，他不可能为求活命苟且偷生。她没有豪言壮语，只跟张威说：“你勿挂心，我会带好仙佳（张威的弟弟）的！”

至此国民党对张威已无计可施，而革命武装策划营救张威的风声越来越紧，为防止夜长梦多，在张威被捕半个月后的8月3日，国民党终下毒手要将张威杀害。行刑当日，国民党还抱着诱降的幻想，在龙山的六角亭中备下纸笔，将满身血迹的张威押到亭里，只要张威写下悔过书，就饶他一命，不然只有死路一条。当天，六角亭四周围满了人，有学生、老师，还有乔装成群众的地下党同志。张威觉得，这是向组织表达心

彭湃为张威题词

声、号召同志们继续战斗的宝贵时机。于是，张威走到纸笔前，淡定地站住，因双手被绑，只得用脚提笔在那张纸上写下给母亲的遗书。之后他面不改色，视死如归地走向刑场，还振臂高呼："同志们，奋斗到底，最后胜利是属于农工的！"铿锵的话语，有力地回击了反动派的劝降。最终，张威同志在六角亭壮烈牺牲，年仅26岁。彭湃听闻张威牺牲的噩耗，悲痛万分，含泪写下"为民前锋"四字挽之。

张威纪念亭

新中国成立后，陆丰人民为缅怀革命先烈，把张威就义前写遗书的现位于龙山中学内的凉亭修葺一新，命名为"张威纪念亭"，柱子上刻着一副对联：革命精神，当与日月并耀；青年努力，休谈山岳钟灵。

苏兆征：管好工人养命钱

苏兆征（1885—1929），原名苏吉，广东珠海人。1908年加入孙中山领导的同盟会，积极参加推翻清政府的革命活动。1922年领导香港海员大罢工。1925年加入中国共产党，同年参加领导省港大罢工，被推选为罢工委员会委员长。此后历任中华全国总工会委员长、中共中央政治局常委等职。广州起义中被推举为广州苏维埃政府主席。苏兆征是中国工人运动的先驱和著名领袖，是中华全国总工会的主要创建人和领导人。

苏兆征，中国工人运动的先驱和著名领袖，中华全国总工会的主要创建人和领导人，国际工人运动活动家，中国共产党早期重要领导人之一。1908年，苏兆征加入同盟会。1921年，他参与创建了中华海员工业联合总会，并于1922年和林伟民等同志一起领导发动了香港海员大罢工。1925年春，苏兆征加入中国共产党。苏兆征投身革命后曾三次掌管财政大权，始终恪尽职守，光明磊落，廉洁奉公，为我们树立了清正廉洁的榜样。

同甘共苦，严管罢工经费

1922年1月，在苏兆征、林伟民等人的组织发动下，香港数万名海员为谋生存、反压迫而举行了大罢工，史称“香港海员大罢工”。香港海员总工会决定在广州设立海员罢工总办事处作为行动总指挥部，领导罢工斗争。苏兆征担任总办事处总务部主任，后被海员代表们一致推选为代会长，实际领导这次大罢工运动。

罢工总办事处设有总务科、财政科、粮食管理处、纠察队、宣传队等机构。苏兆征除负责主持全面工作外，还亲自掌管财务。他从罢工海员中挑选出立场坚定、工作积极并有一定文化知识的青年海员到财政科工作，亲自制定财务工作规则，要求每个工作人员严格遵守。

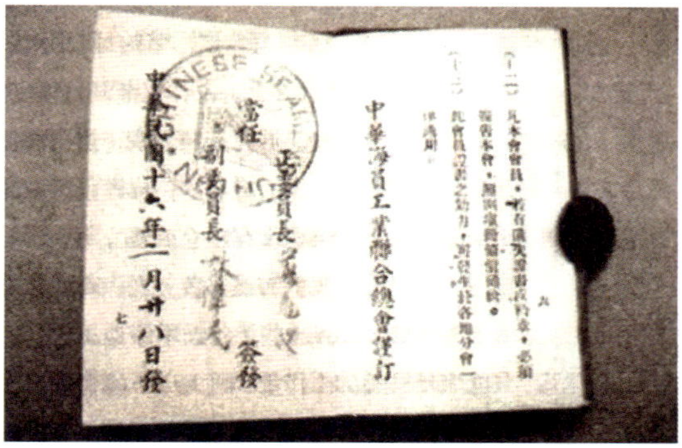

苏兆征签发的海员工会证书

作为罢工主要领导人，苏兆征在罢工开始时便将妻子儿女送回家乡淇澳，只身与罢工工人同甘共苦。由于参加罢工的人数众多，筹集经费、妥善安排罢工工人的食宿等生活问题是总办事处的一大任务。苏兆征和其他罢工领导人经常四处奔走，积极募捐。

在他们的努力下，香港海员大罢工得到广州各工会团体、各阶层人士、广大海外华侨的同情与支持。广州各工会、社团经常派代表到罢工总办事处慰问罢工海员并捐献款项，海外侨胞也大力援助，这些成为罢工期间经费的重要来源之一。苏兆征对筹措回来的每一笔款项都仔细登记造册，确保账目分明。他反复嘱咐工作人员，对侨胞捐献的每笔款项，都要详细登记，并要及时函谢对方。至于罢工经费开支，他则注意精打细算，量入为出，严禁浪费挪用。他还定期在海员代表大会上报告罢工经费的收支情况，并造表册，方便大家监督。

香港海员大罢工坚持了56天，最终取得伟大胜利。苏兆征作为此次罢工的主要领导人，恪尽职守，为保障罢工期间工人们的生活和各项工作有序开展发挥重要作用。

在这期间，中国共产党自始至终在舆论宣传、资金和行动上给予香港海员大罢工大力援助，让苏兆征日益认识到：只有中国共产党才真正与工人阶级心连心、共患难；劳苦大众要砸烂身上的枷锁，谋求解放，只有在中国共产党的领导下才能实现。1924年底，在与林伟民会谈后，苏兆征更加坚定了加入中国共产党的决心。1925年春，苏兆征向李大钊汇报了自己对中国共产党的认识，正式递交了入党申请，不久在北京加入中国共产党。

光明磊落，罢工工人信赖的领导人

1925年5月，上海发生了五卅惨案。为反抗帝国主义的侵略压迫，声援上海人民的反帝爱国运动，香港和广州沙面工人在中国共产党的领导下决定举行罢工。6月19日，省港大罢工爆发，罢工工人纷纷离开香港返回广州，并以广州为基地坚持反帝罢工斗争。

省港罢工工人成立领导机构，由香港、沙面罢工工人和中华全国总工会共同组成罢工委员会，作为罢工斗争统一的最高指挥机关。7月3日，中华全国总工会省港罢工委员会宣告成立，当天，苏兆征被选举为罢工委员会委员长，兼任财政委员会委员长。

担任财政委员会委员长后，苏兆征立即着手组建有关机构，建立健全制度，配备忠诚可靠、廉洁奉公的罢工工人负责财政工作。他要求每位工作人员严格遵守纪律，执行制度，对罢工期间每个财政收支项目，都及时核查结算清楚，并要求造表成册，定期向罢工工人代表大会报告。在罢工委员会宣传部主编的报纸《工人之路》上，经常可以看到苏兆征在罢工工人代表大会报告财政收支情况的消息报道，数目十分清楚详细。此外，苏兆征还定期将财政收支情况印成特刊，发到罢工工人宿舍，接受监督与检查。

1926年11月，一些反动分子潜入罢工委员会所在的东园，放火烧了罢工委员会办事处，并造谣是苏兆征等罢工领导人自己放的火，目的是借此侵吞公款，销毁证据。一时间闹得满城风雨，工人们人心惶惶。罢工经费就是罢工工人的命根子，火烧东园之真相，关系罢工运动人心所向。

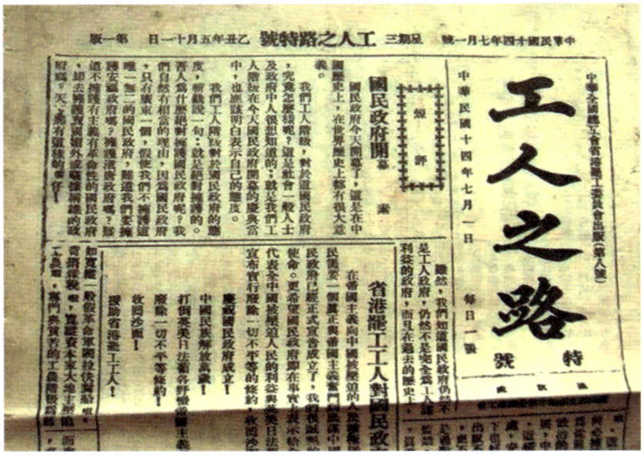
中華民國十四年七月一日號 星期三 工人之路特號 乙丑年五月十一日 第一版

工人之路 特號

中華民國十四年七月一日 每日一張

短評

國民政府開幕 素

國民政府今天開幕了，這是在中國歷史上，在世界歷史上都有很大意義。

我們工人階級，對於這國民政府，究竟怎麼樣呢？這是社會一般人士及政府中人很想知道的；就是我們工人階級在今天國民政府開幕的慶典當中，也應該明白表示自己的態度。

我們工人階級對於國民政府的態度，簡截說一句：就是絕對擁護的。吾人為什麼絕對擁護國民政府呢？我們自然有相當的理由，因為國民政府，只有廣東一個，假使我們不擁護這唯一無二的國民政府，難道我們要擁護安福政府嗎？擁護洪憲政府嗎？難道不擁護有主義有革命性的國民政府，卻去擁護賣國媚外欺騙摧殘我們的政府嗎？天下那有這樣的……

省港罷工工人對國民政……

慶祝國民政府成立！
中國民族解放萬歲！
打倒英美日法意各野蠻帝國主義！
廢除一切不平等條約！
收回沙面！
援助省港罷工工人！

《工人之路》特号

当时苏兆征正在外面开会，得知情况后立即赶回罢工委员会。他认真了解起火经过，听取各方反映，然后十分镇定地勉励罢工委员会的工作人员道：“真理和正义在我们手中。东园的火，只能烧毁我们的一些物资，但不能烧毁我们的斗志。经受斗争磨炼的罢工工友是完全经得起考验的。”

最后，苏兆征提议由社会各有关方面专门组织一个“审查财政损失委员会”，对罢工委员会的账目进行认真清查，结果证明所有账目“均属毫无差错”。经此事件，苏兆征等罢工领导人在罢工工人心中的威信非但不受影响，反而提高了。广大罢工工人对苏兆征十分信任，把他视为完全可以信赖的管家人，称赞他和邓中夏是“指引我们罢工工人向帝国主义番鬼佬作斗争的两盏明灯”。

廉洁奉公，为党和国家的事业不懈奋斗

1927年大革命失败后，8月7日中共中央在武汉秘密召开紧急会议，史称“八七会议”。会议决定成立新的临时中央政治局，苏兆征当选临时中央政治局常务委员，兼管工委。同年9月，中央机关迁移至上海，苏兆征等人相继赴沪。

面对国民党反动派的疯狂屠杀，苏兆征冒死主持中华全国总工会，发表《反抗压迫工人工会的宣言》，号召工人“勇敢向前，在秘密中更加严密的组织，赶快团结起来”，并豪迈地宣称：“我们的职任是解放中国民族，我们的革命战斗力决非压迫屠杀和改组我们工会的人所能消灭的！”他经常不顾个人安危，奔走于白色恐怖最严重的武汉、上海等地，为完成党组织交付的艰巨任务，夜以继日，不懈奋斗。

在此期间，党中央特别成立了一个中央财务小组，负责管理革命经费，以保证党中央各项革命活动正常进行，帮助各地解决实际困难。这批资金的保管和支配是否安全得当，直接影响到有关事业的成败，堪称党的一条“生命线”。经过慎重考虑，党中央决定由苏兆征主持该项工作。苏兆征毅然承担这一重任，再一次掌管财务。在此期间，他十分关心组内工作人员，耐心帮助他们解决各种困难。他曾指出：“管理财务工作有三个法宝，能够善于运用这三个法宝，任何复杂的工作、任何困难的财务，就都能管好。所谓三个法宝，就是公平、廉洁与严肃。”在他的主持下，各项工作顺利进行，党中央的经费管理一丝不苟，保障了有关工作的顺利开展。

长期紧张繁重的工作让苏兆征积劳成疾，但在白色恐怖的笼罩下，他虽然身患重症，却为了严守党的秘密，从未告知家人党的联络地址，也不愿意将病情告诉别的同志以免给组织增加负担，他的病情也因此耽误了。1929年2月20

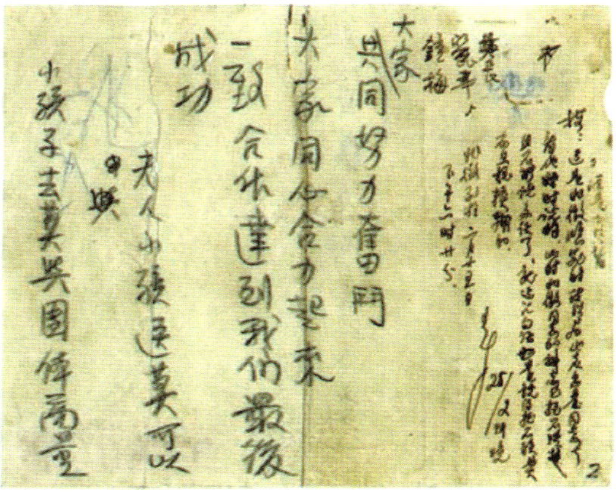
大家共同努力奮鬥
大家同心合力起來
一致合作達到我們最後
成功

邓颖超记录的苏兆征的遗嘱。邓小平在苏兆征遗嘱右侧的空白处写下了一段注释，叙述苏兆征弥留时的情形

日，苏兆征一病不起，当月25日于医院抢救无效，不幸病逝。在苏兆征弥留之际，周恩来、邓小平和邓颖超等人赶到了医院。苏兆征用微弱的声音，断断续续地对大家说：“大家共同努力奋斗……大家同心合力起来，一致合作达到我们最后成功。”邓颖超匆匆记录了苏兆征这份遗嘱，并交给党中央。在生命的最后一刻，苏兆征仍念念不忘他为之鞠躬尽瘁的革命事业。

苏兆征病逝后，家中只有老祖屋一间，别无其他产业，以至于他“身后极为萧条，寡妻幼子，无以教养”。曾在苏兆征身边工作过的龚饮冰缅怀这位工人运动先驱时说：“苏兆征同志这种公平、廉洁、严肃的作风，得到了广大群众的热烈拥护，是永远值得我们很好学习的。”

黄学增：百金万银也动摇不了革命的意志

黄学增（1900—1929），原名黄学曾，广东遂溪人。1920年考上广东甲种工业学校。1922年加入中国共产党。1924年参加广州农民运动讲习所第一届学习班。曾任中共广东省南路特派员、国民党中央农民部农民运动特派员、广东省农民协会南路办事处主任、中共琼崖特委书记等职。黄学增是土地革命时期广东西江和海南岛红军、苏维埃的创始人之一。

他是广东早期32名共产党员之一，在大革命时期与彭湃、阮啸仙、周其鉴齐名，并称为“广东四大农民运动领袖”，是牺牲31年之后还被周恩来总理惦记的人。1960年，周恩来总理到湛江视察工作，停留了15小时，共处理了五件事情，其中一件就是问他的后人有无安置好。他就是广东遂溪人黄学增。

少年时代追求真理

黄学增1900年9月14日出生于雷州半岛上的遂溪县乐民镇敦文村。他自幼聪颖，小学五年级就写了一篇《竞争说》：“竞争乃当今之要务也。……人无竞争，诚不能立于竞争世界，能竞争，乃可以言富强。”以此表达一种十分强烈的试图通过知识改变自己命运和乡村命运的愿望和冲动。

1920年，黄学增考上广东甲种工业学校。此时的广州，马克思主义已广泛传播，广东工人运动的发展，为广东党组织的建立奠定了阶级基础。1921年春，广州共产党早期组织正式建立，陈独秀任书记，不久由谭平山继任。黄学增在雷州中学读书的时候，谭平山是该校校长，所以来广州后，他经过谭平山介绍加入宣讲员养成所学习马克思主义理论、革命理论知识，思想出现了飞跃，从一个来自农村的淳朴知识青年，转变为信仰共产主义的知识分子。1922年，黄学增加入中国共产党，成为广东党组织的早期成员之一。

1922年夏，黄学增根据广东支部“积极开展组建广东社会主义青年团的工作”要求，回到家乡遂溪县敦文村大力宣传马克思主义理论和革命思想，组织成立广东南路第一个由中共党员创建的革命性质组织——雷州青年同志社，借以团结力量，反抗剥削阶级与恶霸。1923年初，黄学增与雷州青年韩盈等人发起并在广州成立了雷州留穗同学会，团结雷州三属、高州四属在穗学生，共同学习革命理论和参加革命活动，为南路革命培育领导骨干。

从事农运开展斗争

1923年下半年起，黄学增开始从事农民运动。这年秋天，他接受党的派遣，到广州附近的花县农村秘密建立党组织，又同在那里工作的阮啸仙、周其鉴等一起，深入农村宣传发动农民，筹备成立农会。第一次国共合作后，党组织为了加强对群众运动的领导，决定把原由团领导的农民运动改由党直接领导。花县是当时农运重点县份之一，中共广东区委对花县的农运相当重视。1924年4月，中共花县支部正式成立，并陆续在九湖、元田、宝珠岗、象山、东坎埗等地组织起农会和农民自卫军，开展反封建斗争。

1924年7月，黄学增被选送到彭湃主办的第一届广州农民运动讲习所，学习农民运动的理论和开展农民运动的方法，并接受必要的军事训练。从农讲所毕业后，他被任命为国民党中央农民部农民运动特派员，再次前往花县指导农民运动。同年10月，周恩来从法国回国，担任中共广东区委员会委员长兼宣传部部长。在周

广东花县农民自卫军

1926年黄学增（左二）在广东省农民协会执行委员会

恩来的直接领导下，黄学增逐渐成长为广东农民运动领袖之一，这期间二人结下了深厚的友谊。

黄学增在花县培训农运骨干，发动农民组织农会和农民自卫军。在黄学增的领导下，1924年10月19日，花县农民协会在九湖乡举行成立大会，6000多名会员和农民自卫军荷锄荷枪出席，还邀请了贫苦农民数千人到会，授旗授印，群情激动，农民革命声势大振。县农会成立后，立即领导农民向地主土豪开展斗争，实行减租，取消“批头”剥削和送租、送礼等苛例，并决定把地主土豪控制的“猪屎会”的收入款项收归农会管理。

10月底，花县洛场大地主江新南、象山大地主江锦堂、平山大地主江季瞻等，勾结县长江侠庵，组织“花县田土业权维持会”（农民称之为“地主会”），成立民团，增购武器，筹划与农会对抗，到处宣扬要“劏大猪（大珠农会），拆大箩（罗洞农会），碎石头（石岗头农会），执田螺（田螺湖农会），煲莲藕（莲塘农会），捻出九湖大脓头（设于九湖乡的花县农会）”，接着出动民团500余人攻打九湖乡。当时九湖乡农民自卫军仅60余人，黄学增立即把县农会办事机构迁到鱼笱庄，并决定动用“猪屎会”收益款项购买枪支，扩大农民自卫军以保卫县农会。“地主会”安插在县农会负责理财的王锦昭阻挠购买枪支，黄学增等人带领少数农军到凤岭村捉拿王锦昭，不料归途中被地主江锦堂带领民团堵截，双方激战。县农会派农军从鱼笱庄前去救援，却被地主张湾九率民团截在半路。各队农军且战且退进入元田村，在该村群众的保护下脱险返回鱼笱庄后，各队集结农军严阵以待，最终击退了民团，保住了花县农会。

宝安党组织创建者

1924年底，黄学增以国民党中央农民部特派员的身份前往宝安县指导农民

1925年，宝安县农民协会在郑氏宗祠成立时的照片

运动。当时宝安县划分为七个区，黄学增先去第四区开展工作。第一区、第二区农会成立的时候，黄学增均参与，这些农会其实都是在他的指导下成立的。由于有三个区以上农会就可以建立县一级农会，1925年4月国民党中央农民部要求黄学增成立宝安县农民协会，直接受省农民协会领导。宝安县农民协会成立后，积极建立农民自卫军，领导广大农民反抗苛捐杂税，实行减租减息。

在组建农会的同时，黄学增也积极筹建党组织。起初，黄学增等人与各村士绅搞好关系，在农村开展工作，并介绍其中的优秀分子加入国民党，成立国民党乡区分部，然后从中吸收先进分子为中共党员，建立各乡党小组。各乡党小组以国民党乡区分部为活动中心，先号召群众加入国民党，再从中吸收中共党员，并以中共党员为乡农民协会的骨干，掌握乡村基层政权。党小组经常组织党员学习、讨论时事，掌握斗争方向，提高党员素质。

1925年7月中旬，根据中共广东区委的指示，中共宝安县支部成立，黄学增任书记。这是深圳地区最早的党支部。随着党员人数的增加，宝安各区至1925年底已建立起11个党小组。

1925年9月，粤军第四师第八旅第十五团团长张我东与宝安县县长梁树熊勾结民团、土匪、土豪、劣绅制造“云霖惨案”，袭击农民自卫军，焚掠10余乡，杀害农会会员5人，打伤7人。黄学增前往宝安调查。他经过细致调查后写下5000字的报告，从17个方面汇报前因后果，指明是县长与官兵相互勾结，要求广东革命政府严惩肇事者，还在国民党中央宣传部主办的《广州民国日报》上揭露张、梁屠杀农民的全过程，伸张正义。省港大罢工期间，反动的沙井民团不顾罢工委员会封锁香港的禁令，偷运粮食物资到香港资敌，农民自卫军与工人纠察队前往阻止，却被围攻打伤。黄学增通电要求广东革命政府查办，后以宝安县农民协会的名义，要求国民党中央农民部、广东省农工厅、广东省农民协会解散沙井民团。桂军第五师师长林树巍非法向农民自卫军征收枪照费。黄学增等人以宝安县农民协会的名义致电广东革命政府，并在《广州民国日报》上揭露缴纳枪照费的严重后果，明确要求农民自卫军及农会会员自卫之枪支一概免缴枪照费，终于迫使林树巍取消枪照费，连带宝安县政府准备向农民征收的户口税及其他杂税一并被取消。在党的领导下，宝安县农民协会几乎完全掌控全县的政治，县长做事都要得到农会的许可方敢进行。封建地主的特权被打倒，广大农民能够按照自己的意志来办事。

南路肃贪成就奇勋

由于在农民运动中出色表现，1926年黄学增被任命为广东省农民协会南路办事处主任，主持广东南路十五县的农民运动工作。这实际是一个救火员的角色，因为当时的南路农民人口占区域人口96%以上，却没有一个县一级的农民协会，农民深受帝国主义、军阀、土匪、劣绅、土豪等多方势力压迫，生活异常痛苦。黄学增4月发表的《广东南路各县农民政治经济概况》就详细说明了当地农民如何被与帝国主义勾结的土匪烧杀劫掠，被军阀名目繁多的苛捐杂税压榨，最终无法生活，被卖身南洋做“猪仔”。

自南路办事处在梅菉成立后，黄学增大刀阔斧地开展工作，吸收改组民间组织成立农会，加强对已有农会的整治训练，清除农会里代表大地主利益的不良分子，组织领导各县农会反对苛捐杂税，真正为农民办实事。南路各县县长大都是头脑陈腐的官僚，虽挂名国民党籍，都不知国民党政纲为何。他们开会不挂国旗、党旗和总理像，拒不执行南路行政委员会的决议。黄学增曾以国民党广东省党部南路特别委员会委员的身份，多次参加遂溪县人民代表大会，他要求县区政府支持农民运动，设法帮助农民

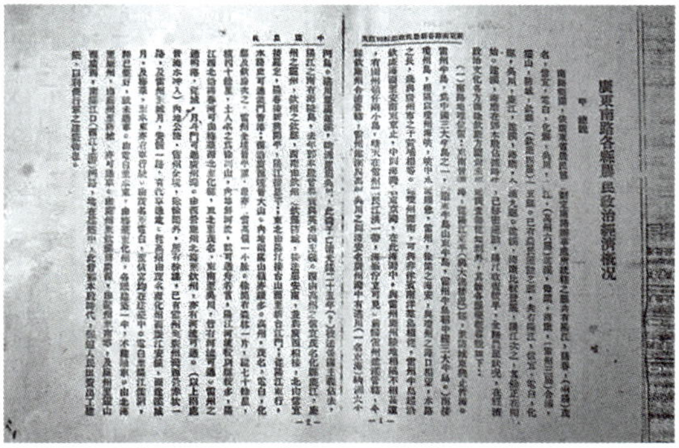
廣東南路各縣農民政治經濟概況

《中国农民》刊登黄学增撰写的《广东南路各县农民政治经济概况》

解决生计问题，减免税捐，将各区保卫局所有款项拨给各区农民协会支配；还要求化州县党部每月补贴农民运动费52元。在他的努力下，海康县县长拨给农会600元筹办费，并裁撤各区民团局。黄学增发现遂溪县县长伍横贯鱼肉乡民、贪污渎职后，与特派员黄广渊等组织发动农民到省城向广东革命政府请愿，要求撤伍之职。省政府接受群众的请求，撤掉了伍横贯的职务。消息传出后，高雷农民奔走相告，称这是“从未成就过的奇勋！”

吴川农民以种蒜为业，地少人多，耕作劳苦，收入甚微，饱受苛捐杂税之苦。吴川县第五区十八乡农民联合到南路办事处请愿，要求吴川县署取消蒜头捐。黄学增随即致函吴川县县长，要求他“体恤农民至意，克日将该蒜头捐取消”。县长却执意继续收取。他便亲自到吴川县署交涉，批评县长不体察民情，枉为父母官。在他的坚持下，县长被迫答应取消蒜头捐。随后南路各县的“蒜串捐”“壳灰捐”都被取消，农民负担真正得到了减轻。

自此，南路各县农会声威大震，农民纷纷要求加入农会，农会势力一天比一天壮大。至1926年5月，南路各县都成立了农会，此外还有区农会13个，乡农会144个，会员10000多人。

1928年，中共广东省委决定派黄学增到琼崖主持工作。1929年黄学增被叛徒出卖，在海口遭到敌人逮捕。面对甲工前校长黄强的劝降，黄学增威严地回答说：“你们以为用那几个臭钱就可以降服我？告诉你，共产党员的意志是铁铸的，百金万银也动摇不了我革命的意志！”敌人见劝降不成，便将其残忍杀害。

黄学增在海口福音医院潜伏，因叛徒告密被捕。图为福音医院

彭湃：烧田契闹革命的『农民运动大王』

彭湃（1896—1929），乳名天泉，原名彭汉育，广东海丰人。1917年赴日本留学，1921年回国后开展农民运动。1924年参加创办广州农民运动讲习所，并任第一届、第五届主任。1927年参与领导南昌起义，同年10月领导海陆丰农民武装起义。曾任中共广东区委委员、中华全国农协临时执行委员会委员、中共中央政治局委员等职。彭湃是中国无产阶级革命家、中国农民革命运动的先导者和著名的海陆丰苏维埃政权的创始人，被誉为“农民运动大王”。

位于汕尾市海丰县的红宫红场，是广东省的红色名片。当游人慕名来到这里，都会不约而同地想起那个响亮的名字——中国“农民运动大王”彭湃。

彭湃1924年加入中国共产党。他是日本早稻田大学政治经济科留学生，在日本留学期间，接受了社会主义思想，曾参加中国留学生爱国运动。1921年归国后，他在广州加入社会主义青年团，后又在家乡海丰创办社会主义研究社和劳动者同情会，传播马克思主义。他一生为农民利益奋斗，为革命事业无私奉献一切。

革命先从革自己的命开始

彭湃出生于海丰县有名的大地主家庭，从小生活条件优越，家产丰厚。作为少爷的他本可以过优裕的生活，但是他对这些毫不留恋，极度不满地主鱼肉百姓、官僚霸道横行的社会现象。为了开展好农民运动，他毅然脱下白西装，换上破旧的农民装，把自家的土地分给农民，深入到贫苦的农民群众之中，组织和发动农民开展革命。

浮雕《田契一烧聚人心》

彭湃的分田之举在当时可谓惊世骇俗。一开始他把自己的田契亲自送给佃户，佃户不敢要。他便以看戏的名义把佃户召集至家门口的龙舌埔广场，当众烧毁田契，并宣布："日后自耕自食，不必再交租谷。"在当时这是惊天动地的事情。他的家人痛呼"祖上无德"，骂他是"逆子"，但他烧田契分田给佃户的举动，迅速传遍海陆丰大地，赢得广大贫苦农民的衷心拥戴。海陆丰人民奉他为"彭菩萨"，无论他走到哪里，都有大批农民赶过来参加他领导的农民运动。正如瞿秋白《纪念彭湃同志》一文所说："他是做群众运动工作的模范，他是能真正深入到群众里面去的同志……他是中国劳苦的农民群众顶爱的、顶尊重的领袖。"

到农村去做实际运动

当中国共产党早期集中力量从事工人运动的时候，彭湃已经把注意力转向了农村，他认为：农民占了中国人口的绝大多数，世世代代受压迫剥削，有着很强的革命性，是中国革命的一支重要力量，不把广大农民组织起来，中国革命就不能成功。他是这么判断的，也是这么实践的。从1922年6月开始，他就"下决心到农村去做实际运动"，只身深入农村，了解农民疾苦，开展农民运动。在他的努力下，1923年元旦，海丰县总农会成立，会员达2万户，计10万人。在海丰县总农会成立大会上，彭湃问："农友们！天下怎么才会太平呢？"台下众口一词地大呼："我们的彭湃当皇帝，天下就太平了！"面对农民这种期盼救世主的旧式心态，彭湃风趣地说："彭湃不能当皇帝，天下从此不能有皇帝。我们农友真正当家做主，天下才能太平！"在《告同胞》一文中，他指出：必须进行社会革命，破坏私有财产制度，实现社会主义。这是他一生的誓言，也是他一生的理想。

海丰农民运动的影响扩展到全省，广东其他地区的农民也逐渐组织起来。在开展农民运动的过程中，彭湃坚持一切为了农民，一切从农民利益出发。他曾提出四个"图"，即"图农民生活之改造、图农业之发展、图农民之自治、图农民教育之普及"，作为农民运动总纲。海丰县总农会成立后，团结全县农民进行减租斗争。为保护农民的利益，总农会规定农产品集市的权力归农会掌管；反对地主肆意加租、易佃剥削农民；创办农校，农民子弟免费入学，动员农民造林，山林收益按劳分配；成立仲裁部，为农民主持公道。这些措施深得农民拥护。毛泽东高度赞扬说："全中国各地都必须办到海丰这个样子，才可以算得革命的胜利，不然任便怎么样都算不得。"

1924年4月，彭湃赴广州创办农民运动讲习所（简称"农讲所"），任第一届、第五届农讲所主任兼教员，为全国的农民运动培养了大批骨干。在从事农民运动实践的过程中，他撰写了《海丰农民运动报告》，详细论述了从1922年至1924年海丰农民运动的全过程，深刻地总结了海丰农民运动的经验。该书是"中国农民运动第一本最有价值的著作"。1927年3月，中华全国农民协会在武汉成立，彭

1924 年彭湃参与创办广州农民运动讲习所，并任第一届和第五届主任。图为彭湃（二排左十二）和第五届农讲所学员毕业合影

湃和毛泽东、方志敏等13人被选为执行委员，担负起领导全国农民运动的重任。对彭湃在农民运动中所作的历史贡献，中共早期领导人瞿秋白高度评价“彭湃同志是中国农民运动第一个战士”，毛泽东则称赞彭湃是“农民运动大王”。

坚信革命一定会成功

从事农民运动时期的彭湃

1927年大革命失败后，中共中央决定举行南昌起义。彭湃成为以周恩来为书记的前敌委员会委员，领导南昌起义，后挥师南下广东。由于彭湃长期在海陆丰工作，奠定了坚实的革命基础，海陆丰两县民众在中共海陆丰地委领导下，于4月、9月两次举行武装起义。彭湃10月底回到海陆丰，又领导了第三次武装起义，并创建了海陆丰革命根据地，建立了全国最早的县级苏维埃政权。当年12月，广州起义失败，起义军撤退到海陆丰，在欢迎起义军大会上，彭湃说：“这算什么？我们共产党人，从来不畏困难，失败了再干，跌倒了爬起来，革命总有一天会成功的。”在敌人重兵围攻下，海陆丰苏维埃政权顽强坚持了四个月。海陆丰革命根据地为其他革命根据地树立了光辉的榜样，一再受到中共中央肯定，在全国产生了广泛影响。1927年12月，中共中央机关刊物《布尔塞维克》发表题为《中国第一个苏维埃》的长篇文章，对海陆丰苏维埃政权给予高度评价。

1928年彭湃当选为中共中央政治局委员，并于11月奉命赴上海担任中共中央农委书记。1929年8月24日，由于叛徒白鑫出卖，彭湃被捕。在狱中，他受尽严刑拷打，几次死去活来，但始终坚贞不屈，绝不背叛革命。面对死亡威胁，彭湃说：“只要我还有一口气，我就要为共产主义事业奋斗到底！”他坚定地表示：“不久的将来，一定能够推翻反动的统治，建立全国的苏维埃政权”，“为了我们的子子孙孙争得幸福的生活，就是献出了自己的生命也是在所不惜的”。8月30日，他与战友杨殷、颜昌颐、邢士贞在国民党淞沪警备司令部的看守所英勇就义，年仅33岁。在最后的时刻到来之际，他还不忘脱下身上的衣服赠送给狱中难友，高唱《国际歌》，呼喊着“打倒帝国主义！”“中国红军万岁！”“中国共产党万岁！”等口号。

中共中央对彭湃等烈士的重大历史贡献和英勇斗争事迹作出高度评价：“他这样的革命斗争的历史，早已深入广大劳苦群众的心中，而成为广大群众最爱护的领袖。谁不知广东有彭湃，谁不知彭湃是中国农民运动的领袖，土地革命的忠实领导者。”

1929年8月，中共中央政治局会议处及彭湃同志被捕处（今上海新闻路经远里12号）

杨殷：『金弹』摧不垮的工运领袖

杨殷（1892—1929），字孟揆，广东中山人。1911年加入孙中山领导的同盟会。1922年秋加入中国共产党，同年底被派往苏联参观学习。1923年回国后在广东从事工人运动，参与领导省港工人罢工。历任中共广东省委常委、中共中央政治局中央常委、中共中央军事部部长、中共中央军委委员等职。杨殷是中国共产党早期重要领导人之一，是坚定的无产阶级革命家、著名的工人运动领袖，党的早期军事工作的重要领导者和情报保卫工作的重要开拓者之一。

位于中山市南朗镇的翠亨村，因附近山林青翠而得名。这承载着近代中国革命和岭南文化传统的小小村落，不仅是孙中山先生的故乡，也走出了一位用生命捍卫信仰的共产党员——杨殷。

从民主战士到共产党员

1892年8月12日，杨殷出生于香山县（今属中山市）翠亨村。他年少时就对同村的孙中山先生十分崇敬。1911年，他加入同盟会，为推翻清王朝封建统治多方奔走。辛亥革命胜利后，革命果实被袁世凯窃取，杨殷目睹了袁世凯对外卖国屈膝、对内残酷压迫的丑恶行径，心痛欲碎。1913年，杨殷想要为宋教仁报仇，一人携带炸弹行刺袁世凯的爪牙郑汝成，将其炸成重伤，轰动全国。护法运动期间，杨殷担任孙中山副官兼大元帅府参军处参谋，追随孙中山先生继续革命。1918年5月，因受军阀排挤，护法运动失败了。在码头送别孙中山和宋庆龄后，看到自己儿时的偶像孙中山一次次功败垂成，杨殷一度陷入迷茫。

五四运动爆发后，马克思主义在华南地区广泛传播。此时在广州西关盐务稽查处任师爷的杨殷开始广泛阅读《新青年》《每周评论》《广东群报》等刊物，认真研究马克思主义并重新思考中国革命。街头书店出售的《共产主义ABC》《共产党宣言》《社会主义政治经济学》《资本论》等书让杨殷得到了极大启发，也让他看到了新的希望，他决心走一条新的救国救民的革命道路。

1922年初夏，中国共产党广东支部的早期成员杨章甫和梁复燃在杨殷家附近活动，一场大雨让他们走进了杨殷家里。他们刚进客厅，只见杨殷在卧椅上睡着了，身边有一本书落在地上。杨章甫捡起来一看，是《社会主义政治经济学》，他与梁复燃不约而同地相视而笑："想不到高级师爷也关心起马克思主义来了。"听到动静的杨殷醒来，他并不知道眼前这两位年轻人的真实身份，只是照例热情接待。见他们对那本书感兴趣，杨殷便指着书说："这真是本好书哇！你们也该看看。真是开卷有益。要救中国，非此不可。我还有几页就看完，等明天，我把书送给你们看。""好的，好的。"杨章甫和梁复燃认为杨殷能有这样的觉悟，非常难得，三人便相约第二天到三角市口茶楼饮茶聊天。第二天，杨殷如约而至，并把书送给杨章甫和梁复燃。三人谈论时下最热门的马克思主义理论和工人运动，杨殷谈了自己对中国革命的看法，认为在共产党领导下，走十月革命的道路，才是中国的出路。他还表示："我相信，在广东一定有共产党组织，我想认识他们……"

1922年秋，在杨章甫和梁复燃的介绍培养下，杨殷通过了党组织的考验，加入了中国共产党。1925年起，杨殷担任中共广东区委监委委员（后期为省委委员），并于1925年1月出席了党的第四次全国代表大会。

严拒"金弹"进攻

杨殷加入中国共产党后，同年底被派往苏联参观学习，1923年回国后，在广东从事工人运动。他时常深入工人群体中，了解工人疾苦，为工人争取利益多方奔走。他正义凛然，一心一意为工人的作风深受工人拥戴，工人们亲切地称他"殷哥""殷叔"。

1924年9月8日，上海南洋兄弟烟草公司4500多人强烈抗议资方重新制定的苛刻管理条例和无理开除女工、阴谋解散职工同志会的行为，举行大罢工。资方自恃有后台撑腰，非但对工人提出的合理要求置之不理，还企图强行解散工会。此时，杨殷受党组织委派，以国民党中央工人部特派员的身份到香港开展工人运动，周恩来指示杨殷立即在广州、香港两地工会组织成立罢工后援会，支援上海烟草工人的罢工斗争。杨殷随即根据周恩来的指示，深入香港南洋兄弟烟草公司和码头、市场等摸清情况，并召集香港各工会代表商量对策。经过商议，代表们形成共识：一是通过抵制该公司香烟入广东，打击资本家的嚣张气焰；二是没收拍卖该公司400多箱香烟，并用所得款项救济失业工人；三是派杨殷到上海支持此项工作。9月中旬，杨殷一行九人代表团赴沪进行调查和调解。杨殷在欢迎大会上表示广州、香港工会将会以实际行动来援助上海的兄弟姐妹，并号召上海各工人团体团结斗争，合力替烟厂工人减轻痛苦、解决罢工问题。杨殷在大会上的一番讲话，让上海各团体代表备受鼓舞，工人士气倍增。

南洋兄弟烟草公司的老板闻风，知道罢工后援会的负责人杨殷来头不小，既是国民党中央工人部特派员，又是广州工代会的顾问，还曾是孙中山先生的副官，少时又孤胆谋炸郑汝成，有谋有胆，敢作敢为，得罪不得。他们怕工会真正联合起来对他们不利，便使用生意场上惯用的伎俩——“金弹”进攻计，备好重金企图贿赂收买杨殷。他们派代表将金条放到杨殷面前，软磨硬泡地说：“厂里最近生意不好，不得已才这样。”不料杨殷态度坚决地说：“回去告诉简老板，我杨殷从不接受这一套，让他认真正视工人的要求。若资方不答应工人的合理要求的话，全体工人罢工将继续进行下去，甚至会有更大的行动，直到资方答应为止。”资本家见他立场坚定，不为财物所诱，拒绝贿赂，又使用离间计，恐吓和收买随行的其他代表。九个代表当中，有两个经受不住诱惑被收买了，还有两个因胆怯私自返回广东。在这种情况下，杨殷依然坚定信念，马不停蹄地奔走在贫苦失业工人的行列中了解他们的疾苦，锲而不舍多方调解，与资方谈判。烟草公司老板见他立场坚定，软的“金弹”术无法拉拢并摧毁他的意志，便采用硬攻的卑鄙手段——收买亡命之徒密谋杀害杨殷。好在杨殷年少时学过少林武术，功夫了得，赤手空拳打得凶徒抱头鼠窜，但因为对方人多势众，他的头部也被凶器砸伤，当时血流如注。资本家买凶行刺杨殷事件，更加激起上海工人的愤怒，工人们掀起了声势浩大的罢工斗争浪潮，资本家最后无条件接受了工人的要求，此次罢工运动取得了胜利。

家中严父，“党内卢俊义”

为了专心致志为党工作，杨殷不但毅然辞去了待遇优厚的盐务稽查处师爷的职务，还在妻子李庆梅去世后把几个年幼的子女托给亲戚朋友抚养，全身心投入党和国家的革命事业中。

第一次国共合作时期，因工作需要，他将万福路的住所设为联络机关，并把长女爱兰和次子民皓从澳门接回广州同住了一段时间。虽然杨殷家底厚实，但自从投身革命后，他的钱财都用在了革命事业上，家里只是粗茶淡饭，从不多花钱。他还时常教导子女要朴素、节俭、自食其力。有一次，他的妻舅从北京托人带来一只金华火腿。当第二天爱兰醒来吵着要吃火腿时却听说已经让客人吃了，她哭道：“这是舅舅送来的，为什么一点都不留给我们？”杨殷便给爱兰讲道理：“叔叔伯伯都是值得我们尊敬的劳动者。他们辛苦做工为社会创造了很多很多的财富，但收入低微，根本吃不起那么贵的东西。‘劳动者最光荣’，既然有尊贵的客人来了，就要拿最好的东西来招待。你没吃上金华火腿，以后长大了，靠自己双手劳动所得买来吃，吃起来不是会更香的吗？”其实当时，金华火腿是十分昂贵的食品，杨殷哪舍得吃，早就把它换成组织的活动经费了。

在那个年代，党的活动经费异常短缺，为帮助党解决困难，杨殷甚至把家里的几幢楼房和故乡的田产都变卖了，还把亡妻留给他的纪念品及珠宝首饰都一齐变卖捐给了组织。此外，他对待党内同志总是热情仗义，在组织和同志们遇到困难时，都尽量想办法帮助解决。他的亲密战友梁复燃给他起了个“党内卢俊义”的绰号，并多次称赞他“富有正义感而又有胆量”，“杨殷同志很有办法！”

杨殷（后排左二）与家人在祠堂前合影

由于其高尚的人格魅力，杨殷在革命过程中得到很多亲朋好友的支持。1927

杨殷故居

年，为筹措广州起义经费，杨殷除变卖了自己仅剩的房产外，还向他的堂侄杨高借了数万港币现金，全部送给组织。杨高为避免国民党当局追究，便把杨殷后花园的六七条防洪基石搬走，表示“杨殷借我钱，我搬他的防洪基石来抵债，两清了！”

无情未必真豪杰，怜子如何不丈夫？杨殷对子女要求严格，也深爱自己的子女，但在那个年代，作为革命领导者，有些爱是不能轻易表露的。因为工作忙，杨殷和子女们聚少离多，特别是在“四一五”反革命政变后，党的活动由公开转向秘密，杨殷与子女见面的机会就更少了。为了便于工作和子女成长，他把爱兰和民皓送到寄宿学校，一周难得见上一面。好友陈少泉了解他的心事，节假日和周末便把爱兰姐弟俩接来陈家。到晚饭时间，杨殷在陈少泉家小阁楼，透过小花窗，用照镜子的方法默默看姐弟俩吃饭，以慰思念儿女之苦。随着环境越来越复杂，革命活动愈加困难，杨殷把女儿爱兰也“拉入”到情报工作中来。一到周末，小爱兰便手挽藤制书包往返于粤港澳之间，并按照杨殷的嘱咐顺利把“作业本”交到“叔叔”们手里，从未引起敌人的怀疑。新中国成立后，杨爱兰才得知，原来自己曾是党的“小小交通员”。

生命铸信仰，热血荐轩辕

广州起义失败后，杨殷等广州起义的领导人受到错误处分，但他不为个人申辩，仍像过去一样积极为党工作。他曾对自己的亲人说："由于广州起义没有获得胜利，广州苏维埃政府被敌人破坏了。我受到撤职处分，但是，我对革命事业还是忠心耿耿的，今后仍会像过去那样积极工作，绝不垂头丧气。"他是这样说的，更是这样做的。广州起义后，杨殷率领少数同志转移到农村，同彭湃等人一起巩固和发展海陆丰革命根据地，开展东江各县的游击战争和土地革命运动，后又按照党组织的安排，先后到香港、山东、安徽、上海等地工作，争分夺秒地为党和人民的事业奋斗。

1928年，中共六届一中全会在莫斯科举行，杨殷当选为中共中央政治局候补委员、中央常委，任中共中央军事部部长。1928年9月，他从苏联返回被白色恐怖笼罩的上海，在极端秘密状态下开展地下工作。杨殷如饥似渴地从斗争中学习军事知识，虚心地向周恩来和其他懂军事的同志学习。其间，他对毛泽东、朱德同志领导红四军转战赣南、闽西和创建根据地的斗争，给予了特别的关注和支持。他多次在中央政治局会议讨论有关红四军问题时发表意见，并协助周恩来同志把"朱毛红军"经验向其他根据地推广，为中国工农红军的建设发展作出了积极贡献。

1929年8月，杨殷和彭湃等同志在上海法租界沪西区新闸路经远里12号开会，由于叛徒白鑫告密，他们被逮捕入狱。在狱中，反动派对杨殷先采取高官厚禄利诱，继而又采取威迫手段。杨殷斩钉截铁地说："收起你们那一套吧，我是绝对不会投降的。你们有你们的信仰。我有我的理想信念。我只信仰共产主义！严冬过后是春天。我坚信中国革命事业一定会胜利。"经过多番审讯，杨殷始终坚贞不屈，没有透露党的任何机密。在被捕的三天时间里，他和难友们向狱中群众和国民党淞沪警备司令部内士兵宣传党的主张。当说至激昂处，他们便齐唱《国际歌》，高呼革命口号。愁苦惨淡的监狱，变为激昂慷慨的沙场。

国民党反动派当局恐出意外，1929年8月30日，下令秘密枪杀杨殷等同志。临刑前，杨殷态度从容、慷慨自若，他笑着说："朝闻道，夕死可矣。"

杨匏安：公家的钱，一分一文都不能要

杨匏安（1896—1931），原名杨锦焘，广东珠海人。1919年在《广东中华新报》连续19天发表长篇文章，在华南地区宣传马克思主义。1921年加入中国共产党。1925年参与领导省港大罢工。1929年回到上海在中共中央机关工作，并参加编辑党的刊物。曾任中共中央委员、中共中央监察委员会副主席等职。杨匏安是最早把马克思主义传播到中国的先驱者之一，是中国共产党早期优秀的理论家和革命活动家。

1941年1月皖南事变后，陪都重庆的环境变得极其险恶，周恩来布置中共中央南方局和八路军驻重庆办事处部分工作人员撤退转移。在1月底的一次会议上，周恩来背诵了一首名为《示难友》的诗，与同志们共勉。这首诗的作者，便是备受周恩来敬重和推崇的杨匏安。

杨匏安1921年加入中国共产党，1925年任中共广东区委监委委员，1927年在中共五大上当选为第一届中央监察委员会副主席。他是华南地区系统传播马克思主义第一人，也是中国最早传播马克思主义的先驱之一。他一生清风傲骨，严于律己，廉洁奉公，为党和人民的事业献出了自己的生命。

"誓不为五斗米折腰"

杨匏安从小接受中国传统文化教育，"人以德为本"的思想影响了他一生。青年时期，杨匏安就主张"德学兼治"，立志做一个志向远大、品德高尚的人。

从两广高等学堂附中毕业后，因家庭变故无力支撑他继续念书，杨匏安回到家乡母校担任小学老师。这期间，他满怀热情，想做个为人师表的好老师，把自己所学传授给学生，为国家培养栋梁。学生都很喜欢他，亲切地称他为“小老师”。但是，当得知介绍他入校的远亲校长贪赃枉法时，他异常愤怒，血气方刚的他不顾亲友情面，选择和同事揭发此事。谁料，事后他反被精于世故的校长诬陷入狱，后经母亲四处托人求情才得以保释。经过这桩冤狱，杨匏安开始认清当时社会的黑暗，内心更加坚定了追求光明的信念，不久便踏上东渡日本求学之路。在日期间，杨匏安广泛阅读西方各种流派学说。也是在那时，他受到片山潜、河上肇等日本早期马克思主义者的影响，开始接受马克思主义。

归国后，杨匏安先在澳门当家庭教师，1918年，他举家迁到广州，在一所中学担任国文老师兼教务主任。因学校经费不足，教师薪水时常无法保证，杨匏安经常靠典当借贷来维持一家的生计。当时广州市警察局一位同乡欣赏他的才华，想请他去当秘书，但杨匏安不愿意同流合污，断然拒绝这份“肥差”。他还创作《钓》《消夏》等诗，以诗明志，表达自己“誓不为五斗米折腰”的心志。

“我们最服膺马克思主义！”

“借次清霜坚傲骨，拼将浊酒斗孱躯。”伴随着广东工人运动和五四运动的兴起，杨匏安开始走上革命救国之路，成为马克思主义在中国的坚定追随者和传播者。1919年7月12日起，杨匏安在《广东中华新报》连续19天刊载《马克斯主义》一文，系统地介绍马克思主义，成为在华南地区系统传播马克思主义的第一人。这篇《马克斯主义》与李大钊的《我的马克思主义观》同为马克思主义在中国早期传播的著作，因此他与李大钊南北遥相呼应，是公认的我国宣传马克思主义先驱之一。

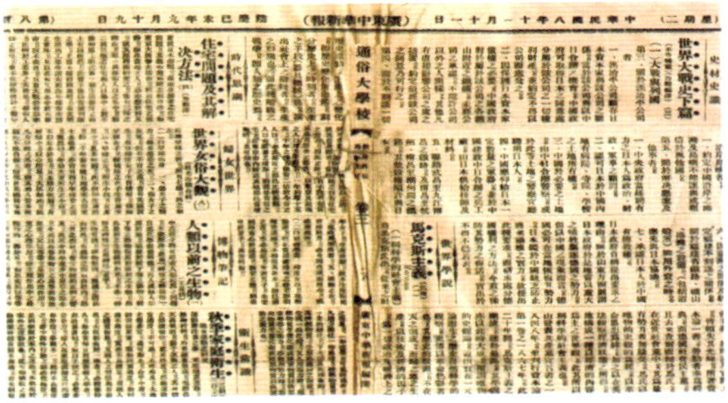
(星期二) 中華民國八年十一月十一日 (廣東中華新報) 陰曆己未年九月十九日 (第八頁)

世界大戰史下篇

通俗大學校

住宅問題及其解決方法

世界女偉人

杨匏安在《广东中华新报》连载《马克斯主义》

1921年，在谭平山的介

《青年周刊》

绍下，杨匏安加入中国共产党，成为广东早期党组织最早的党员之一。入党后，杨匏安以更加饱满的热情投入到党的工作中。杨匏安在广州的居住地杨家祠就是当时广东共产党早期组织活动的重要阵地。当时广东党组织在杨家祠的活动既隐秘又频繁，来此活动的同志逐年增多，早期有谭平山、陈公博、谭植棠、阮啸仙等，杨家祠已俨然成为党的重要活动场所。广州共产党早期组织成立后，杨匏安在杨家祠的阁楼里开办注音字母训练班，教的是注音字母，用的教材是进步的文章、书刊。杨匏安还和堂叔杨章甫等人教唱《国际歌》，利用讲课、唱歌来进行革命宣传，注音字母训练班就成了掩护共产党组织活动的一面招牌。

1922年2月26日，广东社会主义青年团机关刊物《青年周刊》出版，杨匏安执笔创刊宣言。在这篇不到2000字的宣言里，杨匏安写道："我们最服膺马克思主义！"同年4月，他连续用白话体发表长文《马克思主义浅说》，再次系统地介绍了马克思主义的唯物史观、阶级斗争学说、剩余价值理论三大组成部分。在这些文章中，他旗帜鲜明地高举马克思主义，将之作为中国革命指南，并有力批判了当时流行的形形色色的无政府主义思潮，为帮助华南地区知识青年正确认识马克思主义理论和认清革命道路，发挥了重要作用。在当时，他的系列文章在广大进步青年群体中广为传播。

1923年5月，陈炯明事件平息后，广东社会主义青年团改选，杨匏安被选为候补执行委员，与阮啸仙、刘尔崧等人共同负责青年工作。当时为吸引更多青年学子入团，团广东区委建立了外围组织——新学生社。杨匏安频繁出席学生活动，为争取学生利益出谋划策。在不到一年的时间里，社员人数从100多人发展到五六千人，成员由广州一地扩散至整个华南地区，很好地把青年群众团结到一起。

"为官廉洁，家境清贫"

1924年，在国民党一大上，杨匏安被推选为国民党中央组织部秘书，同年

11月任国民党中央组织部代理部长；国民党二大后，他当选为国民党中央执行委员会常委，成为九个中央常委之一。1925年，中共广东区委监委成立，杨匏安任监委委员，并于1927年5月当选为中共中央监委副主席。当时杨匏安在共产党和国民党内都有很高地位，因此有很多亲戚朋友上门求差。但是，杨匏安坚持用人唯贤，廉洁奉公，从不徇私滥任，对送来的礼金礼品，一概拒收。尽管他身居高位，领到很高的薪金，但生活中依然保持廉洁朴素的作风。杨匏安的四子杨文伟回忆："他那时一个月的薪金有300多大洋，足以买田、买地。但他把绝大部分钱都交给党作活动经费，只留下极少的一部分作为家用。因此，我们家里也就不可避免地清贫、困难了，家人都必须去做工贴补家用。"

1925年杨匏安（后排右二）与何香凝（前排左三）等人合影

省港大罢工期间，杨匏安管理工会大量钱财，却从未出现挪用贪占行为。有一次，他的孩子们在存放罢工捐款的麻袋里捡到一枚硬币（只值一两毛钱），开心地拿着玩。杨匏安发现后马上严肃教育孩子们道："这是公家的钱，一分一文都不能要。"接着，让他们立即把这枚硬币送回罢工委员会。过中秋节时，有人给杨匏安家送来几盒月饼，杨匏安发现后坚持要求家人把月饼退回去，还郑重地对家人说："我们不能做贪小便宜、不干不净的事情。"

在白色恐怖笼罩时期，杨匏安一家在上海的生活异常艰苦，七个孩子中有两个因无钱治病而夭折，他自己也身患肺病，但他从不向组织叫苦、伸手。他一人做多份工作，白天当编辑校对，晚间加紧写作和翻译，还要帮家人推磨做米糍，让母亲和孩子清晨上街叫卖，以此换点钱维持全家的生活。杨匏安两袖清风，得到了同志们的敬佩与信任。周恩来称赞他"为官廉洁、一丝不苟，称得上是模范"。新中国成立后，周恩来还多次用"为官廉洁，家境清贫"来概括杨匏安的品德，一再以此教育党内同志。

“死可以，变节不可”

1927年蒋介石发动反革命政变后，杨匏安成为被国民党“秘字第一号令”通缉的“共产党首要”之一。在此形势下，杨匏安与毛泽东、谭平山等“跨党”共产党员，联合宋庆龄、何香凝等国民党左派人士，发出声讨蒋介石的通电，号召“去此总理之叛徒，本党之败类，民众之蟊贼”。

1930年，杨匏安第三次被捕，但是此时他因未暴露真实身份而得以获释回家。当时有人提及：“我们做这些事，又穷又危险，小孩子没有书读，上街也提心吊胆。”杨匏安坚定地说：“再苦再危险，我们也要革命到底。”杨匏安的母亲也深明大义，表示全家支持他继续革命。1931年7月，因叛徒告密，杨匏安身份暴露不幸再次被捕，敌人在他的家里只搜到几本共产主义著作和一副眼镜。

蒋介石知道杨匏安是一个不可多得的人才，派人轮番去劝降杨匏安，还为他所在的囚室专门装设电话，以示优容。当时国民党元老吴稚晖对杨匏安说：“你只要写一份自首书在报上发表声明脱离共产党，就可以获得自由，并保证有高官可做。”“你再坚持下去，后果不堪设想。”杨匏安斩钉截铁地说：“我从参加革命开始，早就把生死置之度外，死可以，变节不可。”面对威逼利诱，杨匏安不为所动，宁死不屈，这令吴稚晖无可奈何。最后，蒋介石亲自打电话到狱中劝杨匏安投诚，但杨匏安愤然摔掉电话筒，还撕毁两封蒋介石亲笔劝降信。狱中难友无不为杨匏安立场坚定、坚贞不屈的革命气节所感动。

不久，杨匏安被押往国民党淞沪警备司令部内的看守所。他托人带了一张便条给家人，大意是：近日有南京旧识去劝过他，他不为所动；家人千万不能接受那些人的钱和物，如不能生活就立即南返；“缝纫机虽穷不可卖去”。这封诀别家书虽然“隐晦”，但无不透露出他“心中只有党，只有革命”的苦心：面对生死抉择，他向家人表达为革命献身的决心，希望家人不要上敌人的当，不能收受那些人的钱财，如果生活不下去就回广东老家自谋生路，不要给党组织添麻烦。

1931年8月4日，杨匏安在上海英勇就义，年仅35岁。就义前，他赋诗《示难友》：“慷慨登车去，相期一节全。残生无可恋，大敌正当前。知止穷张俭，迟行笑褚渊。从兹分手别，相视莫潸然。”为了理想，杨匏安宁可站着死，决不跪着生，用年轻的生命铸成了革命不朽的丰碑。

刘琴西：农民县长『刘青天』

刘琴西（1896—1932），原名刘尔奎，广东紫金人，刘尔崧胞兄。1916年秋就读于广州农林学校。五四运动期间组织县城青年学生上街示威游行，开展抵制日货运动。1922年加入中国共产党。1927年领导紫金“四二六”武装暴动。1928年率部配合红二师攻克南岭。1930年任中共闽粤赣边区特委西北分委书记。1931年调上海从事地下工作。刘琴西是中共河源地方早期组织的创建人和河源农民运动、武装斗争的主要领导者。

在中共革命斗争史上，闪耀着不少杰出的“双子星”兄弟。比如热播的《觉醒年代》让陈延年、陈乔年两兄弟再度回到公众的视野。在广东河源，也有一对为革命勇于担当、慷慨赴死的刘氏兄弟——刘琴西、刘尔崧。刘琴西是“刘氏双杰”中的哥哥，他是周恩来参加东征时的左膀右臂，是百姓眼中的“刘青天”，也是紫金“四二六”武装暴动的总指挥。

他留给汕尾老百姓的背影就是一顶麻笠，一只藤箱，一对木屐。他的头顶没有圣人的光环，却有一片明净如洗的苍穹。

剪辫以明志，投笔干革命

刘琴西1896年出生于一个书香之家。父亲刘世铭是晚清拔贡，以执教为业。弟弟刘尔崧，和他相差三岁，两人从小一起长大，手足情深，形影不离。

辛亥革命的浪潮波及全国各地，昔日平静的县城也掀起了波澜。为了表示支持辛亥革命，反对清廷统治，刘琴西第一个剪去了辫子。他不仅自己剪，还和几个同学一起，到处劝人剪去这

刘尔崧、刘琴西故居

“猪尾巴”。他们带上剪刀，有时在紫城东路的糖果店小坐，有时又在西路的箭母坝守候，看见进城赶圩的人，就主动上前打招呼，宣传辛亥革命，鼓动人们都来剪辫子。刘琴西虽然只有15岁，却很会讲道理。赶圩的群众听了宣传，都深受教育，有的当场就剪掉自己的辫子。刘琴西带头剪辫子的勇敢行为和极有成效的宣传，使弟弟刘尔崧敬佩不已，决心像哥哥那样做人。

刘琴西进入紫金县立第一高等小学读书时，便以刚强正直著称。当时学校的伙食很差，学生意见纷纷，有两位同学打破碗碟表示不满，校方竟然贴出布告，给予开除处分。刘琴西立即挺身而出，带领同学闹学潮，宣布罢课，表示全力支持被开除的同学。经过抗争，终于迫使校方收回成命。读完高小，刘琴西因成绩优异被选送到广州农林学校深造。弟弟刘尔崧则考上了广东甲种工业学校，加入广州共产党早期组织。刘琴西和弟弟经常有书信来往，交流思想，互通消息，联系非常密切。刘琴西多次前去探望弟弟，通过弟弟进入广东省立宣讲员养成所，结识了阮啸仙、周其鉴、张善铭等进步青年，和他们一起学习马克思主义，探讨中国革命的出路。

1921年，刘琴西加入社会主义青年团。翌年，以谭平山为主任的白话剧社成立，刘琴西和彭湃都是剧社成员。1922年，刘琴西加入中国共产党，随后返回家乡紫金开展革命活动，与赖炎光、刘乃宏等人在县城成立了青年团的外围组织——新学生社紫金分社，又开办了劳动夜校，培养了一大批革命骨干。

上任撤“三馆”，领誉“刘青天”

1924年国共合作后，革命形势迅速发展，刘琴西又被调回广州，从事工人运动。1925年3月，刘琴西受周恩来的委派，随东征军来到海丰县。

汕尾是海丰县境内的大集镇，面临大海，毗邻港澳。由于帝国主义的侵略，西方的恶习陋俗和封建残余在汕尾泛滥成灾。土豪劣绅把持市镇，大肆开设“三馆”（即赌馆、烟馆和妓馆），大发其财，人民群众怨声载道。

刘琴西目睹当地乱况后，下定决心治理市政。在担任汕尾市政局长期间，刘琴西经常穿着粗布衣裳，脚踏当地老百姓常穿的木屐，挨家串户，访问群众，宣传群众，发动群众。老百姓看到新来的市政局长与昔日的达官贵人迥然不同，发自内心地喜欢，都愿意与他交谈，向他反映情况，诉说自己的苦难。刘琴西总是留心倾听，像老朋友一样，帮他们出主意、想办法，鼓励工人农民组织起来，使“反对压迫，提高工资”“打倒帝国主义”“打倒军阀”的口号深入人心。两三个月的时间，刘琴西走遍了汕尾将近三分之一的人家。经过深入的发动，各行各业的工人纷纷组织起工会，汕尾市总工会于1925年6月建立，初步形成了一股力量，为共产党领导汕尾地区革命斗争、推动工农运动发展奠定了群众基础。

有了群众基础，刘琴西立即着手整顿治安，取缔“三馆”。刘琴西先是开展一场声势浩大的整治“三馆”的社会治安宣传活动，通过工会、农会组织，对工人和农民加强教育，要求他们远离“三馆”。然后，他对“三馆”给予坚决打击，限期取缔“三馆”。当地百姓对“三馆”深恶痛绝，刘琴西的禁令一下，群众无不拍手称快。

那些靠“三馆”为生的土豪劣绅，如热锅上的蚂蚁，急得不知如何是好，却只能团团转。慑于东征军的声威，他们又不敢来硬的，只好使阴谋。他们认为“有钱能使鬼推磨”，其中一个姓林的豪绅带着200块大洋去见刘琴西。林说：“这小小意思，孝敬市政局长大人，万望收回禁令，让我们有条生路！”刘琴西一拍桌子，厉声痛斥：“这是什么意思？不执行革命政府的禁令，还敢贿赂工作人员，这是罪上加罪！”他立即将姓林的拘捕起来，与盗贼流氓押在一起，戴上高帽子游街示众。看到不可一世的有钱人都如此狼狈，其他奸商直抽凉气。

刘琴西派市政工作人员和警员明察暗访，发动广大市民检举揭发，发现一起就严惩一起。经过一个多月的严厉惩治，长期横行街市的“三馆”都收档改行，当地的社会秩序明显好转。刘琴西将没收的“三馆”财物，除留部分作为政府部门经费外，其余都分给穷苦市民。群众说刘琴西是“活包公”，称他为“刘青天”。

为民办实事，赤心斗志坚

不久后，刘琴西被调任陆丰县县长，接替积恶心虚、害怕彭湃率队前往查处而私逃的原县长徐健行。他到陆丰后，立即制订了建设新陆丰的计划。他坚持自己一贯的作风：深入群众，关心群众疾苦，认真为群众排忧解难，做好事做实事。陆丰民众都亲切地称他为“农民县长”。任职期间，刘琴西曾在公园进行过一次公开宣判。当天，公园里群众挤挤攘攘，不少人想一睹刘县长的风采，等着刘县长来办案。刘琴西头戴竹笠，脚穿木屐，身穿黑布衣裳，一身普通农民装扮，围观群众都不知道他早已到了。直到宣布判案开始时，一位农民打扮的人登上台，人们才惊觉原来这个“农民”就是刘琴西！

判案会开了三四个钟头，共判了32宗案子。事前刘琴西将案件一一查明，判决时公正公平公开，不冤枉一个好人，当场宣布无罪释放了不少人。判案会结束时，群众无不拍手称赞。大家都说，陆丰来了一位清官。这次判案政治影响很大，农民感到有了自己的县长撑腰，纷纷加入农会，陆丰的农民运动有了很大发展。

1927年，国民党反动派发动“四一五”反革命政变，处处血雨腥风，刘琴西的胞弟刘尔崧也被杀害。刘琴西带着满腔怒火投入武装斗争，他和张善铭、杨石魂一起，根据中共广东区委的指示，成立中共东江特委，在东江地区领导武装暴动。4月26日夜晚，在刘琴西的直接领导下，紫金县农军的突击队员潜入县府，活捉了在睡梦中的反动县长郭民发。在中共东江特委领导下，海丰、陆丰、紫金于5月1日同时举行大会，成立人民政府。刘琴西出任紫金县人民政府主席，兼任县农军的总指挥。

南昌起义军南下广东，党组织指示东江特委迅速组织暴动，夺取政权，接应起义军。为了弄清陆丰县城的敌情，刘琴西不顾个人的安危，亲自侦察。他化装成乞丐，潜入陆丰县城。他当过县长，熟悉

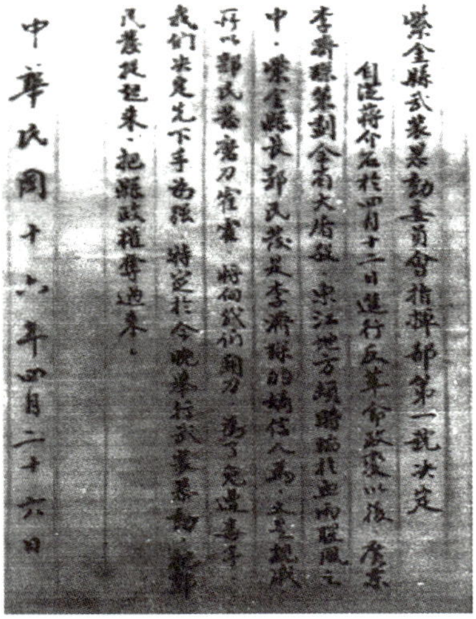
紫金縣武裝暴動委員會指揮部第一號決定
民衆起來，把縣政權奪過來。
中華民國十六年四月二十六日

1927年4月26日，紫金县举行了震撼东江的革命武装暴动。图为武装暴动委员会指挥部第一号决定

海丰县苏维埃政府旧址

地理环境，很快就摸清了情况：敌兵虚少，人心惶惶。侦察回来后，刘琴西当机立断，马上率军向陆丰县城挺进，攻占陆丰。9月17日，刘琴西、林道文等先后入海丰城，又恢复了海丰人民政府。10月下旬，刘琴西参与领导海陆丰的第三次武装起义。彭湃受党中央指示回海丰筹建苏维埃政权，刘琴西积极协助彭湃开展工作。在海丰成立苏维埃政府的大会上，刘琴西代表东江革命委员会致辞祝贺。苏维埃政权建立后，刘琴西的斗志更加旺盛，不知疲倦地忘我工作。

经历了一次次绝地求生，刘琴西早把个人生死置之度外，一心投入革命工作。由于工作长期紧张繁重，刘琴西积劳成疾。1932年，党组织安排刘琴西到香港治病，不料被紫金县的反动县长洪砚香发觉，立刻通知港英当局，将刘琴西逮捕，引渡回广州。刘琴西在狱中受尽酷刑，宁死不屈，最后就义于珠江畔，年仅36岁。

新中国成立后，紫金人民时常感念和缅怀刘琴西、刘尔崧兄弟，曾有人作词歌颂道："赴国难，革命斗志坚决，操尽心血。革命者的胸怀，赤胆忠贞，一门双烈报国。"

阮啸仙：中国红色审计的奠基者

阮啸仙（1898—1935），原名阮熙朝，广东河源人。1921年加入中国共产党，1922年任社会主义青年团广东区委书记。参与创办广州农民运动讲习所并任第三届主任。1925年当选为中共广东区委监委委员，1927年在中央五大上当选为中央监察委员会候补委员。1928年当选中共第六届中央审查委员会委员，后任中华苏维埃共和国临时中央政府审计委员会主任。阮啸仙是广东地区青年运动的先驱者之一，是中共早期农民运动的重要领导者、人民审计制度的奠基人。

一身老式灰色西装，脸色白里透黄，戴着一副深度近视眼镜，见人总是笑意盈盈——这副书生模样，是阮啸仙留给人的印象。

阮啸仙是广东青年运动的先驱、中国共产党最早的党员之一，也是中共第一任中央审计委员会主任，被誉为审计战线上的一把"铁算盘"，为中华苏维埃共和国中央政府赢得了"空前廉洁政府"的美誉。

革新思想，投身青年运动

1898年9月5日，阮啸仙出生在河源义合镇下屯村一个家道中落的官宦家庭，从小就对忧国忧民、精忠报国的英雄十分敬仰。10岁的他，曾在墨砚上刻下"挥笔落下如云烟，意志坚强可敌天"的豪言，立下了远大的抱负。尔后，在新式小学进步老师的影响下，阮啸仙相信通过"振兴教育，振兴工业、农业、商业"，便能救国。

1918年春，阮啸仙考入广东甲种工业学校。在校受到马克思主义熏陶的阮啸仙，眼界更加广阔，他逐渐清醒地看到，虽士农工商阶层都在致力救国，但军阀之争却仍频繁上演。于是他摒弃以往“读书救国”“实业救国”“和平行事”的思想理念，决定通过不妥协的实际斗争来救国。

在陈独秀等人的教育和引导下，阮啸仙与周其鉴、刘尔崧、张善铭等一批进步青年学生，组建广东中等以上学生联合会，领导学生冲破学校禁锢，投入轰轰烈烈的五四爱国洪流中。由于阮啸仙在学生运动中表现出色，1920年，他加入广州地区社会主义青年团，成为广东社会主义青年团的创始人和领导人之一。

阮啸仙（右）与刘尔崧的合影

1921年，新上任的校长高仑独裁专制，引起师生强烈不满。阮啸仙与学生会的负责人商议发起“择师运动”，想要把高仑驱逐出校。阮啸仙等人号召同学组成“退学团”宣告集体退学。在集体退学告别会上，阮啸仙慷慨陈词：“与其容忍苟活，恋此虚有其名的工校，认此不明不白之校长，不特有碍学业，抑或丧失人格。”他讲到动容之处，声泪俱下，与会师生无不为之感动，并提出“不胜利不复学”的口号。这一举动引起社会舆论纷纷，陈炯明不得不撤了高仑的校长一职。

1921年7月，阮啸仙加入中国共产党，成为中共广东支部最早的党员之一。

1922年9月，从广东甲种工业学校毕业后，阮啸仙担任团广东区委书记，全力从事青年运动。他认为，只有像五四运动那样，民众“一个一个发动起来，无论商工农士，都要出来争人格，谋自由，监督政府，干预政治，共和国才有生气”。受党组织的委派，阮啸仙和冯菊坡、周其鉴、刘尔崧等人在广州创办了爱群通讯社。他们以通讯社记者的身份，经常深入工厂、学校、农村和群众团体中，以采访新闻的名义宣传革命，秘密发展青年团员。1923年6月，阮啸仙还与刘尔崧等人一起，在广州公开组建广东新学生社，作为团的外围组织，阮啸仙担任该社执行委员会书记。该社成为青年运动的一股强大力量。

夙兴夜寐，引领农运风潮

通过对学生运动、工人运动的深入观察和实践，阮啸仙认识到农民占中国人口80%以上，中国国民革命若不让农民参加，则革命断不能成功。自此，阮啸仙和社会主义青年团广东区委把工作重点从学生运动逐渐转移到工农运动上来。广东农村曾流行着这样一首童谣：“阮啸仙，阮啸仙，农民见了哈哈笑，地主见了哇哇叫！”可见阮啸仙领导的农民运动深入人心。

1923年，党的三大召开后，阮啸仙以个人身份加入国民党，并前往花县建立农民协会，领导农运。其间，阮啸仙几乎跑遍了花县的每一个村落，与村民们同吃同住，打成一片，村民们时常与他共话家常。一次，阮啸仙到花山镇元田村了解农运开展情况，忙完已是深夜。时值盛夏，蚊虫甚多。为了不打搅农民休息，他睡在村小学的书桌上，连蚊帐也没有。正巧被一个叫卢启辉的农民看见，卢启辉赶忙回家将自家仅有的一顶蚊帐送来给阮啸仙挂上，并动情地说：“阮同志是我们自己人，是替我们办事的好人，怎好让他任蚊咬？我宁可坐到天亮，也要将蚊帐给他。”

1924年10月19日，花县农民协会暨二区农民协会同时成立。阮啸仙代表省农民协会到会指导，还亲笔题写对联：坚忍卓绝为吾人本色，奋斗牺牲是我辈精神。在成立大会上，阮啸仙反复以“锄头不拿起，世人皆饿死，拿起锄头来，饿死了地主”等话，教育启发农民起来同地主、豪绅斗争。为了培养农民运动干部，他还和彭湃在广州筹备建立了农民运动讲习所（简称“农讲所”），担任历届农讲所教员和第三届农讲所主任，为组织培养输送了一大批农民运动骨干。

1923年阮啸仙（右一）与共青团广东区委同志合影

为了集中力量从事农民运动，阮啸仙在《广州民国日报》刊登“阮啸仙启事”，申明自动脱离国民党，专做农运工作。阮啸仙的足迹遍及广东，而且对湖南、广西、湖北、四川、山西、陕西等省的农民运动和外国的农运经验都有广泛研究。他据此撰写的《中国农民运动》，是中国共产党领导下近代中国农民运动的经验总结，发挥了积极的指导作用。

1927年4月12日，蒋介石发动反革命政变，阮啸仙成了南京国民党通缉的共产党主要干部之一。白色恐怖下，阮啸仙依旧夙兴夜寐，坚持从事党的地下斗争。

呕心沥血，开红色审计先河

1928年7月，中共六大选举阮啸仙为中央审查委员会委员，次年，他又担任中共中央审计处处长。1934年，阮啸仙当选中华苏维埃共和国中央执行委员会委员，成为中国共产党第一任中央审计委员会主任。上任后，阮啸仙与中央工农检察部密切配合，按照中华苏维埃共和国临时中央政府发布的《审计条例》，围绕预算、决算制度的建立和完善，财政的统一和反贪污浪费斗争，在预算执行、增收节支、企业管理等方面开展了富有成效的审计工作，为人民审计制度的建立奠定了坚实的基础。

阮啸仙说："凡是贪污腐败分子，没有一个会甘愿承认的，只有严格审核，把握证据，才能逼使贪污分子缴械投降。"阮啸仙提出审计人员的职业素养是审计队伍的纯洁性和纪律性的保障，于是在审计系统设定了"六不准原则"：不准偏听偏信，不准弄虚作假，不准漏查和作不精确统计，不准徇私用情，不准吃馆子，不准收受被审人员任何物品。他以身作则，以确保"六不准原则"的贯彻落实。

除了呕心沥血创建红色审计制度，阮啸仙也负责具体的审计工作。最著名的当属根据中央执行委员会的指示，与中央工农检察部密切配合，组织肃贪"突击队"和清腐"轻骑队"，查处群众揭发的腐败分子的系列行动。其中，审计苏区群众检举中央印刷厂会计科科长杨其兹贪污案影响颇巨，该案直接引发了苏区群众揭发贪污的浪潮。

1934年2月中旬，群众揭发杨其兹贪污腐化，控告："像他们（杨其兹及其同伙）这样吸工人血汗的贪贼，难道还能让他们继续作威作呼（福）吗？我们相信，共产党定能战胜一切邪恶，苏维埃决不会容忍这种人损害自己的形象……"从账本上查不出疑点后，阮啸仙对控告信中提及的"赖生荣饭店"进

工作中的阮啸仙

行暗访，发现杨其兹在该饭店每次花二三十元！时任中华苏维埃政府主席的毛泽东每天的生活标准也就3钱盐、2钱油、12两米！

杨其兹贪污罪行揭穿，震动了红都瑞金。由于依靠群众，监督得力，中央苏区首府瑞金县共查处腐败分子七人，包括中央造币厂厂长陈祥云、中央互济总会财务部部长谢开松等，追缴被贪污公款6000多元。

审查中央互济总会财务部部长谢开松贪污案，更显示了阮啸仙审计办案的聪明才智。谢开松从事财务工作10多年，是一名业务熟练的“老会计”，当听到有群众举报的风声，他连夜编造好假账，企图瞒天过海。等阮啸仙带着审计人员到了互济总会后，谢开松异常殷勤周到，搬出账本陪着审计人员一边翻账，一边解释。阮啸仙见此情形，便推开账本，询问谢开松近几个月的大致收支情况。谢开松轻松应答，把条款说得清清楚楚，阮啸仙边听边逐项记录下来。待谢开松讲完，阮啸仙拿过账本逐项核对，竟发现里面有许多出入。他拉下脸，毫不客气地要求谢开松将实账交出来。谢开松意识到事情败露了，当天夜晚突然失踪。幸好阮啸仙早有预料，已与国家安全保卫局和中央工农检察部取得联系并已转知：谢开松在接受审查时形态反常。最终，乔装后的谢开松在武阳至会昌的西鹅山渡口被安全保卫局人员抓获，并于1934年2月12日受到苏维埃法庭的公开审判。

在阮啸仙的领导下，中央苏区审计工作有效促进了苏区党政机关和企事业单位经济管理和行政管理的改善，使中央和各级政府在执行财经制度以及政府机关作风方面发生了明显的变化，尤其在反贪污腐化和反浪费斗争中，不正之风很快得到遏制。中央苏区军民交口称赞苏维埃政府是“空前廉洁的政府”，而阮啸仙和全体审计人员则被誉为“苏区经济卫士”。当时，中共苏区群众中还流传着一首顺口溜：“阮啸仙，真过硬，审计肃贪是能人。群众见了笑哈哈，贪贼见了失了魂。”

阮啸仙不仅为苏区政府的审计工作呕心沥血，也在廉洁自律上身体力行。一次，儿子阮乃纲写信请父亲寄钱为自己交学费，阮啸仙回信说：“我现在没有钱，连寄信邮票都是借钱买来的。你在家要节俭，一支火柴也来之不易，要经过工人的加工制成。要自己想办法，不要依赖别人。”阮啸仙写给儿子阮乃纲的信彰显出清廉节俭的红色家风。时至今日，阮啸仙的后人依然居住在一栋简陋的旧房子里，从不以烈士后人自居，不图名、不求利，严格要求自己。

1934年10月，中央红军主力撤离苏区开始长征，时任中共赣南省委书记兼赣南军区政治委员的阮啸仙留在赣南坚持游击斗争。1935年3月6日，阮啸仙率部突围时，被流弹击中，壮烈牺牲，年仅37岁。

与阮啸仙一起壮烈牺牲的还有久经考验的共产主义战士、留在赣南坚持游击战争的中央军区政治部主任贺昌。苏区军民闻此噩耗十分悲痛，陈毅当即写下《哭阮啸仙、贺昌同志》一诗：

环顾同志中，阮贺足称贤。
阮誉传岭表，贺名播幽燕。
审计呕心血，主政见威严。
哀哉同突围，独我得生全。

诗中“阮誉传岭表”“审计呕心血”等句，正是阮啸仙革命生涯的真实写照。

林基路：丹心圣洁耀天山

林基路（1916—1943），原名林为梁，广东台山人。1933年在上海求学期间加入中国共产主义青年团。1935年加入中国共产党，后被派往日本领导中国留学生运动。1938年初接受党组织派遣前往新疆工作，先后担任新疆学院教务长、库车县县长、乌什县县长等职。1943年9月林基路与陈潭秋、毛泽民等共产党员英勇就义，年仅27岁。

囚徒，新的囚徒，
坚定信念，贞守立场！
砍头枪毙，告老还乡；
严刑拷打，便饭家常。

这首气吞山河、视死如归的《囚徒歌》，是林基路在狱中创作的。他被杀害时年仅27岁，却已先后担任过新疆学院教务长、库车县县长等职务，传播马列主义真理，为新疆人民办实事。新疆阿克苏地区库车县有一所创办于1936年的林基路小学；在库车县，林基路故居所在的街道叫“林基路街”；在新疆大学校园内，有一条“基路大道”。新疆人民用这种方式，纪念这位在新疆挥洒热血、为民造福的革命烈士。

勇往直前，尽己所能尽乃我职志

1916年，林基路出生于台山的一个律师家庭，原名林为梁，后来为了时刻提醒自己要按党的基本路线办事，改名为林基路。

林基路从小学习成绩优异，勤奋好学，喜欢阅读进步书籍，1928年考入台山任远中学时，已经阅读了《共产党宣言》《向导》《新青年》《呐喊》等进步书刊，逐步萌发了革命思想。1930年暑假，林基路参加了台山青年暑期学术研究班，研究班宣传的马列主义和革命文艺理论把具有革命抱负、思想成熟的林基路引入了一个新的天地，他开始严肃思考一些社会问题。1931年9月，林基路考入广州中山大学附属中学读高中。愤于九一八事变发生后蒋介石“攘外必先安内”的政策，他写下了铿锵有力的《只有一战》一文，大声疾呼团结抗战。有感于广州政治气氛压抑，林基路于1932年转到上海暨南大学附属中学读高中，不久后又转学到上海南方中学求学，进一步接受革命思想的熏陶。

林基路塑像

1933年初，他加入了中国共产主义青年团及外围组织——中国反帝大同盟，由于参加了攻打污蔑学生抗日运动的柴拉报报馆行动，遭叛徒告密被捕入狱。后经地下党以及父亲、大哥的营救，三个月后才被释放。

被释放后父亲写信劝他安心读书，不要再参加危险的革命活动。他给父亲回信：“青年人谁无感情，庸碌者用于私，而优卓者用于公耳……勇往直前，尽己所能尽，乃我职志。”信里表明的“尽己所能尽”的信念，贯穿林基路一生工作始终。

开拓边疆，天山脚下播红色火种

全面抗战初期，中国共产党和新疆军阀盛世才建立了统一战线关系。应盛世才的要求，中共中央选派多名共产党员分批前往新疆。1938年初，从日本回国来到延安仅两个月的林基路，接受党的派遣前往新疆工作。

到迪化（今乌鲁木齐）不久，林基路担任了新疆学院教务长，主持一切校务。新疆学院虽说是当时新疆的最高学府，但规模小、设备差，只有教育、经济、文学三个系，教员仅10余人，学生不到200人。为数不多的学生，多系贵族、巴依（维吾尔语，即地主）子弟，不认真学习，校风不好。林基路到任后，发扬艰苦奋斗、自力更生的精神，把改造新疆学院、发展新疆教育作为己任。他发动、组织学生进行建校劳动，为新疆学院制定了“教用合一”的方针，提出了“团结、紧张、质朴、活泼”八字校训，还亲自编写了寄寓革命理想的院歌。学校面貌焕然一新，同学们也认识了集体的力量和团结友爱的可贵，精神面貌随之大为改观。林基路提倡各族学生互相交朋友。在古尔邦节时，他鼓励汉族同学到信仰伊斯兰教的同学家中去拜年。他自己的衣着也按照少数民族的习俗，穿黑色条绒上衣、条绒马裤、油皮靴，头戴鸭嘴呢帽。

林基路狠抓教学改革，学院增设了数理系和一个高中班，还开设了几门新课。他亲自讲授“新政治学”“新经济学”“社会结构论”和“中国现代革命史”等课程。林基路上课用带着浓重的广东台山口音的普通话，充满着革命的激情，明晰地阐述着马列主义的基本原理。有时用粉笔在黑板上写出一两个难懂的名词，有时抄上几句马列主义经典著作的警句。他讲的课结构严谨、重点明确、逻辑性强，没有一句废话，记下来就是一篇完整的文章。

为了转变校风，林基路在师生大会上作了“新工作作风”的讲演，这篇讲稿号召青年们建立革命的人生观和培养优良的品质。应《新疆日报》邀约，他把讲稿整理，以《六大政策［即盛世才标榜的“反帝、亲苏、民（族）平（等）、清廉、和平、建设”］的工作作风》一文发表，产生了很大的社会影响，连盛世才也不得不假惺惺地把这篇文章指定为全疆干部的必读文件。

林基路倡议把星期六定为“抗战救国日”。每逢星期六，他都要发表演说，报告抗日形势，宣传党的抗日方针。林基路在重点抓学院教学改革的同时，还经常组织歌咏晚会和话剧演出，有的话剧还是他自己编导的。很快新疆学院以延安抗大为榜样，办成了一个培养革命和建设干部的基地。林基路在新疆学院工作不到一年，就培养出如坚贞不屈的革命青年乔国仁和后来新疆“三区革命”卓越领导人之一的阿巴索夫等一批青年革命者。

服务群众，库车人的“亚克西”县长

1939年，林基路被调到库车县当县长。6月的一天下午，林基路风尘仆仆地在车站下车。他不认识路，见附近有一位老汉，便上前问路。老汉听出林基路说话带南方口音，想起这几天传闻有个姓林的南方人要来当县长。但是以前的县长上任总是前呼后拥，威风得很，这个人却是自己背着铺盖。老汉禁不住问道：“你是林县长吗？”得到肯定的答复后，老汉一面指明去县政府的路，一面抢着要帮林基路背铺盖。林基路不肯，两人争执不下，正好有辆马车经过，于是林基路雇了马车拉铺盖，自己和老汉一边闲聊一边往县政府走去。第二天，林县长步行到县政府就职的消息在群众中传开，各族人民都惊奇不已。

库车狱中关押着不少无辜百姓。他们的亲友向新任县长提出了申诉。林基路亲自到狱中察看，审阅案卷，在“犯人”和群众中进行广泛调查后释放了那些无辜被押的人，给轻罪重判者减了刑。

一次，林基路在库车县城外看到一个“米拉甫”（维吾尔语，即负责分配山地用水的人）公然抢走了一位白胡子老爹的奶牛。林基路询问得知，老爹的儿子被这个米拉甫陷害入狱，又借口老爹欠水费不缴，伙同政务警察将奶牛强行作价抢去。老爹得知眼前这位年轻人就是新来的林县长时，恳求林基路为其做主。林基路安慰了老人一番，又询问了那个米拉甫和老爹儿子的名字。老爹回到家后，没想到很快儿子就被释放回来了，手里还牵着被“米拉甫”抢走的奶牛。儿子说，是林县长把他从牢房里迎出来，又派人从米拉甫手里夺回了奶牛。

没过多久，县政府就下令用民主的方法改选全县的区长和乡长，并对被地主、巴依把持的米拉甫也进行了民选，另由老百姓选举清廉的人担任。对原县政府的200多名政务警察也逐一审查，将其中罪大恶极的一人进行公审判罪，留下了20多名较好的继续使用，其余一并裁撤。

林基路了解到缴田赋中弊端甚多，便亲临收粮现场视察。他看见收粮人把明明已风干扬净的粮食再去过筛，抛撒一地，然后把撒下的粮食装进自己的“搭哈”（维吾尔语，即口袋）里。过了筛的粮食在过斗时，收粮人又用穿着皮靴的脚“踢斗”，斗里的粮食沉下去再装满。这样，农民的粮食除上交外，还喂肥了这帮收粮人，农民因此把他们叫作“仓老鼠”。林基路观察了一天，把事情弄得清清楚楚，然后采取了改革措施，堵塞了漏洞，将那些“仓老鼠”

逐出了粮仓，另派人员秉公收粮，保护了农民的利益。

库车县粮仓很少，农民为缴纳田赋，不仅远道奔波，忍饥挨饿，到了交粮地点还得排队等候几天。林基路特地让人增设了收粮粮仓。库车加工粮食主要用水磨，过去各地水磨不多，且都被牧主、巴依霸占，农民到牧主、巴依的水磨上磨面，要经受“五抽一”的剥削。林基路让县建设科在各地增修水磨，供各族老百姓磨面。

这几件事办得干脆利落，大得人心，库车各族群众无不额手称庆，有的甚至感谢“胡达”（维吾尔语，即真主）给库车派来了“亚克西”县长！

库车县城有条库车河，又称苏巴什河，每到汛期洪水泛滥，给库车人民带来深重的灾难。林基路召集各界人士开会研究，多方筹款，并亲自绘制施工设计图，修建水坝。全县人民知道这是林县长带领他们为自己、为后代子孙造福，都积极踊跃参加。只用了40天，就修好了一座长4公里、高3米、底宽17米的拦洪大坝，苏巴什防洪堤坝拦截了汹涌的洪水，使下游的可耕地面积扩大了三成。库车县人民感激地歌颂林基路：“库车河，长又长，库车人喝水，忘不了林县长。”

水坝造好后，林基路又带领人民修赤哈河上的木桥。这座桥年久失修，摇摇欲坠。桥修好后，人们提议以林基路的名字为大桥命名，他坚决不同意。库车是古代的“龟兹”古国，他建议大桥以“龟兹”为名，并题写了“龟兹古渡，团结新桥”八个大字。

林基路的勤政为民引起了盛世才的不满。1942年9月，林基路被盛世才软禁，半年后又被投进监狱。在狱中，面对敌人的酷刑审讯，他坚贞不屈，写下了《囚徒歌》。

面对林基路等共产党员的不屈不挠，盛世才无计可施。1943年9月27日，陈潭秋、毛泽民、林基路三人被秘密杀害。

团结新桥

梁展如：为革命管钱不取分厘

梁展如（1901—1949），广东曲江人。曾就读于省立韶州师范学校。1925年8月在广东省农民协会特派员刘胜侣的帮助下，开始在曲江县塘面村组织农民协会和农民自卫军。1925年12月加入中国共产党。1927年冬，参与领导曲江西水农民武装暴动。历任村、乡、区农会执行委员，曲江县农会常务委员，中共曲江县支部书记等职。梁展如是中共曲江县早期的主要领导人、农民运动领袖。

乌石镇展如村位于韶关市曲江区南部乌石镇北8公里处，南邻韶关发电厂，是曲江区最早的革命老区之一，也是党在粤北最早开展革命活动的地点之一。该村原名鹅鼻洞，为了纪念革命烈士梁展如而改为现名，足见当地民众对梁展如烈士的铭感。

建立曲江首个农村党支部

梁展如1901年出生于一个贫苦农民家庭。他9岁开始读私塾，后在马坝陶马墩学堂读了两年。1923年春，梁展如考入省立韶州师范学校，中途因家庭经济原因辍学。第二年回到家乡，在私塾任教。

回到家乡后，梁展如就积极投身曲江的农民运动。他利用教师身份负责地方工作，走家串户发动农民办起夜校，宣传革命道理，使大家懂得为何自己辛辛苦苦却吃不饱穿不暖。他积极活动，讲得在理，很快就把父老乡亲组织起来，先后在自己的家乡建立起六个乡农会，随后又到其他地区发展。1925年，曲江第四区（乌石）农民协会成立，梁展如当选为区农会执行委员，领导开展了减租减息斗争。为保障胜利果实，梁展如组织成立了农民自卫军。同年12

月，在刘胜侣、侯凤墀的考察和帮助下，梁展如加入中国共产党。1926年，梁展如发展林永福等12人加入中国共产党，在自己家里举行了庄严的宣誓仪式，创建了曲江县第一个农村党支部——中共曲江乌石支部，梁展如兼任支部书记。

减租减息斗争触及了地主阶级的利益。1926年，乌石街的反动民团头子、大地主成玉山与土匪黄细狗互相勾结，纠集了200多人盘踞乌石街，专门劫掠农户，拦截北江上来往的船只，袭击火车，一度造成粤汉铁路瘫痪。反动民团还敲诈农会，肆意杀害趁圩的无辜农民。梁展如带领农军和部分农会成员胁迫成玉山赔偿了死者家属的损失。后来，为了配合北伐，省农会指示梁展如全力拔掉盘踞乌石街的反动民团这颗钉子。梁展如下令全县各区乡农民自卫军集中于乌石，但因农军的枪械差、战斗力弱，无法消灭这伙据守险要的土匪。梁展如向上级汇报，电请在广州的国民革命军派第二军协助曲江农军剿灭乌石的土匪。第二军的副党代表李富春成立了打恶战的突击队，派飞机前来助剿。敌人龟缩的土围炮楼易守难攻，激战两天双方死伤多人。第三天深夜，梁展如率农军偷偷地从围楼水涵（排水口）爬入，里应外合，终于打败匪军。黄细狗摸黑逃窜，而成玉山被抓获，在乌石公审后被押往韶关机场枪决。此次剿匪为当地人民除了一大害。

中共曲江乌石支部内部展览

1926年，梁展如率领农民自卫军于乌石圩外围联合国民革命军剿匪。图为鸡公岭——国民革命军剿匪旧址

满缸水也不能溢

1926年，在梁展如等人的领导下，曲江县各地掀起了波澜壮阔的农民运动，斗争锋芒直指土豪劣绅。同年夏收前，梁展如在曲江白沙圩召开有各区、乡代表参加的“二五减租减息”千人大会，并组织示威游行，高呼“打倒地主豪绅”“一切权力归农会”的口号，迫使地主豪绅有所收敛，斗争取得胜利，并缴获了大量粮食米谷及银圆，成为维持红军活动的重要经济来源。

梁展如从不利用手中的权势为自己谋私利，住处也十分简陋。当时，人们十分放心由他来专管钱粮。《曲江县志》记载，梁展如的父亲梁东锦与“同年”朋友闲聊，得知梁展如是专管钱粮的军需时，“同年”朋友对梁东锦说：“你儿子在农军当官，你身体不好，怎么不去向他要点钱？”梁东锦也觉得有道理，于是来到梁展如的住处。卧室内，目之所及，处处简洁朴素，但床边放着两箩银圆和三箩银毫。老人道明来意：“展如，现在青黄不接，家里急需钱用啊。”梁展如说：“乡农会会适当解决的。”“农会哪能照顾这么多？”梁东锦一脸不高兴。“同年”朋友也在帮腔：“你现在做官了，拿几十元回家，无论怎样也是做得到的。”梁展如向老人说明自己每月津贴才两块钱。“同年”朋友指着床边的箩说：“那儿多的是，拿几十元不就相当于满缸水溢出几滴？”梁展如严肃地说：“这是公家的钱，一分一厘都要花在革命事业上。用多少虽然无人核算，但我为革命管钱，不是贪官污吏，怎能见钱就扒？晚辈廉洁清白，做长辈的应该高兴吧。”此言一出，梁东锦大受感动：“农会的官是替穷人办事的，展如做得对。”

曲江农会千人大会旧址

梁展如不仅不贪革命的一分一毫，还罄尽家中所有从事革命事业。1929年冬，梁展如的妻子黄氏病逝，家里只有年迈的母亲和7岁的小妹、未满5岁的女儿和还是婴儿的儿子，而此刻梁展如接上级通知须去英德东乡、翁源等地开展革命活动。家中一贫如洗，盘缠无从筹措，梁展如只得忍痛把女儿嫁出去，得到80元大洋，留下20元给母亲，其余全部作党的活动经费。

为人民解放事业流尽最后一滴血

1927年4月，国民党反动派在广州发动“四一五”反革命政变，大肆屠杀共产党人和工农革命群众。为反抗国民党反动派的大屠杀，中共广东区委决定成立广东北江工农自卫军总指挥部，随国民党左派陈嘉佑部北上。他们抵达耒阳后得知仁化反动民团趁农军北上之机，猖狂反扑，并组织了一大批反动警卫队，搜捕各村的农会职员，抓到仁化县城扣押起来，被抓捕监禁的达300余人。梁展如遂带领部分农军200多人举旗南返。6月25日凌晨，他们和仁化农军一起包围并攻入了仁化县城，破监救出了被关押的300多名农军干部和群众。反动县长陈仲章被擒，在宣判大会上被当场处决。当地人民对这支革命部队感激非常，纷纷送来饭菜，招待他们。

1927年冬，根据上级指示，梁展如回到曲江，领导群众破坏敌人的交通，组织武装，进行暴动，粤北农运又走向高潮。1928年冬，北江绥靖公署主任王应瑜获知他的消息，调集一团兵力，并纠集马坝、乌石反动分子突然围攻塘面村，企图一举扑灭革命火种。当时农军被包围在一间屋里，经过一夜的战斗，击毙敌10余人。但是敌人又调集各乡大批兵力，猛烈围攻。梁展如率领部队冲出包围圈，安全撤退。由于敌人纵火烧村，梁展如的父亲梁东锦在掩护撤退时，烈火烧身仍紧握手中武器射击敌人，最后壮烈牺牲。天亮时敌人没有发现梁展如，却看到满地都是自己人的尸首，恼羞成怒，一把火把塘面村所有民房全都烧毁。得知消息后，梁展如痛心疾首地说：“我们要化悲痛为力量跟共产党走，终有一天我们还会回来为老百姓报仇。”

1934年底，广东省委遭敌破坏，党组织受到严重损失，一度停止了活动。梁展如仍继续以“风水先生”、教书先生等职业作掩护，在英、佛、翁、新边境找机会开展革命活动。他先在英东大镇石角营子村做小学老师，后又在马坝创办“救亡书店”，经售马列著作和各种进步书刊，成为中国共产党宣传抗日和开展地下斗争的重要阵地。1938年6月，他又回到曲江秘密恢复被严重破坏的党组织。他积极发展青年同志入党，恢复老党员的组织关系，建立了马坝乡党支部，还成立了青年抗日先锋队，开展抗日救亡运动，并选送了马坝一批有志青年到革命圣地延安学习。

1945年1月，日军攻占曲江，梁展如率先在家乡鹅鼻洞竖起抗日大旗，组织了30多人的抗日武装，亲任大队长，与日军开展游击战。他安排队友在东安寨伏击日军橡皮艇，击沉三艘，毙伤日军七八人。亲率队伍在本乡茶子墩设伏，击毙日军三人，缴获驳壳枪、指挥刀等，解救了30多名民工。2月底，梁展如与附近抗日武装联合，成立了曲江联乡抗日自卫委员会，利用熟悉地形的优势，伏击、夜袭、截击日军，战斗10多次，毙伤日军数十人，缴获马匹、枪支弹药等，有效地保卫了家乡群众的生命财产。

抗战胜利后，国共内战爆发。梁展如坚持游击战，还把儿子送到游击队。1947年8月，梁部与曲江河西部队合并，组成曲江人民解放大队，梁展如任大队长。1948年冬，组建北江一支队三团，曲南大队大部分编入该团，梁展如任副团长。

1949年3月18日，北江一支队三团在翁源铁石径遭到人数众多的国民党军追击，部队撤至南浦黄竹坪上斜村时，县保安团和国民党三十九军共500多人秘密追踪而来，包围了上斜村。此时，梁展如正患疟疾，浑身发抖，在指挥部队冒着枪林弹雨抢渡村边小河后，浑身无力，不幸落入敌手。

被捕后，梁展如一直自认是“林文书”，其他概不供述。后因叛徒的出卖而暴露身份，他受到敌人的严刑拷打，但始终坚贞不屈。4月28日，国民党一四七师将梁展如等革命同志押赴翁源官渡河边刑场，梁展如昂首挺胸，从容地走在前面，沿途高呼“中国共产党万岁！”从容就义。

新中国成立后，家乡人民为纪念他，将鹅鼻洞改名为展如村。当地学校被命名为展如小学，翁源县城烈士陵园镌刻着他的英名。2004年，他生前居住的地方被修缮为梁展如故居，作为爱国主义教育基地。

担当篇

越是艰险越向前

中国共产党诞生之时，也是国家内忧外患、民族危难之时。中国共产党建党百年的历史，也是一部『为有牺牲多壮志，敢教日月换新天』的历史。她之所以能够跨越『雪山』『草地』，征服一个个『娄山关』『腊子口』，靠的就是敢于斗争、敢于胜利的大无畏气概和越是艰险越向前的斗争精神。

为了谋求民族复兴和人民幸福，无数革命先辈在党和人民最需要的地方冲锋陷阵，面对困难他们迎难而上，面对挫折他们百折不挠，面对屠刀他们挺起脊梁，在复杂严峻的斗争中树立起了不朽的丰碑。

李启汉：坐牢最早最苦的第一位同志

李启汉（1898—1927），又名李森，湖南江华人。1920年加入上海共产党早期组织。1920年在上海从事劳工运动，因参加支持香港海员大罢工、上海邮差罢工等工人运动，先后两次被捕。1925年到广州从事工人运动，是省港大罢工的主要领导人之一。曾任中国劳动组合书记部干事、中华全国总工会执行委员兼组织部部长、中共省港罢工委员会书记、省港罢工委员会委员兼干事局局长等职。李启汉是中国共产党最早的党员之一，是中国工人运动的先驱。

毛泽东曾在一封信中写道："继续为党工作，以继启汉、中夏之遗志。""中夏"指党早期工人运动的领导之一邓中夏，"启汉"则指党创建初期的党员、著名的早期工人运动领袖李启汉。李启汉曾任中国劳动组合书记部干事、中华全国总工会执行委员兼组织部部长、省港罢工委员会委员兼干事局局长，为共产主义信仰和党的革命事业奉献出了自己的最后一滴血。《中国工人》杂志誉其为"无产阶级的先锋，劳动运动的健将"。

工人的"李大哥"

李启汉的一生与工人运动紧密相连，无论在踏上革命道路的上海，还是在光荣牺牲的广州，他始终坚定地与工人站在一起，为工人谋福利、求解放。

1921年7月，作为上海工人运动的开拓者，李启汉受党的指派，领导上海英美烟厂工人大罢工。为尽快动员工人，李启汉了解到英美烟厂的工人要求增加工资、缩短工时后，便主动去往烟厂工人聚集地吴家厅刘公庙。"我是特地赶来帮你们讨债的。"

上海英美烟厂厂房

李启汉说明来意。工人对“讨债”的说法感到很奇怪，李启汉解释：“你们日夜劳动，吃不饱穿不暖，是那些不劳而获的资本家吸尽了你们的血汗，不是你们欠别人，而是资本家欠了你们无数的债。”他以烟叶为例替工人们算了一笔账，证明了资本家从一斤烟叶的价值中谋夺了九成利益，工人在当中得不到应有的利益回报，从而唤起了工人们的觉悟。罢工期间，英美烟厂新、老两厂8000多工人挥舞着写有“争取工人人格”“还我血汗”“增加工资”等口号的三角小旗，从陆家嘴一路到淞沪警察厅，口号震天。罢工20多天后，厂方被迫接受了工人的复工条件，罢工斗争胜利结束。随后，李启汉领导工人成立了上海烟草工人会。

1925年4月，经历两年的牢狱之苦后，李启汉到广州参加第二次全国劳动大会的筹备工作，随后遵照党组织的决定，留在广州主持中华全国总工会的日常工作。1925年6月19日，震撼中外的省港大罢工爆发了。7月3日，中华全国总工会省港罢工委员会在广州成立。经省港罢工工人代表大会决议，省港罢工委员会设立干事局作为日常办事机构，李启汉当选为干事局局长，兼财政委员会委员。

省港罢工委员会干事局是处理日常事务的中枢机构，职责非常繁重，局内分设文书部、招待部、庶务部、宣传部、交际部、交通部、游艺部，后又增设会计部和注册部。李启汉精明能干，为人正直，对于各部的工作，都作认真的布置和督促检查，使干事局能够有条不紊地运转起来。

省港大罢工

李启汉经常深入工人中，了解实际情况，帮助解决工人的实际困难。他主持制定了各项规章制度，妥善解决大批罢工工人的吃饭和住宿问题，设立工人医院，发动工人和家属进行生产自救。他自己的生活艰苦朴素，到基层时随身带一顶蚊帐、一张草席，到哪里工作就在哪里吃饭，在哪里工作到深夜，就打开草席在哪里睡，与工人同甘共苦。工人们对他十分尊敬和爱戴，称干事局是“工人内阁”，李启汉是“总理”。他的辛苦付出，工人们看在眼里，爱在心里，都说“李启汉是省港罢工委员会中最辛苦最忙碌的人”。

不向敌人低头

“凡是对于劳动阶级有利益的事，他无不尽心尽力地去干。”成为工人群众挚友的李启汉，很快被帝国主义和资本家视为眼中钉。

1922年1月，香港海员大罢工爆发，李启汉等在上海成立香港海员罢工后援会，阻止工头桂某为香港英国轮船公司招募新工人。桂某勾结巡捕，将李启汉抓了起来，后经中国劳动组合书记部营救，李启汉得以出狱。但从此，他被上海公共租界当局和军阀视为“危险人物”。

李启汉出狱后，革命斗志更加旺盛。他继续发动上海各界人士援助香港海员，帮助浦东日华纱厂工人建立工会，并领导日华纱厂和上海邮务工人举行罢工。尽管李启汉知道自己早已被列入租界统治当局监控的黑名单，但他还是毅然决然地直接到邮务工人中去活动，在邮政局附近找工人谈话，部署罢工斗争。他所做的一切，都被公共租界工部局看在眼里。6月1日，公共租界工部局以“煽动罢工”“扰乱秩序”等罪名逮捕了李启汉，判处他三个月有期徒刑，同时查封《劳动周刊》。然而，李启汉徒刑满期后，租界当局又以驱逐出租界为名，将他递解给上海护军使署，继续监禁。

敌人给李启汉戴上了对重刑犯才使用的铁制脚镣手铐，把他关进了阴森黑暗的龙华军事监狱。在长达两年四个月的监狱生活，800多个非人的日日夜夜里，李启汉时常告诫自己，“不向敌人低头”，“绝不能因此灰心，应更向前奋斗”，鼓励自己要“不惜牺牲一切个人的利益”，“势必坚持到底，以达最后胜利！”面对严刑拷打，李启汉经受了严峻的精神考验，始终不曾动摇过坚定的革命信念。直至1924年10月13日，北洋军阀何丰林在江浙战争中下台，李启汉才迎来了自由。出狱那天，邓中夏和李立三专程去接他，邓中夏还赋诗一首——《启汉出狱——喜极而泣，诗以志之》，以示庆贺。邓中夏深有感触地说：“李启汉是我党坐牢最早最苦的第一位同志。”

传播革命真理

五四运动前后，广大人民群众和先进知识青年中迅速出现了学习马克思主义的热潮。作为中国共产党早期出色的理论宣传家，李启汉孜孜不倦地采取多种通俗易懂的形式向工人群众进行马列主义的宣传教育。

大革命初期，李启汉在上海安远路锦绣里筹办了工人半日学校，通过讲课、游艺、谈心等工人们比较容易接受的方式，在工人中传播马列主义革命真理，号召工人团结起来，组织工会，与剥削者进行斗争。工人半日学校与邓中夏开办的长辛店工人补习学校被誉为“中国共产党最初职工运动的起点”。与此同时，李启汉创办了专门为工人阶级服务的《劳动周刊》，一方面揭露军阀的种种恶行，启发、鼓励工人们站起来争取自己的权利；另一方面帮助工人认识行会，加强工人的团结与统一。工人们争先恐后地阅读《劳

工人半日学校

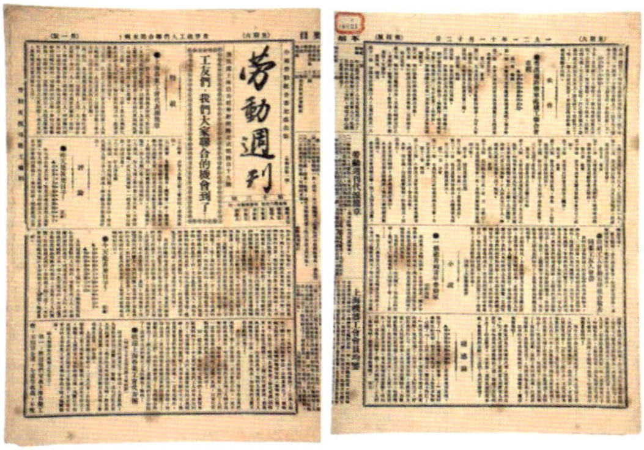
勞動週刊

工友們，我們大家聯合的機會到了

《劳动周刊》

动周刊》，马列主义在工人中引起了强烈而广泛的反响，激发了工人群体内部的广泛讨论。

省港大罢工期间，李启汉担任罢工委员会干事局局长，协助邓中夏对党团员和罢工工人进行思想教育，在《工人之路》上发表《世界革命的潮信到了！》《帝国主义的阴谋》《工商携手》《代表大会的精神》等一批文章，宣传党的方针政策，对罢工工人进行思想教育。在中华全国总工会为省港大罢工工人首次举行的工人领袖演讲大会上，李启汉第一个登台，作“为何要统一工会”的演讲。他说话精练，富有激情，受到各界群众的欢迎。

1927年4月15日，国民党反动派发动反革命政变。当天凌晨，李启汉在广州榨粉街的住宅被军警搜查，他走避不及，当场被捕。4月中旬，李启汉被敌人秘密杀害，年仅29岁。

“一方水土育英才，码市瑶山奇葩开。驱除鞑虏开国志，巍巍青山英魂在。”李启汉是瑶里故乡最勇最真的英雄。为了铭记英烈，当地政府对李启汉故居进行了维护和修缮，并在此成立爱国主义教育基地，教育和激励一代代的瑶族子孙。

邓培：广东铁路工人运动领导者

邓培（1883—1927），字少山，又名邓配，广东三水人。1921年加入北京共产党早期组织。1922年赴莫斯科出席远东各国共产党及民族革命团体第一次代表大会。回国后任中共唐山区委书记，积极领导工人斗争。1923年起历任全国铁路总工会委员长、中华全国总工会执行委员、铁路总工会广东办事处主任等职。曾当选中共中央执行委员。邓培是中国工人阶级的杰出代表、早期工人运动的领袖和著名活动家。

1927年，国民党反动派发动“四一五”反革命政变。党组织通知邓培暂时隐蔽，但他不顾个人安危仍坚持工作。当穷凶极恶的敌人破门而入时，邓培端坐办公室，面无惧色。在狱中，敌人软硬兼施，要邓培供出铁路系统的共产党员和工会干部名单，遭到邓培严词痛斥。敌人对邓培严刑拷打，打得他遍体鳞伤，但他始终严守党的机密。

邓培牺牲后，1927年6月27日中共中央致第四次全国劳动大会的信中指出：“邓培、李森、刘尔崧等同志在广州之死难……其惨烈当为中国工人阶级及本党永远不忘之事。”邓培为了民族复兴和人民幸福，始终迎难而上勇于担当，书写了越是艰险越向前的壮丽篇章。

自学成才，成长为工人领袖

1883年，邓培出生于三水石湖村。家境贫寒，父亲早逝，邓培靠母亲含辛茹苦养大，读了两年私塾。1897年，14岁的邓培被迫出外谋生，由大舅带到天津德泰机器厂当学徒。也正是从天津开始，邓培心中埋下了革命的火种，并最终走上革命道路。

1900年冬，邓培考入北洋官办铁路局唐山修理厂（1907年改名为京奉铁路唐山制造厂，今唐山机车车辆厂）当旋床工人。当时京奉铁路管理权被英帝国主义控制，中国工人受英国监工监视，工作环境恶劣，工友们常在没有安全措施的工作条件下丧命。在一次生产事故中，邓培右手受伤，两个手指头被截去了。邓培说："这是工厂主留下的罪恶！"

虽然工作环境恶劣，但邓培始终坚持学习，如饥似渴地阅读了《新青年》《每周评论》等进步刊物。他渐渐认识到，只有大家团结一致才能使工人阶级获得真正的民主、自由和人权。"为什么咱们工人就该受压迫，吃不饱，穿不暖呢？难道那些监工天生就该享福？"好打抱不平的他实在无法忍受，就破坏厂房、捣毁机器，并发动工友集体反抗。

1917年秋，工厂主企图降低工人工资，并无理开除100多名工人。火冒三丈的邓培与工友一道签名要求废除包工制。最终厂方妥协，工人工资提高了二至三成。初次斗争成功，他又发动成立同乡团体，与工友们阅读进步书籍，探讨救国之道。

1919年，五四运动爆发，唐山小镇也沸腾起来。6月24日，邓培组织3000名工人举行罢工，不料遭到厂方的阻挠。副厂长孙鸿哲责问工人，国家大事要国家去管，工人干什么去？邓培理直气壮地回答："国家兴亡，匹夫有责。我们工人不能袖手旁观。"

邓培在厂内广泛开展宣传活动，揭露卖国的"二十一条"的罪恶实质，大声疾呼："'二十一条'要叫咱们亡国灭种，咱们工人不能不管！"邓培的演讲在工人中产生了很大的影响。1919年7月，邓培在工厂建立了以工人为基础的爱国群众组织——职工同人会，他被公推为总干事。在职工同人会的领导下，工厂各车间成立了救国十人团。邓培领导工人演讲队分赴街头和乡村进行演讲，宣传抵制日货。演讲队曾唱过这样的歌词：

既是中国人，当用中国货。

莫谓不干己，人人应尽责。

君不见，街上走的外国人，通身哪有中国货？

寄居中国尚如此，何况在本国！

京奉铁路唐山制造厂工会活动场所

游行罢工，抵制日货，声讨军阀……邓培的爱国立场鲜明，对趁机倒卖的奸商毫不手软，赢得爱国学生和广大群众的赞誉。

1921年春，邓培对职工同人会进行整顿和改组，教育工人打破同乡帮派观念，组建一个崭新的近代职业工会——京奉铁路唐山制造厂工会。这也是中国北方工人阶级最早建立的职业工会。从一个好打抱不平的少年到走上革命道路，邓培逐渐成为一名工人运动的年轻领袖。

团结工会，为广东工人撑腰

为了对抗帝国主义对东方被压迫民族的侵略，1922年，列宁领导的共产国际决定召开远东各国共产党及民族革命团体第一次代表大会，邀请中国共产党和民族革命团体派代表参加。刚刚加入中国共产党的邓培作为中国产业工人代表在大会上作报告。

最让邓培难以忘怀的是在克里姆林宫接受列宁的接见。临别时，列宁紧握邓培的手说：“铁路工人运动是很重要的。在俄国革命中，铁路工人起过很重大的作用；在未来的中国革命中，他们也一定会起同样或者更大的作用。”

1922年邓培从莫斯科回国后与工人们合影

苏俄之行让邓培感到莫大的鼓舞，更加坚定了革命的信念。回到唐山后，邓培发动建立中共唐山地方组织，发展壮大青年团和工会组织，为革命积蓄力量。

1922年1月香港海员大罢工后，全国各地出现了罢工潮。邓培发起组织唐山劳动立法大同盟，派出代表分赴开滦矿务局、启新洋灰公司和华新纺织厂进行联络，在各厂矿散发传单，张贴大字报。

9月13日，邓培代表全厂工人向厂方和京奉铁路局提出改善生活待遇的要求，限三日内答复。14日，唐山制造厂副厂长孙鸿哲接见工人时，扬言增加工钱完全不可能。当日下午6时，邓培在工厂门前召集3000余名工人罢工抗议。孙鸿哲甚至策划收买邓培，被邓培拒绝。在厂方拒不答应工人要求后，10月13日，邓培领导工人宣布罢工。坚持了八天后，工人取得加薪等一系列罢工成果。

1925年7月1日，广州国民政府成立，广东成为国民革命的策源地。考虑到邓培是广东人，开展工作较为便利，党组织安排他到广东开展铁路工人工会工作。

当时广东境内有粤汉、广九、广三、潮汕、新宁五条铁路。因各铁路工会各自为政，常闹纠纷，邓培计划把五条铁路工会联合组织成铁路总工会广东办事处。邓培以在唐山的亲身经历劝导工人："进行反帝反军阀的斗争，广大工人只有团结起来才有力量。"不久，粤汉、广九、广三三条铁路总工会在邓培和杨殷的领导下相继建立起来。在铁路总工会广东办事处的支持下，因工资太低生活困难的粤汉、广九、广三等铁路路面工人分别提出加薪的要求，经过严正交涉，工人工资由每天3角提高到每天5角至8角。

除了争取工人权益，邓培参与领导下的铁路总工会广东办事处还做好铁路工人的"靠山"。1926年10月的一个夜晚，几十名驻扎在广三铁路石围塘车站附近的军人以电灯不亮为借口，手持长枪闯入广三铁路机电厂，把两名夜班工人打得遍体鳞伤。广三铁路总工会闻讯后，立即向铁路总工会广东办事处报告，并提出将驻军调防、赔偿受伤工人医药费和惩办凶手三项要求。邓培毫不示弱，会同广州工代会执行委员会主席刘尔崧向国民党中央工人部面陈广三铁路总工会的要求。军方表示接受工会要求，驻军营长受到撤职处分。

1926年秋，在铁路总工会广东办事处的帮助下，不满受广东机器工会控制的新宁铁路工人酝酿建立新宁铁路总工会。广东机器工会头目李德谦闻讯后，勾结当地土匪头子陈式容等流寇从广州运送反动武装"体育队"破坏新宁铁路总工会的筹备工作，并蛮横地开除了两三百名工人。得知消息，邓培当即与中共广东区委和省港罢工委员会商定，派出粤汉、广九、广三三路工人纠察队，省港罢工委员会工人纠察队和广州工人代表会的工人武装共五六百人乘船前往抵抗。经过两天激烈战斗，最终击溃了反动武装。根据群众的强烈要求，邓培当即召开公审大会，处死了作恶多端的四名匪首，失业工人恢复了工作。这是广东铁路工人运动的一次重大胜利。

最后的回答：“宁死也不投降”

作为一名声望很高的工人领袖，邓培早已是反动派的眼中钉。“四一五”反革命政变后，虽接到党组织要他暂时隐蔽的通知，但为了清理焚烧有关文件，1927年4月15日，邓培仍然到铁路总工会广东办事处上班。工作未完，几个荷枪实弹的士兵就闯进了办公室。邓培面无惧色坐在位子上，厉声痛斥国民党反动派可耻的背叛行为。反动派把邓培捆绑起来，装入黑布袋，秘密押到广州市公安局。

毛泽东签发给邓培家属的光荣纪念证

在阴森恐怖的审讯室里，国民党反动派逼迫邓培供出全国铁路系统的共产党员和工会干部名单。他们诱之以利：“如果你供出一个铁路工会干部，就奖给你100元。供出一个共产党员，就奖给你200元。你供得越多，奖金越多，还有美酒、丝绸衣服……”

邓培怒不可遏，斩钉截铁地说：“你们要我招供名单，这是绝对办不到的！”即使敌人用皮鞭抽、刺刀刺，他仍然坚定地说：“共产党员是不怕死的！你们用尽所有酷刑，我都不怕。我宁死也不投降，这就是我最后的回答！”面对敌人的威逼利诱，他始终严守党的机密，宁死不屈。

1927年4月22日夜间，邓培惨遭秘密杀害，时年44岁。

熊雄：不应忘却的黄埔精魂

熊雄（1892—1927），江西宜丰人。早年参加辛亥革命，加入中华革命党。1919年赴法国勤工俭学。1922年加入中国共产党。1923年至莫斯科东方大学学习。1925年回国，历任黄埔军校政治教官、东征军政治部秘书长、黄埔军校政治部副主任兼潮州分校政治部主任、中共黄埔军校党团书记、中共广东区委军事部部长等职。熊雄是中国共产党在黄埔军校的重要负责人，早期无产阶级革命家，中国共产党最早从事革命军队政治工作的杰出领导人。

江西宜丰西南部的芳溪镇，水陆交通发达，客货运输方便，一条长塍河纵贯全境，汇入锦江。一个世纪以前，这里诞生了一位"铁血书生"，一位坚贞不屈的爱国将领——熊雄。他，出身书香门第，熟读四书五经；他，目睹清廷腐败，毅然投笔从戎；他，心系中华存亡，广汲先进思潮。

"宣传黄埔要宣传熊雄。"短短一句，凝聚了周恩来对熊雄在黄埔军校期间所做政治教育工作的高度肯定。为纪念熊雄，他的家乡江西省宜丰县从20世纪80年代开始组织整理烈士事迹，2012年成立熊雄研究会。近年来，当地更开展了一系列研究学习活动，逐渐将他守护黄埔学子革命精神和革命传统的伟大事业一一展现在公众面前。

投身革命以诗传志

1906年，年仅14岁的熊雄便已胸怀家国之志，面对神州大地动荡不安、风雨飘摇的时局，他立誓参与革命运动，改变命运，且感慨道："我辈青年应志在四方，不能再作井底之蛙，埋头诗云子曰了。”1913年，在湖口参与讨伐袁世凯的起义和抗击北洋军的战斗失败后，熊雄流亡至日本东京。留日期间，他与孙中山的民主革命思想结缘，入读浩然军事学社，大量涉猎军事、文史哲方面的知识。二次革命后，熊雄跟随孙中山从事民主革命运动，自号“铁血书生”。

熊雄（后排右一）在巴黎留学时与同学的合影

此时，他已注意到开展政治宣传工作的重要性，曾摘录当时流行的革命歌曲《从军乐》《击军歌》，以激发军中将士的斗志。不仅如此，熊雄还以诗言志，在《五律·秋夜闻雁书怀》中，以“壮心还激烈，故国益艰危”之句表达讨伐国贼的抱负。随孙中山回国后，见军阀混战，民不聊生，他悲痛万分地写下“更怜遍地烽烟起，空对苍生泪不收”。

邃密群科济世穷，又挟风雷作远游。受新文化运动的影响，熊雄毅然远赴异国他乡寻求救国救民的知识和真理。1919年至1925年，熊雄先后前往法、德、苏俄的语言学校、农业学校、林业学校和军事学校学习。留法期间，熊雄大量阅读马克思主义著作，同进步华人讨论中国革命的道路问题，并于1922年离法赴德进一步深造。也是在德国，熊雄与周恩来一同被张申府推介入党，从此投身共产主义事业。此间，他在给友人的回信中写道“移山填海凭心力，莫付苍苍任自然”，表现出崇高的思想觉悟。在法国、德国及后来在苏联红军中学习的理论知识和斗争经验，都为熊雄之后在黄埔军校的工作打下了坚实基础。

宣传教育凝固军心

1925年，熊雄同聂荣臻、叶挺等人奉调从莫斯科回国，在广东开展革命根据地建设工作。同年10月，熊雄出任东征军政治部秘书长，协助周恩来开展第二次东征时期的政治工作。

东征过程中，周恩来、熊雄等人认识到，革命军之所以能打胜仗，在于其

黄埔军校旧址

与其他军队的根本不同——重视军队内的政治宣传。宣传教育的重要性，在战时尤甚，关乎人心向背。这种工作做好了，能发动群众、团结群众，为革命军的胜利争取支持。于是在东征军总指挥部的领导下，熊雄组织了政治宣传队，负责向东征军士兵宣传作战的意义、以军队实力激励士气、发动士兵密切联系群众、唤醒群众的革命热情等。沿途，宣传队伍运用苏联红军的经验，贴标语图片，分发领袖人物画片，组织演讲，排演短剧，举办军民联欢会……军中士气大涨，军民紧密团结，为第二次东征的迅速告捷奠定了深厚的群众基础。此外，东征军还采取优待敌军俘虏的政策，以达到瓦解敌军士气、摧毁敌军防线的目的。

大刀阔斧改革军校

东征归来后，熊雄调任黄埔军校政治部副主任，兼任政治大队大队长。

熊雄重视系统的政治教育，从第四期开始开设了帝国主义、社会进化史、社会主义等26门政治课程，步、炮、工各军事科学生也必须用十分之三的时间学习政治。他尤其注重三民主义和马克思列宁主义理论的传播，聘用恽代英、萧楚女等共产党人为政治教官，邀请毛泽东、周恩来、刘少奇、张太雷等党的领导人和何香凝、鲁迅等著名革命家到校

黄埔军校政治部办公室

演讲，并亲自讲授“本党宣言训令”“军队中的政治工作”两门课程。为宣传革命思想，熊雄还主持创办了《黄埔周刊》《黄埔日刊》，出版了《黄埔丛书》《政治问答集》等图书、讲义，结合形势宣传马克思列宁主义的革命理论，提高学生的政治觉悟和政治工作能力，让民主革命思想深入人心。

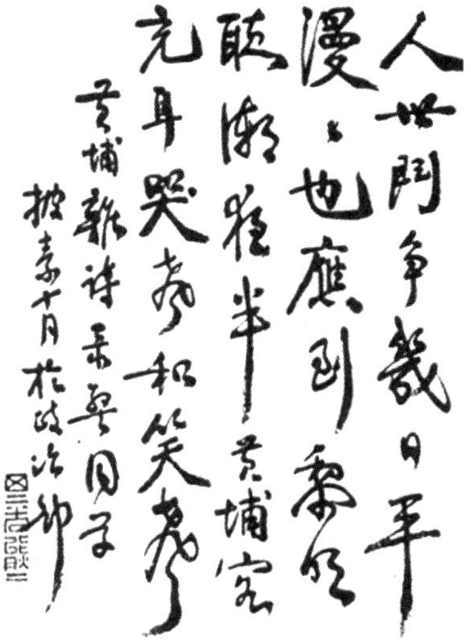

熊雄题赠即将奔赴前线的黄埔第四期毕业生的诗

1926年“中山舰事件”后，蒋介石加紧破坏国共合作，不断收紧对黄埔军校的控制，在军校发表反共讲话，要求师生公开党籍，不得“跨党”。对此，熊雄立即在《黄埔日刊》上发表《对于校长“临别赠言”的说明》，重申孙中山“主张容纳各派革命分子”的原则不可移易，不卑不亢地申明“共产党既是代表工农的政党，自有其独立性”，“对于破坏党的组织的人就应该认作我们的敌人，即拿起对付军阀与帝国主义的精神，与之奋斗”，有力回击了蒋介石在黄埔军校清除共产党的意图。

1926年10月，熊雄在写给即将奔赴前线的黄埔军校第四期毕业生的寄语中，寄托了一名共产党员积极乐观的革命精神和坚若磐石的革命信念，他写道：“人世斗争几日平，漫漫也应到黎明。听潮夜半黄埔客，充耳哭声和笑声。”

除了以笔为刀，雕琢黄埔军校学子的政治觉悟和思想境界，熊雄更以身作则引导黄埔军校学子树立与工农群众团结在一起的形象。在省港大罢工期间，熊雄出版《拥护省港罢工》的小册子，并在校内发表演说，表明支持罢工斗争的立场，此外他还派遣黄埔军校师生帮助训练罢工工人，发动师生员工捐款，组织师生慰问。这些都潜移默化为黄埔军校学生精忠报国精神的一重内核，影响着无数学子。

1927年春，随着蒋介石反革命面目的逐渐暴露，广州的反动势力开始大肆

中山舰

逮捕革命人士。不久，蒋介石在上海发动反革命政变。广东反动势力虽然已对革命力量展开大屠杀，但考虑到黄埔军校的特殊性，贸然进入校内进行“清剿”可能引发骚乱，尚不敢在校内公然逮捕熊雄。反动派便找借口，要求熊雄以出国留学为由先离开黄埔军校，再伺机进行下一步行动。

为革命前途计，熊雄答应了国民党反动派的要求。但考虑到此去恐有不测，于是坚持要求离开黄埔军校之前，面对全体黄埔师生作最后一次公开讲话。熊雄鼓舞师生，慰勉他们不要因时局之变动摇革命信念，而由军人堕落为反动势力的刽子手。

在讲话中，熊雄疾呼黄埔军校全体师生继承孙中山遗嘱，将国民革命进行到底。话毕，熊雄在师生的列队目送下，登上汽艇，挥手作别后，汽艇驶离黄埔岛。为削弱逮捕熊雄的影响，国民党反动派趁汽艇行至江心、远离公众视线时，以检修为由停船，迅速将熊雄抓捕至停靠近前的中山舰，至此熊雄正式被国民党反动派逮捕。可是真正的共产党员是不会投降的。无论在广州市公安局还是南石头监狱，熊雄始终不曾屈服于敌人的威逼利诱，甚至以共产党员忠于信仰、无畏迫害的高尚气节，继续发挥一个宣传骨干的才干，对被捕同志进行革命形势与革命气节教育，令同狱难友备受鼓舞，却令国民党反动派大为光火，认为此人不除，恐酿大祸。于是，一代光明磊落的共产主义战士熊雄于1927年5月17日深夜被秘密杀害，时年35岁。

蔡晴川：死守三河坝的血肉前锋

蔡晴川（1903—1927），湖南石门人。早年从石门县立高小毕业。1925年初到广州，考入黄埔军校第三期，并加入中国共产党。毕业后入大元帅府铁甲车队，任第三连副连长。参加北伐战争，任国民革命军第四军叶挺独立团排长、连长。1927年8月参加南昌起义，任第十一军第二十五师第七十五团第三营营长，同年10月初在广东大埔三河坝战役中牺牲。

位于广东省大埔县的三河坝，作为梅江、梅潭河、汀江三河交汇处，是粤东水路交通要冲，自古以来为兵家必争之地，所谓“得此控闽赣，失此失潮汕”。

1927年，在南昌起义军辗转南下途中爆发的三河坝战役中，掩护主力部队撤退的第十一军第二十五师第七十五团第三营将士们，就壮烈牺牲在三河坝的笔枝尾山。其中，第三营营长蔡晴川同志身先士卒，表现出了中国共产党人不朽的大无畏战斗精神。

临危膺死命，牵敌保火种

蔡晴川1925年初到广州，考入黄埔军校第三期步兵科，在校期间加入中国共产党，毕业后随军参加北伐战争。

南昌起义之后，一部分起义军撤往当时革命氛围良好的广东。大埔县是起义军进入广东的第一站，起义军必须在该县的三河坝成功摆脱敌军的围堵才能成功保存革命军队有生力量。为此，朱德率领第十一军第二十五师及第九军军官教育团约3000人打响三河坝战役。广东省委发起暴动，由大埔党组织两次攻打县城，以策应起义军。

1927年10月3日，三河坝战役的第三天，阻击任务完成，朱德下令撤离，仅留200人断后。这是一次生死之战，朱德说："留下的人活着的机会很小，父子同军的儿子离开，兄弟同军的兄长留下……"话音刚落，第二十五师第七十五团第三营营长蔡晴川第一个站了起来，他申请留下，带领第三营200名战友死战笔枝尾山。为请得军令，蔡晴川铿锵有力地向朱德表达了决心："请首长放心，我们一定完成任务！"

从南昌起义到南下大埔县三河坝，蔡晴川一路英勇善战，善打硬仗，负伤后仍然坚持战斗，不下火线，指挥全营官兵英勇杀敌。他和他的第三营从扼守三河坝以来一直坚守在笔枝尾山阵地，对于地形较熟悉，火力配备也较强，战士们充分展现了英勇抗敌的勇气和决心，早已置生死于度外。

激战三河坝，血染笔枝峰

10月3日凌晨4时左右，尚未觉察起义军大部队已经撤离的敌军在钱大钧的指挥下，像往常一样猛烈地向笔枝尾山阵地扑过来。蔡晴川鼓舞第三营的战士说："同志们，我们的任务就要完成了，胜利就在眼前，再过两个小时，我们就要撤离三河坝了！"

话音刚落，敌人的炮火四面攻来，大有炸平笔枝尾山之势。第三营四面受敌，情况十分危急。在这千钧一发之际，战士们怒火万丈，要求迅速投入战斗。蔡晴川强压战意，多次镇定地要求战士们："同志们，要牢记朱军长的话，只要能保存实力，革命就能取得最后胜利！"

南昌起义军三河坝战役旧址

时间一分一秒地过去，敌人越来越逼近笔枝尾山阵地，刹那间，周围响起密集的枪声、炮声，敌人从四面八方扑了过来。"同志们，把手榴弹摆在战壕里，准备战斗！"蔡晴川大声喊道。

在敌人距离阵地将近

50米的时候，随着蔡晴川的一声“打”，手榴弹接连飞入敌群，爆炸声里，进攻的敌人一批批倒了下去。经过一场激战，许多战士光荣牺牲了，许多人受了伤，兵力越来越少，班长告急，排长告急，连长也告急：打完最后一颗子弹、扔完最后一颗手榴弹后怎么办？

敌人不容我方喘息，嚎叫着又向山顶涌来。在弹尽粮绝的最后关头，蔡晴川下令：“埋好机枪，上好刺刀，准备肉搏战！”说完，蔡晴川率先跃出战壕，带领战士们冲入敌群，展开了白刃格斗。第三营的勇士们在蔡晴川的指挥下，顽强地厮杀，最后只剩下了蔡晴川和一名连长、两名战士，但是，笔枝尾山阵地仍然在我方手里。

敌人此时才知道起义军主力已撤，留下的人已弹尽粮绝，于是放弃了进攻，开始喊话，企图诱降蔡晴川四人。蔡晴川四人从笔枝尾山峰顶站起，背靠着背，四支闪亮的刺刀对准四个方向，准备死战。最终，他们在“打倒帝国主义！打倒蒋介石！中国共产党万岁！”的悲壮口号中，缓缓倒在敌人的枪林弹雨中。蔡晴川身中数枪后，仍然挣扎着按下了提前埋好的炸弹引爆器，随着“轰隆”一声巨响，壮烈牺牲在笔枝尾山头。朱德等人撤退到半路，听到巨大的爆炸声，便得知蔡晴川等人已经壮烈牺牲，不禁眼含热泪，对着远处爆炸的方向敬礼。

天地留正气，精神永不朽

三河坝战役后，出现在人们面前的是一幅无比壮烈、令人悲恸的画面：战士们个个遍身枪伤、刀伤，但手里还坚持抓着刺刀，拿着石头；一个脑袋被打破、流出了脑浆的战士躺在一个死去的敌人身旁，双手还紧紧掐住敌人的脖子；一个胸口被刺刀捅了好几个窟窿的战士，嘴里还咬着敌人的半块耳朵，他的枪已经断成

三河坝战役主题雕塑

三河坝战役烈士纪念碑

蔡晴川雕像

两截，丢在一边，而一个被打破了脑袋的敌人就躺在他身边。蔡晴川和第三营官兵践行了“与阵地共存亡”的钢铁誓言，他们的英雄壮举令河水悲歌，青山垂泪！

这次战役双方死伤惨重。根据相关资料的统计，国民党钱大钧部死伤3000多人，起义部队死伤1000多人。三河坝尸横遍野，江水被鲜血染得深红。

蔡晴川虽然和第三营的壮士们永远长眠在了笔枝尾山，但他们成功掩护了部队主力突围，保存了革命的火种。在这支成功突围的部队里，后来走出了6位共和国元帅、100多位将军。三河坝战役在党和人民军队的发展史上具有重要地位，它显示了中国共产党领导下的军队的战斗力和继续革命的决心。

1963年，广东省人民政府在三河坝战役的前沿阵地——笔枝尾山山顶竖起了一座烈士纪念碑，纪念碑正面镌刻着朱德的亲笔题字“八一起义军三河坝战役烈士纪念碑”。碑座上刻着第二十五师师长周士第撰写的碑文，高度评价这次战役是“第二次国内革命战争时期，中国共产党和毛泽东同志领导中国人民反对帝国主义、封建主义、官僚资本主义所进行的千千万万次英勇战斗中的一次”，赞扬了此次战役中光荣牺牲的“起义军第二十五师参谋处处长游步仁同志、第七十五团第三营营长蔡晴川同志和几百个中国人民优秀儿女”的“坚强革命意志、勇敢战斗精神”。整座建筑整齐、宏伟、壮观，碑前碑后松柏常青，成为党和人民军队永恒不朽的丰碑。

游曦：在广州起义中牺牲的女兵班长

游曦（1908—1927），原名游传玉，四川巴县人。1923年入四川省立第二女子师范学校学习。1925年加入中国共产主义青年团。1926年入重庆中法大学学习，后转为中共党员。1927年考入黄埔军校武汉分校学习。大革命失败后随第四军军官教导团南下，参加广州起义，任中共教导团支部委员，起义失败后英勇牺牲。

1950年，电影《赵一曼》上映，赵一曼成了尽人皆知的抗日女英雄。游曦和赵一曼既是四川同乡，也是军校的同学，更同样是为革命勇担当、牺牲在所不惜的女中豪杰。不同的是，她们一个在抗日战争中舍生取义，时年31岁；一个则早在广州起义中壮烈牺牲，年仅19岁。如今，赵一曼的英雄史诗已广为流传，而游曦的革命事迹还鲜为人知。

二改其名不移其志

游曦，原名游传玉，1908年出生于四川巴县的一个手工业者家庭。家中六兄妹，只有大哥游传禄和她存活。父亲积劳成疾，因没钱治病而早逝，两兄妹在母亲吴氏的抚育下度过了艰辛的童年。

1923年，游曦考入四川省立第二女子师范学校（简称“女二师”）。她经常听老师萧楚女宣传马克思主义、批判国家主义的演讲，并大量阅读萧楚女在《新蜀报》上发表的鞭挞军阀和帝国主义的文章，思想受到很大的启发。萧楚女也经常介绍《向导》《中国青年》等报刊给她们课后学习。游曦了解到马克思主义后，思想豁然开朗，她把自己的名字改成“游曦”，意为看到了曙光。

1925年初，国家主义派在重庆很是猖獗，女二师校长便是如此。他排挤进步教员，开除进步学生。游曦积极和同学开展反对校长的“打狗运动”，使校长威信扫地，辞职离校。经过这次斗争的锻炼，游曦加入了共青团。

1926年初，游曦考入重庆中法大学学习，入学不久即转为中共党员。组织委派游曦担任重庆市妇联筹备主任。她很有组织才干，短时间内就完成了筹建工作。4月，游曦在巴县图书馆主持召开了由各界妇女代表300余人参加的重庆各界妇女联合会成立大会。会议发表了成立宣言，选举了领导机构，刚满18岁的游曦被选为重庆市妇联宣传部主任。

1926年10月，黄埔军校武汉分校在武汉、重庆等地招收第六期政治科学生。游曦得知后立刻报名。她知道参加革命就会有牺牲，进了军校，将来就要上战场，生死难料。为了表达自己的决心，她一度把名字改成了“游牺”，意思是为了革命，早就做好了牺牲的准备。

母亲和亲友的思想都很传统，认为几千年来从未有过女子参加军事学校学习，对她当兵很不理解，劝她改变主意。游曦向母亲解释：“妈妈，现在是什么年代了，都革命啦！男女要平等，妇女也要起来闹革命，不能依靠男人生活，做家庭奴隶了。革命成功了，社会就要改变，大家生活就会好起来的。”顶住世俗的偏见，游曦到武汉投考军校，并被录取。

投身军校勇斗“活阎王”

军校于1927年2月12日在武昌兰陵街两湖书院开学，游曦和赵一曼等川籍女青年被编入政治大队的女生大队第一区队。军校为使男女学生有所区别，原决定让女生打黑色绑腿，军服双袖缀上红色字母“W（Woman）”标记，并发短枪。但游曦、赵一曼、胡兰畦等多数女生都坚决反对，她们说：“我们都是革命战士，男女应该平等，在革命政府之下，如果连穿衣服都得不到平等，还要拿一个字母来表示区别，这又算什么呢？”军校最后取消了这一提案。她们在严格、艰苦的学习和训练生活中，终于磨炼成了坚强的女战士。

1927年4月12日，蒋介石在上海发动反革命政变。游曦和战友们都十分激愤，立即在校园内贴出“打倒新军阀蒋介石！”“严惩屠杀工人的蒋介石！”

黄埔军校第一批女兵

等标语。他们还在校门口贴出了“是革命的站拢来，不革命的滚开去”的对联，警告暗藏的国民党右派分子。

黄埔军校武汉分校在蒋介石叛变后免去其校长职务，改设常务委员会。1927年4月23日，军校师生参加了各界群众讨蒋大会。游曦在会上很活跃，执勤时持枪巡逻，维持大会秩序。她交班后，又带领同班战友不断高呼“打倒蒋介石”的口号。同年5月，夏斗寅和杨森叛变，武汉形势危急。武汉政府在中国共产党推动下，将武汉军校学生、学兵团和武昌中央农民运动讲习所学生编成中央独立师。该师和其他卫戍武汉的部队组成西征军，由叶挺统一指挥。

在西征中，游曦英勇机智，处事果断，出色完成各种任务。一天，政治连接到农民报信，迅速派赵一曼、胡兰畦等人星夜出发，到距咸宁10多里的一个乡村逮捕被群众称为“活阎王”的土豪何颜旺。翌日清晨，游曦在连部门口站岗，妇女协会的黄阿凤气吁吁地跑来，向游曦报告了土豪何颜旺已进城的情况。游曦请别的同志顶班后，跟随黄阿凤去追捕土豪。与此同时，何颜旺仓皇逃跑，几个女战士在后面紧追。游曦向何颜旺大喝一声：“站住！”但何颜旺继续逃窜，游曦朝天打了一枪，他吓得趴在地上。游曦和姊妹们马上扑过去，将何颜旺逮住了。经过审问，何颜旺供认是受敌人派遣来刺探军情的。赵一曼等回到驻地，看到游曦已将何颜旺逮捕，对游曦的英勇交口称赞。

女生队还很注意发动群众。仙桃镇战斗结束后，游曦、赵一曼等几个女队员到农村去召集农民开会，宣传组织农民协会和农民自卫军的重要性。农民们在她们动员后，迅速行动起来，酝酿成立农会。游曦在火热的战斗生活中，阶级觉悟迅速提高。在白色恐怖的日子里，游曦遵照党的指示，团结了郑梅仙、廖德璋等30多位女同志留在教导团，随军东征参加南昌起义。当教导团从武昌到达九江时，南昌起义已经爆发，军阀张发奎非常震惊，解除了教导团的武装。游曦等人沉着冷静，按照党的指示随军南下。在途中，游曦等女战士聆听了团长叶剑英的教导和鼓励，以坚忍不拔的精神，跋涉千里，于1927年10月初到达广州。教导团抵广州的第二天，游曦在白鹅潭边，遥望南石头监狱，凭吊了指引自己走上革命道路的老师萧楚女。

广州起义的浴血女兵班

1927年11月26日，中共广东省委根据党中央的指示，作出广州起义的决定后，教导团的中共党组织立即准备起义，开展严格的军事训练。此时，游曦担任女兵班班长，与叶镛、袁裕、郭声镛等200多个教导团、警卫团的积极分子到黄花岗参加秘密会议。他们听取中共广东省委书记张太雷的报告后，一致响应省委关于武装起义的号召。12月10日晚，游曦通知女兵班做好作战准备。

12月11日凌晨3时，广州起义爆发，游曦和同志们立即摘下国民党青天白日帽徽扔在地下，并系上起义的标志红领带。教导团的枪声划破了沉寂的夜空，揭开了广州起义的序幕。她所领导的女兵班编入预备队，担负团部的警卫工作。起义军按预定计划，向各个反动巢穴攻击，至黎明前已解放了珠江北岸大部分地区，成立了广州苏维埃政府。

12月12日晨，反动派开始反扑，在观音山上、珠江岸边都进行着激烈的战斗。敌兵不断增加，形势越来越危急。游曦奉命率领女兵班到珠江北岸的长堤执行阻击敌人的任务。当晚10时以后，起义军主力已撤出广州。13日，反动派的军队在英、日帝国主义的军舰炮火的支持下攻入市区，来不及撤退的起义士兵和工人赤卫队与敌人进行巷战。

游曦的女兵班与指挥部已失去联系，仍坚守在长堤的天字码头附近，阻击敌人后续部队渡江。她们打退敌人多次进攻后，伤员很多，粮水断绝，子弹也不多了，形势十分危急。游曦决定派一名战士回指挥部联系，这名战士不肯走：“班长，你亲自去吧！我们坚决顶住敌人！”“这是什么时候，我不能离开这个岗位！”停顿一下后，游曦严肃地说：“去吧！告诉指挥部的领导，我们宁愿流尽最后一滴血来保卫苏维埃政权。”随后，敌人开始了新的一轮进攻。游曦和同志们甩出了最后的几个手榴弹，随即和敌人拼刺刀，又一次打退了敌人。但是，她们的子弹打光了，刺刀也拼缺了。游曦凝视着剩下的几个负伤的同志，指着飘扬在阵地上的红旗，沉重而坚定地说：“同志们！我们子弹打光了，就在阵地前的敌尸中去捡，只要有一个人活着，就要高举起这面大旗……”她的话还没有说完，敌人又疯狂地扑来，游曦高喊着：“杀、杀、杀！”然后第一个冲出去跟敌人拼刺刀。最终，女兵班全部壮烈牺牲。

敌军重占观音山

老师萧楚女生前曾教导游曦：“人生应该如蜡烛一样，从顶燃到底，一直都是光明的。”34岁的萧楚女和19岁的游曦，以其短暂而光辉的一生，实践了他们“从顶燃到底”这一铿锵誓言。

周其鉴：西江农民运动的先驱

周其鉴（1893—1928），广东广宁人。1921年加入中国共产党，参与领导广东早期的学生运动。1922年到中国劳动组合书记部广东分部开展工人运动。1924年以国民党中央农民部特派员身份到广宁开展农民运动。1927年参加南昌起义和广州起义。历任中共广东区委农运委员，广宁县农民协会委员长，广东省农民协会执行委员会委员、常委及西江、北江办事处主任，中共广东省委委员等职。周其鉴是大革命时期广东农民运动的领袖之一。

1969年，毛泽东在中共九大上曾说："大革命时期的农民运动风起云涌，搞得轰轰烈烈，如东江的海陆丰，西江的广宁。"海陆丰的领导者是彭湃，广宁的领导者是周其鉴。周其鉴与彭湃、阮啸仙、黄学增并称为大革命时期"广东四大农民运动领袖"。广宁在周其鉴的领导下，率先组织农会，创建农军，是广东省农运最发达的地方之一，也是大革命时期中国共产党独立自主领导农民运动的典型之一。

立志高远，宁弃家财也要革命

周其鉴出生于广宁县的一个小乡村，一家人靠父亲当乡村教师的微薄薪水维生，周其鉴经常一边劳作一边自学，因此他深知农民的苦难。后来，他的一名当军官的兄长在家乡购置了田产，开设了一家织造厂，家庭经济情况有了好转。1918年春，周其鉴考上了广东甲种工业学校，学习染织。当时父兄都希望他学成之后，继承家业，过上安乐富足的生活。

然而，当时的中国正面临着严重的民族危机，在帝国主义的侵略和封建军阀的黑暗统治下，民不聊生，生灵涂炭。周其鉴的爱国热情被点燃了，他走上了一条与家庭期许相反的道路。在校内，周其鉴孜孜不倦地努力学习，不管是酷暑和严寒，他总会到课室和图书馆如饥似渴地埋头阅读、深入钻研，课余还经常与进步同学一起谈论时局，抨击北洋军阀政府的腐败无能；阅读《新青年》《每周评论》等进步刊物，努力探索救国救民的真理，向同学朋友传播新思想；发动罢课，与推行封建教育制度、贪污公款的校长进行斗争。假日里，他则常去工农群众中传播马克思主义。

五四运动爆发后，周其鉴积极响应，与阮啸仙、刘尔崧等人组织发动同学上街声援，并成立广东省中等以上学校学生联合会，组织领导学生运动。经过一系列学生运动的锤炼，加之对马克思主义理想的向往，周其鉴的思想觉悟迅速提高。1921年，他加入中国共产党，从进步学生变成了一名无产阶级先锋战士。

事必躬亲，革命火种燎成原

1922年秋，从广东甲种工业学校毕业后，周其鉴主动放弃兄长提供的优裕生活，与阮啸仙、冯菊坡等人投身革命运动并参与创办爱群通讯社。该社是党在广东传播马克思主义的重要窗口，后期在推动工农运动的发展上起到重要作用。周其鉴经常以记者身份深入工人群众中，引导工人揭露资本家压榨工人的事实，介绍俄国十月革命和工人运动的情况，讲述中国共产党的革命纲领，向工人传播马克思主义，引领广大工人努力克服狭隘的地方观念和行会思想，加强了工人阶级内部的团结。他还在广州、番禺、东莞等地发动和领导油业工人与资本家进行抗争，为行会工人争取应有的利益和福利。

1924年初，第一次国共合作达成，周其鉴被委任为中共广东区委农民运动委员会委员，从此便走上了领导农民运动的道路。1924年4月上旬，周其鉴带着队伍回到自己的家乡广宁开展农民运动。他经常身穿农民衣服，头戴竹帽，脚踏草鞋，跋山涉水，冒着生命危险，深入农户访贫问苦；采取圩期演讲、逐乡宣传和挨家挨户谈话的方式，宣传党的主张，以提高农民的思想觉悟。

周其鉴与工农相处的时候从不“掼书包”，而是用工农的言语去讲大道理。1924年4月中旬，广宁县荷木咀农会成立的那天，周其鉴登台演讲，驳斥了“地主家财百万是由于风水好、家财兴”的谬论，他说：“泥观音过水，她自身都难保不溶化，怎么还能保佑别人呢？同样，坟山风水连地主祖先的尸体也难保不溶烂，它怎能兴家财？”“泥菩萨过河——自身难保”，化用这样一句农民耳熟能详、常听常用的俗语反驳封建思想，真正能让群众听懂，讲到大众的心坎上。通过艰苦细致的工作，农会组织发展迅速，江屯、潭布、拆石、螺岗、荷木咀等地纷纷建立起农会组织，入会农户达到3000多户。

同甘共苦，深情厚谊心连心

1924年10月6日，广宁县第一届农民代表大会在县城南街学宫举行。大会宣布成立广宁县农民协会，并通过了组织农民自卫军、开展减租运动等多项重要决议，周其鉴被选为县农民协会执行委员会委员长。广宁县农民协会成立后，广泛开展减租运动。反动地主不甘心失败，想方设法破坏农会，尤为憎恶广宁农会的头头周其鉴，不仅试图纵火烧周其鉴的家，还叫嚣着“谁杀死周其鉴，可以赏给白银1000元”。面对威胁，周其鉴毫不畏惧地说：“地主们纵使杀一个周其鉴，也杀不尽千千万万个周其鉴。”面对反动地主民团势力的武装部队，他和彭湃亲自率领农民军反抗，总是冒着枪林弹雨，亲临一线作战，最终成功攻破广宁地主的武装力量。

此时，广宁地区的农民运动蓬勃发展，西江地区逐渐汇集了一批思想觉悟高、政治立场坚定、参加农民运动积极的活跃成员。11月中旬，中共广宁支部成立，周其鉴担任党支部书记。这是西江地区最早成立的中共支部。

广宁农会旧址

由于经常为工农群众出头，周其鉴在大家心中树立了威信。有一次，周其鉴到一家商店买东西，见到掌柜店面贴着“座遇贵人”四个大字，便对掌柜和伙计们说：“为什么不贴‘座遇工农’呢？你们店里哪件货物

中共广宁支部

不是工农劳动创造出来的呢？哪件东西不饱含工农的血汗呢？你看石咀乡的消费合作社贴的是‘座遇工农’，生意多兴隆啊！”店家听后觉得很有道理，再加上信服周其鉴，从此不再张贴“座遇贵人”的字条。

周其鉴显著的农运成果得到党组织以及群众的充分认可，在1925年5月的广东省第一次农民代表大会上，他被选为广东省农民协会执行委员会委员，而且在从事农民运动的过程中，他与广大农民结下了深厚情谊，与贫苦农民同甘共苦，心连着心。有一次他带领一批干部下乡处理案件，当时正处寒冬腊月，有的农民家里贫穷，缺少棉衣棉被，见状，周其鉴非常难过，不仅立刻就地设法帮助他们解决御寒衣物短缺的问题，还立即打电报给省农会，要求把工人捐献的棉被尽快运来。

他常常以自己的好衣服接济衣衫短缺的农民兄弟，总是新衣出门旧衣归。有一次，周其鉴妻子在招呼工农群众吃饭之余，从人群中看到有个人穿着一件好像是她新织给丈夫的绒线衣时，便悄悄地问周其鉴：“你的新绒衫哪里去了？”周其鉴笑着说：“给了盈东。”后来她多次发现一些贫苦农民穿着一些她“熟悉”的衣物，每次提及，丈夫总说“给了盈东”，妻子终于明白了，“盈东”不是真有其人，而是衣服短缺的穷人的代称。

笔耕不辍，总结农民运动经验

周其鉴拿起枪杆能杀敌，握起笔杆能战斗，是宣传农民运动的“前锋”。

北伐战争时期，周其鉴在第六届广州农民运动讲习所任教员。在课上，他给学员们讲授了广宁高要曲江农运状况，并介绍他在西江和北江地区领导农民运动的情况和经验。这一时期，他还撰写了《广宁农民反抗地主始末记》，这本书详细记载了广宁农民积极开展农运的场景，以及他在广宁地区发动、组织和武装农民开展斗争的经验。后来，毛泽东将其编入《农民问题丛刊》，发给农讲所学员作为学习资料，并推荐给全国农民运动干部学习。

周其鉴故居

1927年蒋介石发动反革命政变后，周其鉴到武汉地区参加了各种革命团体召开的宣传集会和革命活动。他在湖北省农协扩大会议上致辞时曾指出："我们的面前有两条路，一条是生路，一条是死路。革命就是生路，不革命就是死路。农民要不分地域的界限，全国一致团结起来革命。"7月底，周其鉴等遵照党的指示，率领工农革命军到南昌参加南昌起义，为武装反抗国民党反动派作出积极的贡献。

广州起义失败后，周其鉴回到清远，集中部分农军，在葫芦岭一带坚持斗争。当时，他住在清远农民余锦华家中，后遭当地反动地主告密，不幸被捕。周其鉴视死如归，敌人将他投入狱中，施以惨无人道的毒刑，极尽威逼利诱之能事。他始终立场坚定，忠贞不屈，保持共产党员的革命气节。1928年2月1日，他被反动派秘密杀害，牺牲时年仅35岁。革命群众惊闻噩耗，悲愤万分，冒着危险把他的遗体安葬在山上。

周文雍、陈铁军：刑场上的婚礼

周文雍（1905—1928），广东开平人；陈铁军（1904—1928），广东佛山人。周文雍1923年加入中国社会主义青年团，1925年加入中国共产党。曾任中共广东区委工委委员、广州工人纠察队总队长、中共广州市委组织部部长兼市委工委书记等职。陈铁军1924年秋考入广东大学文学院预科，求学期间，为追求进步，铁心跟共产党走，将原名燮君改为铁军。1926年4月加入中国共产党。受党的派遣，二人扮成夫妻从事革命活动。由于叛徒出卖，二人同时被捕。1928年，他们在敌人刑场上英勇就义。

他穿着杂绒西装，右手因受刑而显得有些僵硬；她头戴俏皮绒线帽，肩披宽幅围巾，双手插在裤袋中。1928年2月6日，受邀前来采访的记者为他们拍下人生第一张，也是最后一张合影。他们慷慨从容，神情淡定，然而走向的不是浪漫的婚礼殿堂，而是敌人冰冷的刑场。

周文雍与陈铁军狱中铁窗前的合影

“新郎”叫周文雍，“新娘”叫陈铁军。他们都是广东籍共产党员，多次以夫妻名义进行地下斗争，却直到牺牲前才有机会拍下这张“结婚照”。那年，他23岁，她24岁。在生命的最后时刻，他们把敌人的枪声作为礼炮，以微笑迎接革命胜利的曙光。这张照片见报后，他们的战友聂荣臻泪洒衣襟，称之为“刑场上的婚礼”。

革命赤子，殊途同归

周文雍出生于开平一个贫穷的知识分子家庭。1922年，在亲友的资助下，他考入有“红色甲工”之称的广东甲种工业学校。在学校里，周文雍接触到中共中央机关刊物《向导》等革命书刊，并于1923年加入中国社会主义青年团，很快成长为广州地区的学生领袖。同年秋天，拥护孙中山的军队与陈炯明部队在距离广州不远的石龙镇展开激战，周文雍与其他团员组成慰劳队到前线慰问部队。途中，他们突遇机枪火力封锁，周文雍带领大家冲进铁桥，并缴获了一挺轻机枪，他的突出表现给大家留下了深刻印象。1924年夏，广州沙面租界和东山数千洋务工人为反对帝国主义侮辱中国工人的“新警律”，举行大罢工。周文雍被派去组织沙面青工社和主持青年工人补习学校，负责青工训练和发展团员工作。在周文雍和刘尔崧等人的领导下，工人们经过一个多月的斗争，迫使帝国主义取消“新警律”，取得了罢工的胜利。1925年，20岁的周文雍加入中国共产党。在省港大罢工前夕，周文雍被派往沙面洋务工会担任领导职务，并被选为中共广东区委工委委员和中共广州市委委员。他把青年工人组织起来，与省港罢工工人一起，有力地支援了北伐军。

陈铁军出生于佛山一个华侨富商家庭。15岁那年，五四浪潮席卷广东，当时一支从广州来的学生宣传队吸引了她。这些青年学生大声疾呼反对帝国主义、封建主义，提倡男女平等、民主和科学，陈铁军深受震撼。她向家里提出要到学堂上学，像男孩子一样读书。在佛山读完小学后，幼时订有婚约的男方要求与她早日完婚。但当发现对方是一个庸俗不堪的财主少爷时，她毅然逃离佛山，前往广州这个革命城市。到了广州后，陈铁军进入坤维女子中学读书，后考入广东大学。在这里，她接受了革命思想，阅读了不少共产主义书刊。1925年6月，震惊中外的省港大罢工在广州如火如荼地进行。6月23日，广州工人和群众举行了示威大游行，声援五卅运动。陈铁军和同学们走出校门，加入游行队伍里，满怀激情地挥着红旗，高呼反帝口号。当游行队伍经过沙基时，沙面租界的英、法军队竟然向游行队伍开枪射击，造成了流血惨案。陈铁军和工人们一起在血泊中抢救伤员。这次游行，陈铁军亲身感受到了群众的伟大力量，也看清了帝国主义的面目，更坚定了她投身革命的决心。1926年4月，陈铁军加入中国共产党，从此开始了她的革命生涯。

名义夫妻，志同道合

1927年，国民党反动派在广州发动“四一五”反革命政变，大肆屠杀共产党员和革命群众，全城处于白色恐怖之下。4月15日拂晓，大批反动军警包围中山大学。陈铁军接到党组织要求迅速撤离的通知，马上想到当时因难产而在医院住院的邓颖超也处在危险中。她不顾自身危险，从城内跑到西关，与医护人员护送邓颖超脱离险境。

为了避开追捕，她秘密逃回家乡佛山。此后，她与党组织暂时失去了联系。家中三哥曾劝她说：“现在外面风声很紧，若被警察捉去了，连命都没了！”“你要读书，我供你去香港或出洋留学都可以，你要为自己的前途、幸福着想呀！”陈铁军理解哥哥的好意，但不为所动，还说服妹妹陈铁儿一起投入了革命的洪流。不久，陈铁军受命给广州工人赤卫队总指挥周文雍当助手。为避免怀疑，二人奉命以夫妻的身份开始建立秘密联络机关。

在“家庭”内，他们一直保持着纯洁的同志关系，共同为党的事业而战斗。11月间，周文雍在街头游行中第一次被警察逮捕。周文雍被捕后，党组织成立了营救小组，陈铁军和大家一起制订营救计划。在打听清楚周文雍的关押地点之后，陈铁军以“妻子”身份探望周文雍，并偷偷将大量辣椒夹带在食盒中，叮嘱周文雍吃下。周文雍吃后满脸通红，全身发烫，敌人误以为周文雍身患重病。经狱中难友大闹和事先疏通狱医，周文雍被送进医院。随后，党组织派人到医院支走看守的警察，将周文雍从医院救出并送回“家”中。之后，他们继续假扮夫妻在广州做地下工作。

周文雍和陈铁军

工人赤卫队指挥所旧址

1927年12月11日，广州起义爆发，周文雍领导的工人赤卫队配合第四军军官教导团攻占国民党广州市公安局。同日，广州苏维埃政府在炮火中宣布成立，周文雍当选为广州苏维埃政府人民劳动委员。由于中外反动势力疯狂镇压，起义失败，周文雍和陈铁军转移到香港。20天后，为重建广州党组织，周文雍和陈铁军不顾个人安危，再度假扮夫妻，从香港返回白色恐怖笼罩的广州，重建地下党组织，进行秘密革命斗争。回广州后，陈铁军扮成雍容华贵的"金山少奶奶"，周文雍扮成从美国归来的"金山阔少"，住在广州拱日路（今和平路）的一间洋房。他们经常出双入对闲逛于戏院茶楼，看似一对神仙伴侣，实则是在开展党的地下工作，为党组织传递情报。在长期的革命工作中，两位拥有共同理想信念的年轻人慢慢互生爱慕情愫，但是为了工作，他们将感情埋藏在心底，从不谈儿女私情。

忠贞不屈，从容就义

1928年1月，中共广东省委指示，计划在春节期间在广州发动一次政治攻势，即在广州的公共场所和繁华街道，散发革命传单，告诉广州人民群众，广州起义虽然失败了，但革命并未完结，共产党依然存在。1月27日，农历大年初五，由于叛徒告密，警察前往秘密据点抓捕周文雍和陈铁军。陈铁军听到动静，让妹妹陈铁儿从阳台逃走，自己留下搬动窗台花盆发出信号。但周文雍未及时发现，二人同时被捕。

当时的广州市公安局局长朱晖日亲自提审，多次以死刑威逼周、陈二人，周文雍大义凛然地说："死并不能吓倒共产党人，当然我很想活，因为活着就可以和你们斗争！"他见周文雍毫不动摇，下令用"放飞机""坐老虎凳""插指心"等酷刑逼供。周文雍几次昏厥，醒后仍不屈服，并在监狱墙壁上题写了一首《绝笔诗》：“头可断，肢可折，革命精神不可灭。壮士头颅为党落，好汉身躯为群裂。”陈铁军受审时面对威胁利诱也毫不动摇，只关心“丈夫”周文雍的情况。朱晖日恼怒之下，决定公开处决这对顽固的“共产夫妻”。

广州起义烈士陵园周文雍陈铁军铜像

两人得知被判处死刑时，神态自若。被问到死前还有什么要求时，周文雍提出要和“妻子”陈铁军照一张合影。于是就有了那张著名的狱中铁窗前“结婚照”。

2月6日下午，周文雍、陈铁军被押送到广州东郊红花岗刑场。因害怕劫刑场，国民党反动派当局派出大批持枪警察压阵，沿途戒备森严。但是，群众还是闻声赶来，站满马路两旁。行刑前，陈铁军大声呼喊道：“我和周文雍同志假扮夫妻，共同工作了几个月，合作得很好，也建立了深厚的感情。但是由于专心于工作，我们没有时间谈个人的感情。现在，我们要结婚了。就让这枪声，作为我们结婚的礼炮吧！”在反动派的刑场上，他们英勇就义。

1980年，周文雍、陈铁军的革命事迹被拍摄成电影《刑场上的婚礼》而广为传播。“黄花岗，珠江岸，寒铁窗，对梳妆，相顾无言，惟有泪千行……”他们纯洁高尚的爱情故事恰似那盛开的木棉花，一路芬芳。

朱也赤：南路革命播火者

朱也赤（1899—1928），原名朱朝柱，又名朱克哲，广东茂名人。1919年后曾就读于广东高等师范学校和广东公立医药专门学校。1922年加入中国社会主义青年团。1925年加入中国共产党，同年底回茂名开展革命工作。1926年任中共茂名县支部书记。大革命失败后，参加领导怀乡暴动，任国民革命军南路警备部司令。朱也赤是粤西最早的中共领导人和农民运动领导者之一。

广东茂名一个平凡的村庄，走出了粤西最早的中共领导人和农民运动领导者之一——朱也赤。他原名朱朝柱，父亲本希望他成为朝廷之栋梁，但时局翻覆，辛亥革命后清王朝走向了灭亡。长大后的朱朝柱走上了革命道路，始终坚定信仰着马克思主义，使红色成为自己的精神底色，他亦改名“也赤”以明志。在人人闻“赤化”而变色的年代里，朱也赤正以此表明自己对革命事业甘于奉献的忠诚与担当。

为真理摇旗呐喊

朱也赤出生于茂名县白土村的一个贫苦人家，从小穿的衣服上满是补丁，没一双好鞋子穿，只能光着脚板上学，一些地主少爷嘲笑他是“乞儿仔”。尽管生活艰苦，但朱也赤的父亲仍然坚持让他在家学习，为了不辜负父亲的期望，六岁的他每天努力读书，小小年纪就已经能背诵《三字经》《增广贤文》《唐诗三百首》。除了日常的课业，他还每天到田里学习“农务课”。放牛养鸭，种瓜种豆，简单的农活都难不倒他，也正是年少的这段历练，培养了他吃苦耐劳、坚忍不拔的意志。他与农民、与乡村，早在此时就已紧紧相连。

高中期间，爱好文学的朱也赤开始撰写文章，并投寄到广州、上海等地的报刊发表。他的文字中处处体现着对贫苦农民深受剥削和对社会腐败风气的愤懑与反抗，充分表达了一个血气方刚的少年敢于为天下呐喊的非凡勇气和才华。1919年，朱也赤考入广东高等师范学校。正值五四运动爆发，在革命热潮空前高涨的时代背景下，朱也赤感受到极大的精神鼓舞，革命斗争的火种在心中燃起。

1920年，著名革命家谭平山到广东高等师范学校任教。受其传播的追求科学新知和自由民主的新思潮影响，朱也赤创办了新读书社，利用课余传阅进步书刊，研究中国社会问题。作为学生会文宣部部长，他发动同学参加宣传演讲和集体示威游行、散发传单，带领同学机智地避开巡警的追捕，秘密宣传十月革命和马列主义。他还创办刊物《学生评论》，并担任主编，发表文章探讨中国的前途和出路，抨击时弊和帝国主义及军阀。在学生运动舞台上，朱也赤表现出非凡的号召能力和组织能力，很快成为一位引人注目的活动骨干。1922年夏，他加入中国社会主义青年团，参加在广州召开的中国社会主义青年团第一次全国代表大会。

朱也赤还利用学校寒暑假回乡期间，带着《共产主义原理》《向导》和高尔基的《母亲》等进步书刊，组织谈得来的同学、朋友一起阅读，向他们宣传马克思主义。高州城丽泽书院、茂南中学以及朱也赤家里都是主要据点。为了让宣传生动有趣，朱也赤从学校带了个小型幻灯机回家，开起了“电影院”。他自制幻灯片播放，向乡亲们宣传社会主义的好处和阶级斗争的道理。一到晚上，村民们都竞相前来观看，赞扬说：“阿哲上大学回来，专替穷人说话了。”而地主豪绅则气得暴跳如雷，有一次还闯进朱也赤家问罪，责骂朱也赤“散播共产共妻邪说”，“五伦颠倒，扰乱纲常”。他的叔父朱仲荣还扬起烟筒竹，叫嚷要教训他。可是朱也赤沉着应对，揭发朱仲荣为富不仁的发家臭史，指斥地主豪绅“拥护国民革命”是假，反对“平均地权”是真，把豪绅们驳得哑口无言。

唤起工农闹革命

1923年，朱也赤毕业后便投入中共领导的秘密革命斗争。1925年加入中国共产党，并将原名“朱朝柱”改为朱也赤，表达自己对中国共产党事业的赤胆忠心。

1925年11月，国民革命军南征打败广东南部军阀邓本殷。鉴于在革命活动中的优异表现，朱也赤被派回高州开展革命工作。他先后担任国民党茂名县党部的执行委员、常务委员，中共茂名县支部书记，茂名县农民协会筹备处主任。在国共合作期间，除了担任南路农民运动的重要领导职务，还以共产党、国民党、农会三方要人身份领导茂名全县的革命工作。

作为茂名地区农民运动的重要领导人，朱也赤在开展农民运动工作中通过各种方式贴近农民的生活，广泛宣传，大力兴办农会。他运用自己的医术免费给农民治病，编演群众喜闻乐见的节目，故事、歌曲、小戏剧，样样即兴而作，声情并茂，生动感人。多样化的宣传方式激发了群众的兴趣，极大地扩大了党在当地的影响力。至1926年10月，茂名县内共有40多个乡正式建立农会，成员共10余万人。农会成立以后，推行减租减息制度，实行男女平等，开展破除迷信和识字运动，还以祠堂庙宇为校舍办起平民夜校，使农民子弟免费入学，接受教育，受到了广大农民的欢迎与支持。

朱也赤在南路从事的革命活动，是在经济极其困难的情况下开展的，他的全部工资收入都用到工作中，在没有工资时就靠亲人的支持和典当自己的衣物来维持。虽然生活艰辛，但他仍竭尽所能深入农村访贫问苦，足迹遍及茂名、信宜两县。有一次他和农会干部何超然到东岸下村开会时，见到一位姓萧的农妇患病呻吟，他立刻让何超然送农妇就医，自己慷慨地从身上掏出白银2毫给她买药，那个病妇感动得眼泪直流。他

广东省农民协会南路办事处旧址

每到一处，都很快就和群众建立了密切的联系。他还通过个别串联，分别召开农民、长工、婢女等参加的各种会议的方式，面对面向他们宣传打倒列强、打倒军阀、扫清封建势力，实行“耕者有其田”等革命主张，讲解阶级斗争的道理，启发他们组织起来，解放自己。在他的启发教育下，农民们心明眼亮了，纷纷要求参加农会。

1926年下半年，朱也赤还领导农民与贪官污吏、恶霸势力进行有理有据的斗争。茂南区区长张耀垣依仗茂名县县长张远峰的庇护，肆意搜刮民财，贪赃枉法。朱也赤组织农会会员对张耀垣的账目进行清算，在茂南中学广场举行了声势浩大的“声讨贪官污吏大会”，张耀垣被押上台接受声讨。张远峰迫于压力撤销了张耀垣的区长职务。高州城南恶霸“杨老二大利公司”老板杨芙生垄断地区粪便，廉价收购粪便高价向当地农民出售，农民稍有不从便指使狗腿子拳打脚踢。朱也赤召集农会会员1万余人在高城圣殿坡广场举行声讨杨芙生恶行的大会，在会上宣布“杨老二大利公司”为非法公司，应予取缔，带领群众到县里请愿，要求取缔该公司。当县长借故推诿时，朱也赤立即率领群众上街游行，砸烂大利公司门牌和粪桶，老板仓皇出逃。朱也赤一心为民办实事的高尚品质和勇于与恶势力斗争的精神再次彰显。

志士成仁飞赤血

1927年4月，蒋介石发动反革命政变，茂名陷入白色恐怖中。朱也赤离开高州往广州湾西营（今赤坎），主持召开紧急会议，决定组织武装暴动，随即成立南路农民革命委员会，统一领导南路武装斗争。1927年12月15日，朱也赤组织领导了震惊南路的怀乡起义，任起义军司令。起义军攻克怀乡区署和团防局，在区署大门挂“怀乡区苏维埃政

怀乡起义指挥部旧址

朱也赤烈士墓

府”的红色横额，在茂名地区第一次宣告建立了中国共产党领导的人民政权。

在南路革命形势险恶之时，朱也赤不顾个人的安危，以坚定的革命精神和责任感继续坚持革命活动，与敌人机智周旋。有一次，朱也赤回乡开会，被特务发现，他在前面跑，特务在后面追。特务追到一个竹园，眼看就要追上，但转眼间，朱也赤就不见了踪影。原来，他果断跳下了一口几米深的枯井中，又一次摆脱了追捕。在同志们的努力下，南路党组织得到恢复或重建。共产党领导下的群众革命力量，如野火烧不尽的草，又在顽强地壮大蔓延。

1928年春，朱也赤返回广州湾。他在南路特委机关工作时，经常在特委机关刊物《血潮》《镰刀》《南路农民》上发表文章，宣传马列主义和俄国十月革命，以铁一般的事实和亲身经历揭露蒋介石背叛革命、大肆屠杀共产党人和革命群众的罪行。这些刊物被秘密散发到各地，唤醒各地人民的觉悟和支持革命的热情，鼓舞人民群众进行艰苦卓绝的斗争。

1928年12月7日，因叛徒出卖，朱也赤等人在广州湾西营码头被捕。在狱中，任凭国民党反动派威逼利诱、严刑拷打，朱也赤坚贞不屈。他决定为革命利益、为人民利益去死，留下“为主义牺牲，为工农死节。不负天地生，无污父母血”的铿锵誓言。12月23日，朱也赤英勇就义于高州城郊东门岭。

杨石魂：翱翔在潮汕大地的矫健雄鹰

杨石魂（1902—1929），原名杨秉强，字昌义，广东普宁人。1924年加入中国共产党。1925年2月，受党组织派遣，回潮汕领导青年学生和工人群众开展革命斗争。大革命失败后，组织东江工农自卫军，任党代表。曾护送周恩来等人安全到达香港。1928年任中共广东南路特委书记、中共广东省委常委。1929年2月任中共湖北省委常委兼省委秘书长，参加重建中共湖北省委工作。杨石魂是潮汕地区共产党组织的创建人，潮汕工人运动的领袖。

揭阳普宁市东北部的南溪镇，位于榕城和普宁的交界处，因镇内河道四通八达、绵延相连，被人们称为“南溪水乡”，又有“潮汕乌镇”之称。南溪镇的河道自古便是重要的商贸要道，货运船只通过内河驶入榕江，再经过汕头出海口，最终奔往海内外各地。这种特有的交通运输方式，孕育着潮汕人敢拼敢闯的冒险精神。就在这个小镇的钟堂村，哺育出了一位被誉为“翱翔在潮汕大地的矫健雄鹰”的共产党员——杨石魂。杨石魂一生几经考验，始终把党的利益放在第一位，坚决服从党组织的安排，表现出共产党人越是艰险越向前的韧性和斗争精神，为后人树立了榜样。

英雄少年初露锋芒

“自古英雄出少年。”杨石魂自幼聪颖，11岁时就能作千余字的文言文，15岁时考入揭阳榕江中学。中学期间，他开始阅读进步杂志《新青年》《每周评论》，经常与进步同学一起研讨时事，关心国家的前途与命运，思想上有了很大进步，展露出过人的领导和组织能力。

杨石魂故居

五四运动爆发后，为声援北京的爱国学生运动，杨石魂于1919年5月7日在榕江中学组织带领学生上街游行。5月13日，杨石魂当选为揭阳县学生会会长，当天便率领大批爱国学生，在县衙前大街游行，开展爱国运动。5月14日，在他的倡议下，岭东学生联合会在汕头成立，他被选为主席，率领汕头、潮州、揭阳等粤东各县的学生组织宣传队，在城镇、马路、渡口开展反帝爱国宣传，查抄走私日货，并将搜查出的走私日货当众烧毁。当得知时任汕头警察局局长李少如勾结日本领事、包庇走私日货的消息后，他带领学生把“打倒卖国贼李少如！”的大标语贴在警察局大门上，以示爱国。

1920年，杨石魂从榕江中学毕业，并以优异成绩考进广州铁路专门学校。这期间他开始学习研读马克思主义著作，并结识了阮啸仙、彭湃等人，不断汲取进步思想。1923年2月7日，北洋政府直系军阀吴佩孚镇压京汉铁路工人大罢工，造成流血事件。杨石魂受到巨大震动，毅然加入了中国共产党领导的广东新学生社和广东社会主义青年团。1923年寒假，他回家乡组建进步团体洪阳集益社，传播新思想、新文化，抨击不合理的制度，在启蒙唤醒民众方面起到积极作用。在组织的帮助和自己的努力下，杨石魂的革命思想日渐成熟，并于1924年加入中国共产党。

开展工运树立威望

1925年2月，受党组织委派，杨石魂回到潮汕建立党、团组织，并很快在汕头成立了码头工会、人力车夫工会和建筑工会，开展青年和工人运动。3月，杨石魂被任命为中共汕头特别支部书记，成为潮汕地区党组织创始人。1925年5月，五卅惨案发生，杨石魂等人在汕头市组织了1万多人的集会和游行示威，并以工、商、学群众组织为主体，成立了反帝爱国组织汕头国民外交后援会，开展反帝斗争。6月19日，省港大罢工爆发，杨石魂等人组织成立中华全国总工会汕头罢工委员会，出版《工人之路》刊物，领导汕头的工人群众投入这场罢工运动，为这一斗争的胜利作出了贡献。

1925年12月，中共潮梅特委（1926年3月改为汕头地委）成立，杨石魂先后任特委委员和地委委员，负责工人运动。1925年12月，为统一各自为政的工会，加强对工人的领导，杨石魂召集全市各工会代表协商成立了汕头市总工会，并当选执行委员长。当时汕头市总工会会员达到3万多人，成为潮汕地区工人运动的指挥部。杨石魂经常深入工人当中，与工人们谈心交流，了解他们的工作生活需求，为工人们争取减少工时、提高待遇等权利。他时时处处维护工人们的利益，全心全意为工人群众办好事、办实事，赢得了工人们的热烈拥戴，在当地中享有极高威望。在潮汕地区，没人不知道彭湃是农民运动领袖、杨石魂是工人运动领袖。

1926年，由于反动分子渗透破坏，汕头工人内部发生大规模斗殴事件。潮梅警备司令部派了两个营的兵力弹压无果。汕头市总工会人员向因病住院的杨石魂报告此事，杨石魂表示：“工人不打工人！”于是他们把这句话写成大横幅，署上杨石魂的名字，扛着在市内游行，工人们看后纷纷认同，斗殴很快平息。国民党潮梅警备司令何辑五见此大为惊叹：“我们的枪，不如杨石魂一句话管用。”

艰难向前炯照丹心

随着工人运动的蓬勃发展，国民党反动派大为恐慌，他们视杨石魂为眼中钉，欲除之而后快。1926年12月中旬，杨石魂到揭阳指导工人运动，反动分子秘密将他绑架，押往潮阳柳岗乡禁闭。在被劫持的七天七夜里，杨石魂被打得

策划“四二三”暴动的流沙会议旧址

遍体鳞伤，奄奄一息，但他始终大义凛然、铁骨铮铮，使敌人一筹莫展，后在党组织和工农群众的积极营救下获释。归来后，汕头市工农商学各界为其举行了万人欢迎大会。杨石魂被扶上讲台，对大家说：“我杨石魂既为工农解放，死都不怕，还怕什么？”痊愈后他又继续投入工人运动革命斗争中。

1927年4月15日，广东的国民党反动派发动反革命政变，白色恐怖一时笼罩潮汕各地。杨石魂被悬红通缉，后在革命同志的掩护下转移到农村。4月23日，杨石魂不顾个人安危带领工农自卫军参加普宁“四二三”围攻县城的武装暴动，并协助成立了普宁县临时人民政府。后因敌强我弱，武装暴动失败，杨石魂率领队伍会同吴振民带领的农军组成惠潮梅农工救党军，北上武汉。途中，在湖南汝城遭敌围攻，杨石魂等人历尽艰险、突破重围才到达武汉。后因形势需要，杨石魂根据组织指示继续回潮汕发动群众开展武装斗争。

南昌起义后，周恩来等起义领导人率领起义军南下广东。1927年9月23日，获悉起义军占领了潮州，杨石魂迅速发动工友策应起义军进攻汕头。当天晚上，他率领工会工人冲进汕头市内，攻打汕头市公安局和各区警察署，解救狱中的共产党员和革命群众，并配合起义军作战。9月28日，他领导农军与起义军紧密配合，取得围攻普宁县城的胜利。起义军占领潮汕后，建立了一批红色政权，史称“潮汕七日红”，后因强敌围攻而失败。起义军撤

位于汕头的七日红公园

周恩来同志渡海处纪念碑

离潮汕过程中，在汕尾的莲花山遭敌军突然截击。当时周恩来正发着高烧，由于敌军人多势众，周恩来、叶挺、聂荣臻等领导人随时都有被逮捕的危险。在此危急时刻，杨石魂不顾个人安危挺身而出，与敌人斗智斗勇，成功转移几位领导人到陆丰县南塘区。在周恩来病情稍愈时，他又亲自护送三位领导人经海路安全到达香港。在香港，他和同志们继续掩护周恩来治病至完全恢复健康。

送别周恩来后的一年多时间里，杨石魂经历了四次工作调动，每一次调动都意味着遭遇更大的困难，面对更大的危险。1928年12月下旬，中央决定调杨石魂到武汉重建中共湖北省委。当时，湖北被白色恐怖笼罩，中共湖北省委机关已遭受三次大破坏，大批同志牺牲。杨石魂坚决服从组织安排，再次挑起重担。1929年2月下旬，他到达武汉，任中共湖北省委常委兼省委秘书长，在重重困难中坚持战斗。同年5月初，中共湖北省委机关再遭破坏，杨石魂不幸被捕。在狱中，他受尽严刑拷打仍坚贞不屈，不久壮烈牺牲，时年27岁。

新中国成立后，从中央到地方各级党和政府以及聂荣臻元帅本人及家人，对杨石魂的亲属都深表感谢，同时给予了无微不至的关怀。1952年8月13日，周恩来总理令内务部复函杨石魂父亲杨汉三："三子均为革命牺牲，实属无上光荣"，并以个人名义寄了200元给杨父以表追思关怀。

高恬波：广东第一位女共产党员

高恬波（1898—1929），广东惠州人。1924年加入中国共产党。第一次国共合作期间任国民党中央妇女部干事，是妇女部部长何香凝的得力助手。1924年7月参加彭湃主持的广州第一届农民运动讲习所。1926年担任北伐军妇女救护队队长，带领女子救护队随军辗转湘、鄂、赣三省。大革命失败后转移到农村坚持革命。1927年12月在广州起义中组织领导妇女救护伤员。起义失败后，被派到中共江西省委，做妇女工作并兼任秘密交通、会计、庶务等工作。高恬波是广东省第一位女共产党员。

2005年中央电视台《永远的丰碑》栏目播出了专题纪录片《铁骨铮铮的女共产党员高恬波》：“1924年春天，一位青年在党旗下宣誓，成为广东省第一个女共产党员。她，就是中共早期农民运动领袖阮啸仙的妻子高恬波……”深情而厚重的解说、真实感人的画面、珍贵的历史镜头，为我们展现了广东妇女运动的先驱者和杰出领导者高恬波短暂而绚烂的一生，虽然短暂，却不负韶华。她从一个深受封建礼教迫害的弱女子成长为一名忠诚的共产主义战士。她一生都在为争取妇女权益和妇女解放而奔走，用宝贵的生命诠释了人生真谛。

反帝爱国运动的女先锋

高恬波出生于一个开明的医生家庭，父亲高若汉是留学德国的医生。高恬波从小便被送进学堂，得到了与男孩同等的教育机会，学习之余还帮助父亲为病人配药、打针。西方各种思潮涌入中国，为高恬波日后参加妇女革命运动打下了思想基础。16岁时，父亲将她嫁给了一个丧偶的富家公子。但在发现对方是一个纨绔子弟后，高恬波不顾家人的反对选择逃离，考入广州妇孺产科学校，成为一名医科学生。

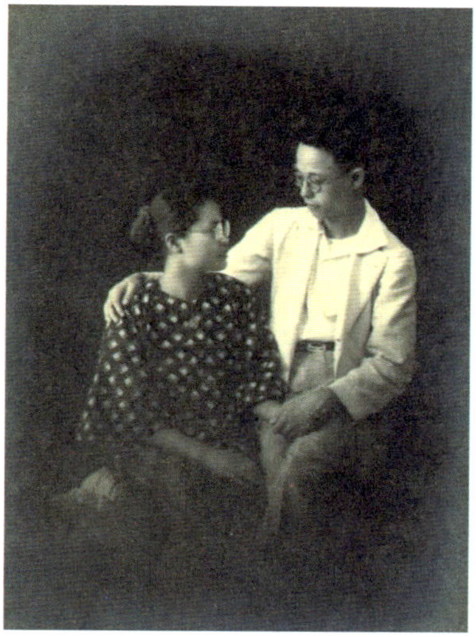

高恬波与丈夫阮啸仙

在学校里，高恬波常常去阅览室借读《新青年》《中华新报》等进步报刊，如饥似渴地学习新文化，接受新思想。她关注国家大事，参与到游行示威、抵制日货等运动中去，还在街头演讲，宣传革命思想，参加广东中等以上学校学生联合会的筹备工作，逐渐成为广州学生反帝爱国运动的女先锋。

1923年，社会主义青年团广东区委在广州建立新学生社。在阮啸仙等共产党员的领导下，新学生社成为学生运动的主力军。高恬波被选为执行委员会常务委员，负责新学生社的日常工作。她不断学习先进的革命理论知识，并把知识传授给新学生社的成员，与他们进行探讨，激起思想的火花。在长期的相处中，高恬波与阮啸仙产生了深厚的情愫，成为一对革命伴侣。

1923年，陈炯明部的反革命势力妄图反攻广州，孙中山下令反击，并亲临前线指挥作战。为了激发前线战士的斗志，高恬波带领30余人，参加阮啸仙组织发动的青年慰劳队。她信念坚定，英勇无畏，带头冲过盘踞在石龙附近的敌军设下的封锁线，奔赴东江前线慰劳军队。革命将士受到极大鼓舞，一举击溃敌军，粉碎了敌人的战略企图。广州全城为之轰动，高恬波的勇敢也为人所称道，并得到了团广东区委和中共广东区委的赞扬。

致力妇女解放的女党员

春天是充满希望的季节，1924年，高恬波迎来了她生命中明媚的春天。她光荣地加入了中国共产党，成为广东省第一位女共产党员。

1924年第一次国共合作时，高恬波根据党的指示以个人身份加入国民党，并担任国民党中央妇女部干事，成为妇女部部长何香凝的得力助手。鉴于当时很多贫苦妇女的健康得不到保障，何香凝决定以妇女部的名义开办一所贫民医院。这个艰巨的任务落在了具有丰富医学经验的高恬波身上。她四处奔走，筹集经费，选择场地，还回到曾就读的广州妇孺产科学校，动员师弟师妹到医院工作。克服了百般困难后，贫民医院顺利开办。高恬波负责医院的具体管理工作，她经常深入基层，与普通医生、护士一起免费为贫苦的妇女治病，为孕妇助产接生，得到了病人们的肯定，被尊称为“活观音”。

高恬波不仅治好了贫苦妇女的身体疾病，而且还向她们宣传革命思想，使妇女们在思想境界上得到提升。在广州的农民运动讲习所进修后，高恬波担任国民党中央农民部农民运动特派员，负责珠江三角洲、潮梅和海南等地农民运动的宣传发动工作。高恬波对农家妇女的悲惨遭遇感同身受，通过免费为穷人治病的方式接近贫苦农民，很快便与贫苦妇女打成一片。她学会了潮州话、海南话，每到一地就用当地方言与农民交谈，一路播撒革命火种。她生动形象地向群众阐释革命的道理：“一个人生了病，要医治并不难。一个国家生了病，要医治好就比较困难了。现在我们的国家就像长了两个大毒瘤，一个是帝国主义，一个是封建主义，要割掉它们仅靠少数人是不行的，必须大家都来动手。”高恬波通俗易懂的宣传使妇女们受到了很大启发。

1924年11月，团广东区委妇女支部成立，高恬波任第一届书记。她广泛团结女青年，向全国妇女界发出通电，号召全国妇女积极投身解放运动。她曾在《妇女之声》杂志上发表文章，在《妇女团结应注意之点》一文中，她呼吁“快快跑入劳动妇女群众中，巩固我们的团结力，然后妇女才有真正的独立和自由”。

1925年，省港大罢工爆发。高恬波走访工人宿舍与女工们交流谈心，了解她们的疾苦和需求，并向省港罢工委员会汇报，请求委员会帮助保护女工的特殊利益。不久，省港女工大会通过了她的提案，高恬波为女工争

高恬波专心致志地工作

取到了分娩时期八周产假、工资照发等多项权益。

在号召女工参与罢工的同时，高恬波还考虑到女工的生计问题，成立了罢工女工传习所，安排罢工女工到另外的地方做工，保障收入。高恬波借此机会担任传习所的文化教员，每天晚上教女工读书识字，唱革命歌曲，传播革命思想。

将生死置之度外的女战士

1925年冬，北伐战争进入最后的筹备阶段，为了配合作战，妇女部的何香凝、邓颖超等人发起了军人家属妇女救护员传习所，高恬波负责培训包扎技能和协助传习所的事务管理。1926年北伐军浩浩荡荡地从广州出发，高恬波率领数十名救护人员随军开拔。

高恬波受过严格的军事训练，对长途行军并不感到困难，途中她带领战士们高唱《国民革命歌》："打倒列强，打倒列强，除军阀，除军阀。努力国民革命，努力国民革命，齐奋斗，齐奋斗。工农学兵，工农学兵，大联合，大联合。打倒帝国主义，打倒帝国主义，齐奋斗，齐奋斗。打倒列强，打倒列强，除军阀，除军阀。国民革命成功，国民革命成功，齐欢唱，齐欢唱。"这首《国民革命歌》由黄埔军校政治教官、国民革命军政治部宣传科科长邝睟所作，1926年7月1日发布，其旋律与童谣《两只老虎》相同，朗朗上口，曾唱遍大江南北，激发了人民的革命热情和必胜信心。

担任北伐军妇女救护队队长的高恬波

到达营地后，高恬波不顾辛劳，带着救护人员检查伤员的伤情，护理伤者，受到了官兵的一致称赞。在汀泗桥一战中，高恬波在抢救一位伤员时不幸左腿中弹，晕倒在地很长时间，后来被隆隆的炮声震醒。她强忍着伤口的疼痛爬回营地，给自己简单包扎了一下伤口，就又投入抢救伤员的紧张工作中。事后，人们才知道她在这次战斗中负伤了。

1927年广州起义失败后，中央决定派阮啸仙、高恬波夫妇赴苏联学习。就在他们准备出发时，党组织

毛泽东签发给高恬波家属的光荣纪念证

临时决定将高恬波派往江西工作，重建九江地区的地下党组织。在高恬波的领导下，沉寂多时的江西革命工作很快轰轰烈烈地开展起来，但遭到了反革命势力的反扑。

1929年冬，江西的地下党机关接二连三遭到敌人破坏，高恬波面临着随时被捕的危险。家人都为她的安危担心，但她劝慰父母："干革命就随时准备着流血牺牲，如果双亲听到我牺牲的消息，切勿悲哀。你们有五个女儿，我为革命牺牲了，还有四个……"

12月25日，高恬波在街头被叛徒发现遭到逮捕。军阀头子亲自审问高恬波，并诱惑她，只要交出省委组织名单，就可以马上释放，还许以高官厚禄。当他得意扬扬以为高恬波会乖乖就范时，却冷不防被她重重地打了一个耳光。颜面扫地的军阀头子气得浑身发抖，咆哮着命令施以重刑。面对严刑拷打，高恬波意志坚定，丝毫不为所动，在敌人的折磨中壮烈牺牲，时年31岁。

阮啸仙听闻噩耗，泪如雨下，口中喃喃念道："出师未捷身先死，长使英雄泪满襟。"

高恬波的一生如烟花般转瞬即逝，却绚烂到极致，她为妇女谋求解放的热忱、为民族争取复兴的气节，激励着我们在新时代的道路上奋勇前行。

冯铿：布满弹孔的羊毛背心

冯铿（1907—1931），又名冯占春、冯岭梅，广东潮州人。1929年加入中国共产党。在高中时其文学创作已经达到一定高度，影响甚广。1929年2月从汕头抵达上海，开始了革命文学创作，1930年加入中国左翼作家联盟。从1925年开始发表作品，到1931年牺牲，先后创作了小说、诗歌、散文、戏剧等作品共28万字。冯铿是民国时期潮汕地区最著名的女作家，是“左联五烈士”中唯一的女性。

1950年3月22日，当时的中央人民政府内务部发函给上海市政府，要求寻找“龙华二十四烈士”遗骸。同年清明节，上海市政府根据多方提供的线索，在龙华革命烈士就义地附近，挖掘出18具完整遗骸和部分碎骨，以及脚镣、手铐等烈士遗物。在挖掘出的烈士遗骸遗物中，有一件尚未腐烂且留有弹孔的羊毛背心。一旁的许峨一眼认出是爱人冯铿的遗物，声音颤抖地说：“这就是她，这就是他们。”牺牲19年后，被誉为“中国新诞生的最出色和最有希望的女作家之一”的冯铿与其他烈士的遗骨得以重见天日。

十月先开岭上梅

冯铿出生于一个知识分子家庭，是家里最小的女儿，原名冯岭梅。大哥以《南中感怀》诗“南路蹉跎客未回，常嗟物候暗相催。四时不变江头草，十月先开岭上梅”，为她取了一个这么雅致的名字。而这个名字，可以视为她一生的传神写照。

冯铿自幼受到书香世家的熏陶，酷爱文学，8岁开始阅读《水浒传》《西游记》《红楼梦》等古典小说。富有才华而具有反抗精神的姐姐素秋给她带来了最为深刻的影响。当年姐姐因反抗不幸福的婚姻而轰动潮州，虽然争取到了婚姻自由的权利，但终因势单力弱，在封建势力的摧残下郁郁而终。临终前，姐姐教导冯铿：“要学武松的气概，将来替女人们向旧礼教复仇。”冯铿坚定地回答：“我不学武松，要学秋瑾！”姐姐的反抗精神和悲剧命运，给冯铿幼小的心灵留下了难以忘怀的印记，使她树立了为谋求妇女解放而奋斗的理想。

冯铿生得浓眉大眼，貌如男子，一望而知是性格刚烈、颇有个性的人。她从小便对社会上的一切不平现象深恶痛绝，力图奋起抗争。她曾说“我从不把自己当女人”，誓做傲雪岭上梅。

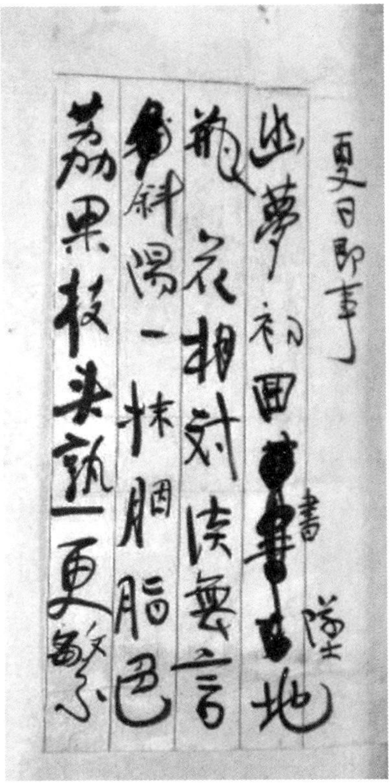
冯铿手稿

1921年春天，冯铿进入汕头友联中学，成为友中月刊社的骨干，15岁便开始在汕头《时报》副刊上发表文艺作品，主要是白话小诗和散文小品。之后，又在汕头《星报》副刊《芒光》上发表诗文。

1925年春天是冯铿人生道路上一个崭新的起点，她升入友联中学高中部。这一年，国民革命军两次东征，第一次东征潮汕时，冯铿被选为岭东学联代表，与同学们组织小队慰劳革命军。五卅惨案发生后，她立即组织学生演剧队筹款支援罢工工人。第二次东征时，部队进入汕头后恰逢俄国十月革命纪念日，汕头军民召开军民联欢大会，周恩来与几位苏联顾问莅临会场。冯铿有幸参加了大会，目睹了周恩来和加伦将军的风采，兴奋得把紧攥在手里的一方手帕撕成碎片。

受到革命思想的熏陶，冯铿迸发出热忱的战斗激情。她带领学生演剧队，自己集编、导、演于一身，演出革命戏剧。加上她出色的社会活动，当时冯铿有了“大作家、女演员、女革命者”的称号。她的四哥冯瘦菊曾这样评价这位小妹：“短发浓眉谈革命，轻装戎服作男儿。”

以笔为枪抨暗世

冯铿在学校的校刊和汕头的《岭南民国日报》上，源源不断地发表论文、小说和诗歌，在文学之路上迈出最初的步伐。她的文章流露出对国家、民族命运的关切和对黑暗现实世界的清醒认识，充满了革命的激情与斗志。

1925年至1926年，她早期创作的作品中主题多为对光明未来的追求、对妇女问题的揭示、对封建伦理道德的抨击。如她在就读的汕头友联中学《友联期刊》上曾发表过政论文《破坏和建设》《妇女运动的我见》、短篇小说《月下》《一个可怜的女子》；在《岭南民国日报》副刊《文艺》上发表过诗歌《深意》《你赠我白烛一支》、散文《开学日》《夏夜的玫瑰》等诸多具有深刻现实意义的作品。

1926年，冯铿已经19岁，她的母亲为她寻找门当户对的婆家。冯铿为避免姐姐的悲剧在自己身上重演，高中毕业后便同爱人、《岭南民国日报》记者许峨到潮安县一所小学当教员，在教学的同时积极地学习和写作，立志成为闪耀文坛的作家。她在乡间感受到了农民遭受的封建压迫与剥削，认识到阶级斗争的必要性，同时与淳朴善良的农民朋友打成一片。

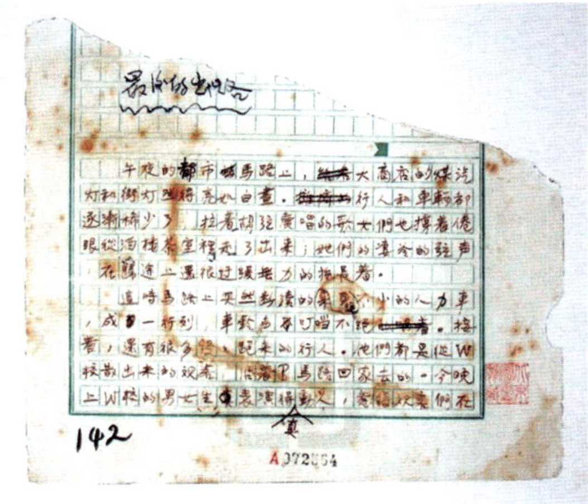
午夜的都市马路上，大商店的煤汽
灯和街灯照得亮如白昼。行人和车辆都
逐渐稀少了，拉着胡弦卖唱的女人们也揉着倦
眼从酒楼茶室走了出来；她们的凄冷的弦声
在马路上还很[illegible]无力的拖长着。
这时马路上突然[illegible]小的人力车
，成了一行列，车夫在叮当不绝[illegible]。接
着，还有很多[illegible]来的行人。他们都是从W
校散出来的观众，沿着马路回家去的。今晚
上W校的男女生[illegible]
142
A072554

国家图书馆藏冯铿烈士手稿

这时发生的一件事更加坚定了冯铿的革命决心。一位在患难中结交的农村姑娘幼弟被国民党军队无故抓走，扣上了“打探情报”的帽子并处死。冯铿闻讯后悲愤交集，发自心底地喊出：“我要替你报仇！”不久，南昌起义后南下的贺龙、叶挺部队占领了潮州和汕

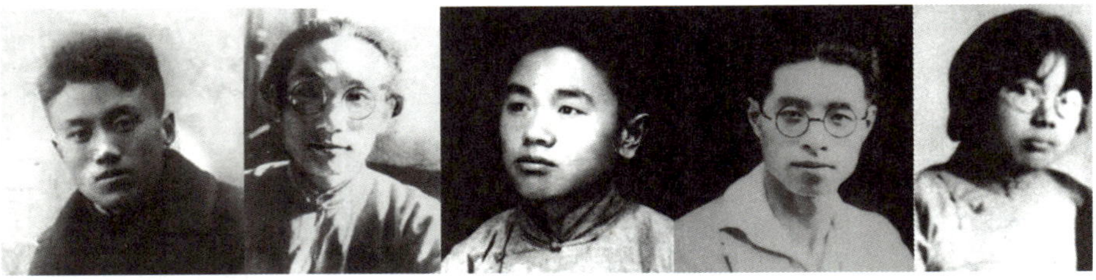

左联五烈士（左起为李伟森、柔石、殷夫、胡也频、冯铿）

头，虽然仅为时一周，但冯铿十分兴奋，真切地感受到了工农革命武装强大的力量。

为了紧跟时代的步伐，1929年春，冯铿和爱人许峨到了上海，先是在上海持志大学读书，不久因经济困难而辍学。在潮汕师友林伯修、洪灵菲等人的帮助与指引下，冯铿找到了努力的方向。她积极学习马克思主义的文艺理论、唯物主义哲学，阅读苏联的文学作品，还学习英语和日语，为参与革命斗争打下坚实的基础。1929年5月，冯铿加入中国共产党。

壮士身亡志未终

1930年3月，中国左翼作家联盟在上海成立，冯铿是出席成立大会的40余人和首批50多名盟员之一。加入左联后，她经常出席左联领导的各大学里的读书会，在青年学生中积极宣传革命思想。

冯铿作品的革命倾向日益鲜明，创作题材逐渐由描写小知识分子的革命转变为反映劳动人民的生活和斗争，深刻揭露隐秘的社会现实，尖锐地抨击国民党反动派的黑暗统治，成为一名以笔为枪的无产阶级革命女战士。

这一时期，冯铿的《乐园的幻灭》《突变》《贩卖婴儿的妇女》《小阿强》和《红的日记》等作品描写了人民群众反帝反军阀的斗争，歌颂了红军战士和工农民众。其中短篇小说《乐园的幻灭》描写了一位18岁少女在南国的一所乡间学校当老师，过着恬淡清幽的生活，但广州“四一五”反革命大屠杀后，反动军队逼走了她的学生并侮辱了她。她强忍着怒火，清醒地意识到“要忍耐，要合力，要组织，然后才反抗，对一切丑恶的反抗”。乐园幻灭了，但“她的脑中闪现一幅光明的前路”。

1930年4月29日，左联在上海福州路一家旅馆举行全体盟员大会，大会的主要决议是委派冯铿、柔石、胡也频为代表，参加全国苏维埃区域代表会议。5月，冯铿代表左联出席在上海沪西召开的全国苏维埃区域代表会议，会上代表左联致祝词。她还参加了在瑞金召开的中华苏维埃第一次全国代表大会准备会议，被选为全国苏维埃代表大会代表。

冯铿壮烈牺牲时穿着的羊毛背心留有触目惊心的七处弹孔

1931年1月17日晚，何孟雄、林育南、李伟森、冯铿、柔石、胡也频、殷夫等人来到英租界东方旅社开会，那里是上海地下党的一个联络点。

会议开始不久，早已埋伏于此的英租界工部局巡捕和上海市公安局警察持枪闯入房间，与会者尽遭逮捕，从租界被引渡给国民党当局。这便是当时震惊全国的“东方旅社事件”，事后才知道是叛徒告密所致。冯铿在敌人面前坚强不屈，表现出无产阶级革命女战士的英雄气概。

2月7日夜，在龙华警备司令部的大烟囱下，枪声划破天际，冯铿身中七弹，壮烈牺牲，同时被秘密杀害的还有23位中共干部和左翼作家。

冯铿一行人的遇害，让鲁迅先生悲愤万分。他先后发表了《中国无产阶级革命文学和前驱的血》《为了忘却的纪念》，并写下“忍看朋辈成新鬼，怒向刀丛觅小诗”的诗句，悼念奋战在文化前线的革命工作者。他悲痛地慨叹：“我沉重地感到我失掉了很好的朋友，中国失掉了很好的青年。”此后，《中国共产党历史大事记》郑重记载了冯铿的英名及其被捕并英勇牺牲的事迹。

冯铿生前的绿色羊毛背心、眼镜、铜钱、手稿等遗物，至今仍陈列在上海的龙华烈士纪念馆内，供后人驻足瞻仰。虽然她的生命停留在了最美的花季年华，但她细腻而激情的文字，依然在向我们讲述着那段热烈的峥嵘岁月。

李硕勋：就义前写下感人『与妻书』

李硕勋（1903—1931），原名李开灼，四川高县人。1924年加入中国共产党。1925年投身上海街头的反帝爱国斗争，后被选为上海反帝大同盟主席。1927年参加南昌起义，随起义部队南下广东。1931年6月到海南指导武装斗争，抵达海口后因叛徒出卖不幸被捕，英勇就义。曾任中共浙江省委代理书记、中共沪西区委书记、中共广东省委军委书记等职。李硕勋是中国共产党著名的革命活动家和我军优秀的军事指挥员之一。

提到“与妻书”，清末革命志士林觉民写给妻子的绝笔信广为人知。而在英雄辈出的20世纪，李硕勋临刑前留给妻子最后嘱托，以一个共产党员大义凛然、视死如归的英雄气概，同样赋予了“与妻书”感人肺腑的精神力量。正如郭沫若所书：“这是中国人民革命成功的左券，是训育革命后进的不朽教材。”

物换星移几度秋，“与妻书”给我们昭示了一个永恒的真理：英雄牺牲自我，是因为他们深刻地明白，家庭幸福和国家前途、人民命运息息相关，没有国家和人民的幸福，就不会有个人真正的幸福。

救亡明方向，革命即生活

李硕勋出生在一户殷实之家，从小聪慧过人，亦极富正义感，爱打抱不平。1917年，四川军阀的一支部队驻扎在镇上，常常扰乱社会治安，教书先生李鼎三曾出面呵斥阻止，兵痞们怀恨在心。后来士兵偷卖子弹案发，他们便诬告李鼎三“窝藏子弹”，致其无辜入狱。李硕勋知道后，当即和另一名青年前往驻军所在地据理力争，要求释放李鼎三。经过调查核实，李先生才被判无罪开释。

1919年，五四运动的风潮席卷全国，李硕勋深受鼓舞，积极投入反帝运动中。1920年，他领导四川省学生联合会抗敌后援会宜宾分会，与宜宾的爱国学子一起为反帝爱国运动助力。在这次学生运动中，他的领导才能锋芒初露，从此与学生工作、社会运动结下不解之缘。1922年6月，李硕勋因不满教育经费被四川军阀挪用而带领学生们奋起反抗，被迫离开学校。

1923年，李硕勋辗转考入上海大学。当时的上海大学校园氛围开放，学生革命意识浓厚，坊间将其与黄埔军校并举，盛赞“文有上大，武有黄埔”。李硕勋就读的是以“用马克思主义科学理论武装学生”著称的社会学。在这里，他接触到最为进步的革命思潮，与相识于西子湖畔的四川女同乡赵君陶结成了志同道合的革命伴侣。

当时，李硕勋是学生领袖，全国学生联合会会长，赵君陶是品学兼优、思想进步的学生。在一张黑白照片中，我们可以瞧见这对革命爱侣年轻时的模样：赵君陶相貌端庄，气质温雅；李硕勋眉目清秀，面容坚毅。不久，两人双双加入中国共产党，在艰难的革命岁月里，他们将儿女情长化作并肩战斗的热情，活跃在各自的革命岗位上。

1925年，五卅运动后，北京段祺瑞政府召开所谓关税会议，企图欺骗群众。为了揭露帝国主义的阴谋，全国学联决定在北京召开全国学生代表大会，李硕勋作为全国学生联合会会长和上海学生联合会代表赴京主持此次大会。他在赴京前给二哥李仲耘的家书中写道：“我们认清只有彻底的用革命手段坚决的作打（倒）帝国主义，废除一切不平等条约，

赵君陶和李硕勋

才是我们死里求生的唯一出路！弟近来对于一切均置之度外，将本次伟大的使命作终身之奋斗。”

到了北京以后，李硕勋投入关税自主运动中，并积极筹划学生大会，调解北京的学生团体，直到全国学生代表大会结束。在随后的一封写给二哥的家书中，李硕勋写道：“我的人生观是革命，我的生活也就是革命了！”

赴粤领学运，铁骨有柔心

为了总结前一段全国学生运动的经验和部署今后的学生运动，根据党中央、共青团中央的指示，李硕勋与中共全国学生联合会总会委员商量后，决定于1926年秋在广州召开第八届全国学生代表大会。

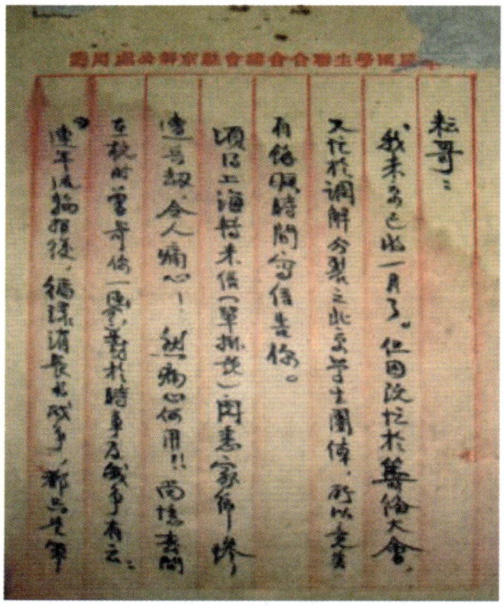

李硕勋的亲笔家书（局部）

不久，李硕勋和中共全国学生联合会总会党团副书记、总会委员张超等前往广州，筹备会议。周恩来、陈延年指示李硕勋：要引导青年学生努力学习，掌握知识，同时还要带领他们参加反帝反军阀活动，走革命道路。这次大会由于得到周恩来、陈延年等的亲自指导和具体帮助，开得很顺利。李硕勋和到会代表通过的决议案，进一步推动了全国学生运动的迅猛发展。

第八届全国学代会结束后，李硕勋即刻返回上海。在这段时间，李硕勋长期辗转于浙江、江苏、安徽和上海等地，积极领导和参加维护学生利益的学生运动。1929年，上海的白色恐怖日益严重，各类革命活动开展也日益困难，但李硕勋没有放弃，在白色恐怖的核心地带，发动了大大小小数十次起义和战斗。尽管李硕勋自视为一名视死如归的革命斗士，却也抹不去自己的侠骨柔情，他心里仍牵挂着家中老小，在给二哥的信里他流露出对家人的关切与挂念：“耘哥还能赶赴省否？川事如何？甚念！家中老幼，谅均安适？兹寄来最近小照二张，一存家中，一为兄留省，以慰渴念。”

堕泪与妻书，含笑上刑场

李硕勋纪念碑

李硕勋成长为中共中央军委委员，与他的党性觉悟、丰富的革命经验和领导才能密不可分。李硕勋的同事、时任中共江苏省委书记李维汉评价：“组建红十四军、红十五军、红十七军，是中共中央军委委员、中共江苏省委军委书记李硕勋及其他同志为中国革命的一大贡献。”李硕勋长期参加革命军队建设，完全从党和革命发展需要出发，不计个人得失，坚决服从中央的各项安排，一有调令即刻依令行事，获得了中央的认可和同志们的好评。

1931年6月，中央本来安排他担任红七军政委，他赴任途中经过香港，当时设在香港的中共广东省委因急缺军事人才，特意恳请中央将李硕勋留在广东。考虑到革命大局，中央同意了广东省委的请求。李硕勋完全服从中央安排，随即调任广东省委军委书记。7月，李硕勋将妻儿从上海接到香港，一家人在香港短暂团聚。然而，好景不长。李硕勋因为工作原因要到海南主持召开军事会议。这一别，相见无期。

李硕勋一个四川人，既不懂广东地方话，又没有任何社会关系可作掩护，而且当时敌人早已对他的动向有所监视，孤身一人前往琼州本就是很危险的。但是，李硕勋从不躲避这种危险，作为广东省委军事工作的主要负责人，他坚持必须去主持这个会议。7月9日，李硕勋到达海口，一上岸就被当地反动军阀逮捕。不论敌人如何威逼利诱，除了一句“我李陶是共产党员”的回答，再无他话。此前为了革命多次以身涉险，李硕勋早已练就了处变不惊、得失淡然的本色。尽管十分牵挂娇妻幼子，可家国大义当前，他正气凛然慷慨赴死。就义的前一天，他抱着舍生忘死的决心给妻子赵君陶写下遗书：

陶：

余在琼已直认不讳，日内恐即将判决，余亦即将与你们长别。在前方，在后方，日死若干人，余亦其中之一耳。死后勿为我过悲。惟望善育吾儿。你宜设法送之返家中，你亦努力谋自立为要。死后尸总会收的，绝不许来，千嘱万嘱。

勋　九 · 十四

“不作寻常床箦死，英雄含笑上刑场。”1931年9月的一天，海口府城监狱铁门大开，大批反动军警拥进牢房，将李硕勋押向海口东校场刑场。这时，李硕勋的腿骨都被敌人打断了，血肉模糊，不能行走。敌人只得用竹箩把他抬出牢房。李硕勋从容地向同志们告别：“同志们，继续努力吧！”就义时李硕勋年仅28岁。新中国成立后，朱德为李硕勋烈士题词：“硕勋同志临危不屈，从容就义，是人民的坚强战士、党的优秀党员。”

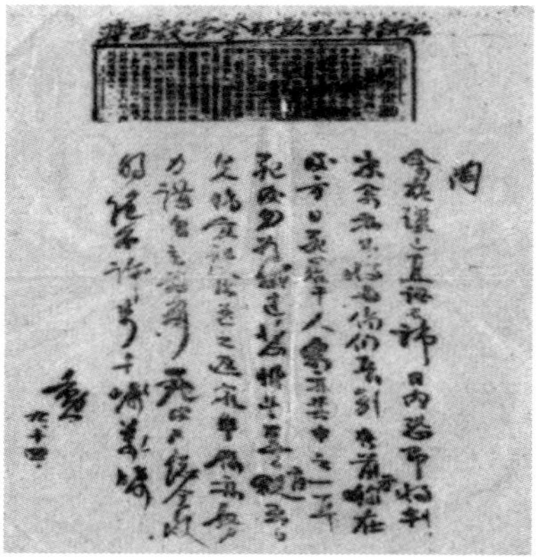

李硕勋给赵君陶的遗书

李硕勋牺牲的那一年，28岁的赵君陶从此封存了自己的感情。在一人白头的漫长岁月里，她时常望着丈夫的遗像陷入沉思，总是反复阅读关于丈夫的书，像爱护自己的生命一样珍藏丈夫的遗书，并多次嘱咐爱子待她去世后把她的骨灰撒在琼州海峡。现在，她的夙愿已了，她的遗骨最终被安放在海口李硕勋烈士纪念亭内。

许甦魂：参加革命只许前进不许后退

许甦魂（1896—1931），原名许统绪，又名许进，广东潮安人。1924年加入中国共产党。1927年参加南昌起义，失败后受党组织派遣进入广西从事军运工作，参与邓小平和张云逸领导的百色起义和建立红七军与创建右江革命根据地苏维埃政权。历任中国工农红军政治部宣传科科长、师政治部主任、军政治部主任、军前敌委员会委员等职。许甦魂是20世纪中国共产党从事侨务工作的先驱，我军出色的政治工作领导干部。

“甦”，同“苏”，意为“死而复生，苏醒”。许甦魂原名统绪，国民革命时期立志救国救民，改名以表达自己思想觉醒，取以唤醒国民灵魂为己任之意。十月革命给中国送来了马克思列宁主义，也给中国人送来了挽救中华民族的良方。许甦魂的革命观产生了新的飞跃，他认为“布尔什维克的真谛，为吾人救世之药方也”，将共产主义作为终生为之奋斗的理想。综观其一生，就是“为中国革命英勇奋斗，对党对人民事业忠心耿耿”的一生。

改名甦魂：苏醒自我灵魂

许甦魂幼年家境贫寒，与父务农为生，生活的艰辛使他对社会黑暗有切身的体会。

新文化运动时期，潮汕地区众多华侨在自己的家乡广泛传播《新青年》等进步报刊。年轻的许甦魂经常将进步书刊带回家中，引导弟弟妹妹学习，并风趣地对他们说：“中国需要德先生和赛女士犹如植物需要阳光雨露那样。”他作诗道：“这黑暗社会的今天啊，要人们来起跑！用血和汗，创造美好的明天！”

也是此时，许甦魂通过报刊了解到革命党人推翻清朝的斗争，从此十分敬佩孙中山，视其为自己的楷模。南京临时政府颁布限期剪辫子的通告后，许甦魂带头剪掉自己的辫子，并劝说两个妹妹不要裹脚。

许甦魂故居

1916年3月，革命党人策动潮安和汕头驻军起义，攻占潮安，进据汕头，直接宣布独立讨袁。许甦魂亲身经历了这一事件，被革命党人的行动震撼的他立志救国救民，改名许甦魂，以表达自己灵魂、思想已经觉醒，将以唤醒国民灵魂为己任。

为此，当年秋天，许甦魂毅然抛弃了店员饭碗，瞒着妻子和亲友，只身踏上轮船，跟随破产的农民大军，到新加坡寻求救己、救国、救民道路，开始了他一生中最有意义的生涯。

开办夜校：唤醒华工群体

抵达新加坡后，许甦魂在新加坡一家百货商店当店员，很快结识了领导华侨革命运动的彭泽民、董成方等志士。许甦魂日间工作，夜间奋笔疾书，在报纸上发表大量激进的、有革命见解的文章，鞭挞帝国主义列强和北洋军阀为令“河山破碎、民不得安生”的“虎狼蛇蝎”。他的反帝反封建军阀和爱国救国观点，在华侨特别是青年中产生了强烈而广泛的影响。

1917年8月，许甦魂以自己的大部分工资和稿费收入作资金，在华工集中地区大坡马车街创办了一所华工免费夜校，开设“初级白话文”“中国历史”“时事政治”“华侨与祖国”等课程，对劳苦华工进行识字教育与爱国主义教育。许甦魂在主讲的“华侨与祖国”专题课上，深刻剖析华侨漂洋过海、流落异乡的原因，揭露殖民主义对华侨的剥削，教育华工们要团结、要向帝国主义和殖民主义作斗争。他深入浅出的分析、有说服力的论证、生动的比喻，常常博得满堂掌声。

劳苦华工在夜校不仅学习文化，还接受革命思想熏陶。不少人成为华侨爱国革命运动骨干，有些人直接回国参加革命或积极参加当地反帝、反殖民主义斗争，更有人参加了当地抗日游击队同日本侵略者作战。在许甦魂的努力下，广大穷苦华工纷纷联合起来，开始有了自己的工会组织，并以集体的力量反抗殖民主义的压迫，支持祖国的革命斗争。

许甦魂不仅拿钱办华工夜校，还主动关心华侨的疾苦，经常与他们谈心，并慷慨地接济一些贫苦华工。为此，他时常应付不了家里的急用。有一次，由于家里急需用钱，母亲几次去信向他要钱，却只收到一封只写着一个大大的“钱”字的复书，弄得全家人啼笑皆非。有时候，他也会在书信中附一两张相片，以慰远隔重洋之念，却从不提归期。

反哺家乡：摆脱封建思想禁锢

1920年秋，许甦魂怀着满腔的革命热情返国省亲。眼见潮安家乡贫穷依旧，他开始着手开展新文化教育事业。他首先说服乡里士绅，将家乡私塾改革为新制凤岐小学，解聘老朽的旧教师，另聘四位有进步思想的新教员开展新文化教育。改革后的凤岐小学，面貌焕然一新，适龄学童纷纷前来求学。

紧接着，他积极筹办凤岐女子夜校，在家乡大力宣传妇女解放。初期，受封建思想禁锢，女青年们徘徊观望，报名入学者寥寥无几，许甦魂便动员自己的妻子及六个妹妹入学，并上门劝说鼓励妇女走出闺阁厨房做有文化的新女性，“女子赋有与男子一样的平等权利。男子应该受教育，女子亦有权进学堂，为做一个新女性而读书，为做一个新国民而读书”。

当时的潮汕地区，女孩子多缠足，妇女多结髻，以《女儿经》为遵循。在办学过程中，许甦魂极力反对封建礼教，鼓励女孩子放脚，动员妇女剪髻参加夜校。但一开始大家都怕羞不愿剪，为了动员入校妇女剪辫子上

原凤岐小学

学，许甦魂趁妻子熟睡时先将她的长辫偷偷剪掉了，后来其他妇女学员纷纷效仿。一时间，乡里妇女文化教育运动迅速形成高潮，并带动其他乡村纷纷办起各种男女夜校。许甦魂仅仅利用半年省亲时间宣传新文化教育运动，便取得可喜成果。

改造报刊：形成宣传革命阵地

1921年春，返回南洋的许甦魂受聘为《益群日报》编辑。他时常与同事董成方、彭泽民一道探索救国救民真理。在他们共同努力下，《益群日报》确立以拥护孙中山革命大纲为宗旨的办报方针，以“内容充实、言论正直”“对帝国主义危害中国常有报道”的新面貌出现，销路大增，在马来亚华侨中产生了广泛影响。

10月底，许甦魂以《益群日报》特派记者身份，从吉隆坡回到国内。其时广东农民运动轰轰烈烈，中国共产党领导的反帝反封建斗争如火如荼。许甦魂在积极调查、采写故乡农运活动，将国内革命活动介绍出去的同时，深深感受到国内工农群众的伟大力量，认为共产主义是比孙中山三民主义更适合中国的革命观，从此树立了为共产主义奋斗终生的信念。

1924年初，许甦魂加入中国共产党。其时，国共第一次合作达成，许甦魂于该年3月离开益群日报社，去往缅甸仰光任国民党缅甸总支部负责人兼机关报《觉民日报》总编辑。

面对国民党缅甸总支部抵制孙中山“三大政策”（联俄、联共、扶助农工）、破坏国共合作的反动派及其破坏革命的反动行为，许甦魂着手整饬《觉民日报》报系，使其充分、恰当地发挥革命宣传阵地的使命。一方面，他重新选聘了一批青年编辑主持笔政，为报社输送了新鲜血液；另一方面，他从内容和形式上对报纸进行改造，明确了以拥护新三民主义和“三大政策”为办报宗旨。同时许甦魂还积极携手缅甸爱国报人袁任远，频繁举办时事讲座，向广大华侨同胞宣传孙中山

大革命时期的许甦魂

“三大政策”、十月革命、国共合作的政策和意义等。许甦魂的一系列举措收效颇好，《党民日报》革命宣传阵地作用日益凸显，不但有力打击了缅甸国民党反动派肆意破坏革命的气焰，还发动了一大批闽粤籍华侨捐集资金，支援国内反帝爱国斗争。

跟随军队：开展政治思想教育

1926年1月，许甦魂以华侨代表的身份出席在广州召开的国民党二大，成为七名当选中央候补执行委员的中共党员之一。不久，许甦魂被中共中央任命为中共海外总支部书记。

1927年，蒋介石发动反革命政变，许甦魂与宋庆龄、邓演达、毛泽东等18人联名在《南昌日报》发表国民党中央委员会宣言，宣布与蒋、汪一伙彻底决裂。随后，许甦魂秘密从汉口赶赴江西，以共产党员身份参加南昌起义，与高语罕一起担任起义后成立的革命委员会秘书。南昌起义失败后，许甦魂前往香港开展地下革命活动。1929年8月初不幸被捕，出狱后，许甦魂改名许进，表明自己参加革命，只许前进不许后退的决心。

1929年底，受党中央的委派，许甦魂赴广西参加百色起义。起义胜利后，许甦魂成为中国工农红军第七军政治部宣传科科长。红七军成立后，为加强党对军队的领导，许甦魂与政治部的同志一起，组织全军开展政治理论教育活动，学习政治常识和党的方针政策，在部队中进行军纪教育活动，教育红军战士“不拉夫、不发洋财、不借端滋扰良民、不奸淫掳掠、不强买强卖”。通过一系列政治思想教育，红七军纪律严明，所向披靡，队伍不断发展壮大。红七军向粤桂湘边界转移的过程中，许甦魂指导全军政工干部，健全党内民主生活制度，提倡政治民主，官兵平等；连以上建立士兵委员会，广泛地开展官兵之间、士兵之间的谈心活动，使官兵之间的关系融洽，增强了革命信心。

正在这时，不幸的事发生了。1931年10月，历尽艰辛到达中央苏区的许甦魂在肃反扩大化中被错杀，给革命造成不应有的损失，时年仅35岁。1945年，中共七大追认许甦魂为革命烈士，为其平反昭雪，恢复名誉。张云逸高度评价许甦魂革命的一生：“许甦魂是一位为中国革命英勇奋斗，对党和人民事业忠心耿耿的优秀共产党员。”

杨其珊：铁骨铮铮的「农运大侠」

杨其珊（1871—1933），又名杨其鑫，广东陆丰人。少年时在福建南少林寺学武术兼学医，成年后以开武馆和行医为业。1922年协助彭湃开展农民运动。1925年加入中国共产党。1927年参与领导海陆丰三次武装起义。曾任海丰县总农会副会长，广东省农会执行委员、财政部部长，海丰县苏维埃政府委员，中共第五届中央委员会委员等职。杨其珊是彭湃的挚友，海陆丰农民运动领导人之一。

海陆丰是广东农民运动的策源地，“农运大侠”杨其珊就诞生于这片热土。

杨其珊，乳名妹娘，1871年出生于陆丰新田参将府村，后移居海丰公平大湖村务农，1925年加入中国共产党，是海丰农民运动的中流砥柱。侠之大者，为国为民。能医会武的杨其珊在彭湃的感召下走上革命道路，他将见义勇为、扶弱抑强、打抱不平的江湖侠义精神注入农运斗争中，为国为民，抛颅洒血，实在担得起“农运大侠”的称号。

在农民运动中振臂高呼

杨其珊少年时随堂叔父杨育月习武，还曾往福建的南少林寺学武术兼学医术，有过硬的武功，“神打五雷拳”是他的拿手武艺。成年后，他在海陆丰及邻县开武馆教人拳术，以丹膏丸散行医济世，过着江湖义侠的生活。

1922年，“农民运动大王”彭湃在海丰领导农民运动，杨其珊钦佩彭湃的革命精神，彭湃亦欣赏其豪气，两人遂结成莫逆之交。随后，通过行医救人和开设武馆积累了良好的群众基础的杨其珊，联合徒弟们广泛发动农民，协助彭湃开展海丰农民运动。彭湃获称“农运大王”，杨其珊则享誉“农运大侠”。

杨其珊旧居遗址

1923年元旦，中国第一个县级农会组织——海丰县总农会成立，经彭湃提议，杨其珊当选为县总农会副会长，成为彭湃的得力助手。海丰县总农会设有教育、卫生、财政、农业、仲裁等部门，工作范围包括一切与农民政治、经济生活相关的事务。此时，海丰全县已有2万户农民加入农会，人数超过10万，占全县人口的四分之一。杨其珊深感责任重大，他努力协助彭湃开展工作，到各区农村宣传农会，开办农民学校，开设农民药房，排解农民内部纠纷……3月中旬，海丰地主豪绅组织粮业维持会，串通法庭无理扣押了拒绝加租的六名无辜农民。彭湃、杨其珊召集了6000多名农会成员，举行集体声讨，并到法庭前示威，迫使法官们乖乖地释放了农民，海丰农民运动的影响也越来越广泛。当年夏，农会发展至附近各县，惠州农民联合会、广东省农会相继成立，杨其珊任广东省农会执行委员，兼摄财政、交际工作。

1923年7月26日和8月5日，海陆丰连遭两次台风袭击，洪涝成灾，让农村损失严重。杨其珊与农会执委深入农村救灾，调查损失，作出“至多三成交租”的决议。粮业维持会不顾农民的死活，坚持要收十足的租，并且密谋用武力镇压农会的减租运动。8月15日，农会在海丰县城举行轰轰烈烈的减租誓师大会，到会农民2万多人。当时的县长王作新支持地主，勾结军队，派军警包围农会。为掩护彭湃等脱身，杨其珊与25名农会成员奋起反抗，终因赤手空拳，寡不敌众而被捕。面对严刑拷打，杨其珊面无惧色，反而在审问过程中严厉驳斥王作新：“我们农会就是穷人救穷人。你们这些压迫农民、不顾农民死活的狗官，我们早晚会将你们打倒！”王作新恼羞成怒，下令将杨其珊等人打得体无完肤，镣铐入狱，同时强行解散海丰县总农会和各区乡农会。身陷囹圄的杨其珊虽然对外面的变化无能为力，但仍然坚持在狱中宣传农会，鼓励狱友团结抗争。后来在彭湃等人的多方营救下，杨其珊才得以出狱。

在高潮低谷间不忘初心

1924年国共第一次合作，彭湃被调往广州，主持国民党中央农民部工作，海丰农民运动也因为反动县长等阻挠暂时转入低潮。在此情况下，杨其珊和郑志云等秘密领导农会斗争，以“十人团”的形式开展活动，觉醒过来的农民坚定地表示：“生为农会人，死为农会鬼。”杨其珊负责领导公平和惠阳、紫金、陆丰交界地区的农运，不但坚持了斗争，还发展了新会员，仅公平和惠阳两地，就发展了300多名新会员。

1925年4月，中共海丰特别支部建立，杨其珊成为第一批中共党员。5月，杨其珊作为海丰县的三名代表之一，出席了在广州召开的广东省第一次农民代表大会。此时，海丰全县已有22个乡成立了农会，农会成员已经达到了21万人之多。广东农民运动呈现出大好形势，杨其珊感到十分高兴，他更加不知疲倦地投入农会工作中。至1926年7月，全县建立了9个区农会、2个分区农会和779个乡农会，会员人数越来越多，在广东省名列前茅。

1926年8月12日至19日，杨其珊在海丰县农民协会举行的第二次代表大会上再次当选为执行委员。1927年4月底至5月上旬，在武汉举行的中国共产党第五次全国代表大会上，杨其珊当选为中央委员。当时，广东国民党反动派已经开始在广东各地实行全面“清党”，疯狂镇压共产党人和工农运动。杨其珊在中共广东区委的指示下，领导海陆丰两县武装起义，胜利后任海丰县临时人民政府委员，同时担任县农会会长。5月9日，海丰农军和敌军激战一天后撤出县城，杨其珊与中共海陆丰地委率领农军转移到海陆丰交界的公平、新田山区，准备发动新的起义。在此期间，中共海陆丰地委改称为中共海陆丰县委，杨其珊被推举为县委农运委员。

为积极响应南昌起义，中共海陆丰县委于9月间发动了海陆丰第二次武装起义，占领海丰县城后，杨其珊当选为海丰县临时革命政府主席团成员。10月他再次参与第三次武装起义。起义胜利后，中共海陆丰县委在陆丰、海丰地区分别成立苏维埃政府，这是工农武装建立的全国第一个苏维埃政权。杨其珊以全票当选为海丰县苏维埃政府委员，主要抓土地革命工作。杨其珊凭借多年开展农民运动的经验，着手没收分配土地，扩充工农武装，镇压反革命势力。仅仅经过三四个月，全县土改分田面积就达原有耕地面积的80%，开全国土地革命先河，全县各区均成立了苏维埃政府，组织了近10万人的赤卫队，贫苦农民真正实现了当家做主的愿望，海丰城乡充满了崭新的气象。中共中央在1928年1月13日的决议中指出："这是第一次由几万和十万农民群众自己动手实行土地革命的口号，第一次组织成工农群众的无限制的政权。"

杨其珊纪念碑

在枪林弹雨中牢记使命

海陆丰两县的胜利引起了国民党广东当局的忌恨和恐慌，1928年2月下旬，反动派调遣了2万多兵力分数路"围剿"海陆丰苏维埃。3月初，海陆丰两县和大部分乡镇先后失守，杨其珊被派往陆丰领导开展反"围剿"和恢复苏区的斗争。在困难时期，他和陆丰县委领导赤卫队不失时机地袭击敌人据点，配合主力红军作战。1929年初，毛泽东和朱德领导红四军进入赣南创建根据地，随后红四军又三度入闽，帮助创建闽西根据地，对广东革命形势有所促进。东江的革命形势出现了新的转机，各级党组织和苏维埃政权逐渐恢复。同年12月，海丰、陆丰、惠来、紫金暴动委员会改组为海陆惠紫革命委员会，东江苏维埃政府成立。在杨其珊等人的领导下，土地革命、武装斗争重新开始，海陆惠紫苏区发展成为东江革命根据地的一块重要苏区。

1930年冬，海陆紫三县苏维埃政府成立，杨其珊为主席团成员。其时，国民党加紧了"围剿"苏区，敌军攻占海陆紫山区时，杨其珊在群众的掩护下率军与敌周旋。1932年6月，蒋介石调集10万大军发动第四次“围剿”活动，广东军阀疯狂响应，轮番“围剿”东江革命根据地，海陆惠紫苏区首当其冲，敌军所到之处，烧杀抢掠，无恶不作。1933年5月，面对敌人越来越强的火力攻势，为保留革命火种，力图东山再起，杨其珊及战友只好带领队伍转移，到深山老林里开始游击战斗。他们居无定所，时常在山体、丛林掩护下和衣而眠。时间在流逝，食物逐渐消耗殆尽，杨其珊和战友们只能摘果子、挖野草勉强充饥，即便遇见野兔、野鸡等可以猎杀的野味，也因担心枪响暴露行踪而放弃。不久杨其珊染病，在顽强革命意志的支撑下，他依然带领队伍在深山老林间与敌人作斗争，革命斗志不曾减损一丝一毫。

杨其珊发动全家投身革命运动，国民党反动派对他恨之入骨，为迫其现身，竟对杨的亲属下毒手，全家被反动派逮捕杀害的有5人。大儿子杨士生，时任赤卫队队长，在埔仔峒为反动民团逮捕，被枪杀在路上；隔日，小儿子、赤卫队队员杨士财亦壮烈牺牲；长媳庄碧桃带子女躲上山，后被反动派搜捕判刑三年；杨其珊唯一的孙子在山区恶劣的斗争环境中因病无法救治而死。杨其珊虽年事已高，仍化悲痛为力量，以其在农民中的崇高威望继续坚持组织群众进行反“围剿”斗争。

1933年9月26日，杨其珊带领一名战士秘密到陆丰碣石溪高岗村活动，不料被叛徒告密，倒在了当地反动武装的枪口之下，时年62岁。杨其珊牺牲后，其徒弟、赤卫队队员罗境新冒着生命危险，在一个月黑之夜将其遗体埋葬。

新中国成立后，人民政府追认杨其珊为烈士。

李淑桓：东江游击队之母

李淑桓（1894—1941），原名李壶娴，广东鹤山人。1913年结婚后在广州开设“时修”女私塾，亲自执教。1930年举家迁居香港继续办学。1937年全面抗日战争爆发后，先后把七个子女送到共产党领导的抗日队伍中。1941年春到东莞大岭山抗日根据地参加抗日游击队，以教书为掩护做秘密交通情报工作。在抗日战争中，李淑桓一家先后有四人光荣牺牲，她被誉为“东江游击队之母”。

她，出生在一个小资产阶级知识分子家庭，却在党的教育影响下，成长为一个忠心耿耿的革命战士；她，是一位普通的家庭妇女，为了抗击日本侵略者，将七个子女全部送上抗战前线。她，便是抗日战争时期被誉为“东江游击队之母”的李淑桓。

烈女哀国难，明耻以教战

李淑桓生于1894年，父亲是清朝贡生。她自幼勤奋读书，求知欲强，尤爱读《烈女传》，非常崇拜岳飞、花木兰、林则徐等英雄人物，青年时便接受了民主思想的影响。1913年，李淑桓嫁给广州某公司职员郭福荣，婚后在广州开设“时修”女私塾，以教书为业。1930年因政府下令禁办私塾，李淑桓一家迁到香港，继续办学。

1931年，九一八事变的消息传到香港，学生发起抵制日货运动，香港各界人士纷纷响应，把日货丢弃在街头，放火焚烧。可听闻蒋介石不抵抗政策后，身为教师的李淑桓意识到思想觉醒的重要，因此坚定了教育救国的志向，她悲愤地写下《哀国难》

一文直抒胸臆："呜呼，今日何日？日军强占我国土，屠戮我人民之日乎！日军强占我重镇，蹂躏我人民之日乎……故今日为我最悲痛之日。最悲痛之日，即吾人复仇雪耻之时，能为此矣，执干戈以为社稷，此其时矣！男同胞们！女同胞们！祈速起！"她将这篇文章在课堂上读给学生听，教学生永远记住国耻日。此后，李淑桓在课中加入了抗日救国的内容，给学生讲救国救民的道理，教《正气歌》，讲《木兰诗》，讲林则徐虎门销烟抵御外侮，鼓励他们长大后报效祖国。

1932年，上海爆发"一•二八"事变，全国人民积极响应，抗日情绪日益高涨，救亡运动迭起。李淑桓在这场抗战浪潮的推动下，跟大家奔向街头，参加抵制日货运动。从此，她再也无法满足于只在讲台上进行革命的教育启蒙，因为严峻的革命形势和高涨的革命热潮让她深刻意识到用实际行动抗日的必要性和重要性，这也为她日后送七个子女走革命道路打下了思想基础。

膝下七子女，个个上战场

李淑桓膝下有六子一女。在抗战时期，这七子女个个奔赴战场，书写了一段可歌可泣的传奇故事。

1937年，抗日战争全面爆发。香港的爱国同胞有钱出钱，有力出力，纷纷支持抗战。一天，长子显承（后改名郭宪成）与李淑桓商量，要去陕北公学，投身抗日救国的前线。当时，李淑桓的丈夫在澳门，家中其他孩子都还小，显承年纪也不大，儿行千里母担忧，一直深明大义的李淑桓一时间有些踌躇。但儿子劝说她，李淑桓的丈夫也回信同意儿子北上，最终一家人达成一致意见，李淑桓偕全家到火车站为显承送行，并嘱咐他："今天你远去，望你有志而成！"后来，她又送三子显绪（后改名郭林）参加东江抗日游击队。

距李淑桓目送长子显承出门不过一年半，排行第二的女儿郭云翔（原名郭锦霞），也向她提出要上前线救护伤员。李淑桓只有一个女儿，舍不得，放不下，因此一时没有答应。但是李淑桓经常去惠阳青年会打听显承的情况，不知不觉中受到进步会员的启发，思想很快就开通了。不久，她对女儿说："前方将士为国为民，战士受了伤，很需要人照顾，我想通了，今后如有机会到前方去，你就去吧，我再也不阻拦了。"1938年10月中旬，惠阳青年会筹备组织第三批回乡救亡工作团，李淑桓看见很多人报名参加，又听了有关东江抗日形势的报告，毫不犹豫地在报名表上写下女儿的名字“郭云翔”，回家告诉女儿。因为离出发日期已很近，她匆匆为其收拾行装，10月25日清晨就把女儿送上征途。同年12月，惠宝人民抗日游击队成立，李淑桓又把六子显怡（后改名郭际）送到了部队。

在送儿女们参加抗战前后，李淑桓的生活也起了很大的变化。她在香港党组织的教育影响下，开始了频繁的社会活动，经常奔走于各进步社团之间。除惠阳青年会外，还有大鹏同乡会、清远同志会、海南同乡会、洋务工会、余闲乐社、银行联谊和中华书局妇女夜校等。她和三子显绪同是宝安青年会的执行委员。她热心从事力所能及的抗日救亡工作，诸如做棉衣、义卖筹款、献金和募捐等。她多方设法，曾以自己的名义向原来的学生及社会关系包括当时的歌星月儿募捐，向陈嘉庚开办的冯强树胶厂提出先领取几百双胶鞋慰问部队后再付款的要求，得到了同意。大家目睹李淑桓废寝忘食地工作，都尊敬地称她为“郭太”。

1939年三八妇女节，李淑桓在香港加路连山一个纪念会上听了著名女革命家何香凝的抗日演说后，备受鼓舞。当时，有人关切地问她：“你把儿女都送上前线，将来老了怎么办？”李淑桓立即回答：“没有国就没有家，我还有几个儿子，抗战需要的话，我把他们都送去。”5月间，刚好有一批华侨青年回国参加曾生部队，香港团体募捐一批物资随他们去慰问子弟兵。党组织动员李淑桓随慰问团回东江探望在部队的儿女。李淑桓毅然决定把双胞胎四子显和、五子显乐送往前线，参加抗日部队。

东江游击队

在惠阳坪山部队召开的群众大会上，部队首长把李淑桓请到台上，号召群众向革命老妈妈学习。李淑桓则把云翔、显和、显乐和显怡叫到跟前，嘱咐他们不要想家，要服从命令听指挥，坚决抗日。李淑桓在台上唱了一首歌，表达了她送子参军的革命豪情。她对大家说：“国家兴亡，匹夫有责。抗日救国人人有责，别人有钱出钱，我没有钱就出力、出儿女。”南洋侨领官文森、黄伯才曾带家庭电影机，拍摄了李淑桓高兴地骑在一匹小红马上的几个镜头，1940年将这些镜头在香港九龙弥敦道余闲乐社旁的大华电影院放映，在港九同胞中引起很大的反响。

1939年，香港海员慰问团在惠宝人民抗日游击队驻地慰问

1940年3月，广东国民党反动派掀起一次反共逆流，李淑桓的五子显乐在掩护坪山抗日根据地部队突围的战斗中光荣牺牲。李淑桓十分悲痛，但她以坚强的意志克制了自己的感情。她还说：“国民党反动派打死我一个抗日的儿子，抗日何罪？抗日应该有功。”

1940年春，东江纵队东移海陆丰后，部队有计划地疏散一些同志到香港等地，也有些同志在战斗中失散，辗转到了香港。他们中的一些女同志，如李玉珍、祝国筠等被香港党组织安置在李淑桓家。虽然李淑桓家的生活十分困窘，房子也很小，但她依然非常热情地接待她们。此外她还与林务农同志取得联系，协助党组织安置其他同志。面对同志们的谢意和歉意，她总是宽慰他们道：“你们的困难就是我的困难，我有得吃，你们就不会挨饿，放心吧，我的家就是你们的家。”同志们很受感动，亲切地喊她“郭妈妈”。李淑桓在香港的家，一时间成为游击队失散战士的联络站和容身之处。

救国只一心，生死何足论

1941年初，李淑桓的丈夫病逝，香港党组织发动惠阳青年会进步会员资助她安葬丈夫，并安排她和七子显隆（后改名厚智）到九龙交通站居住，分配她做些力所能及的工作。但在当时日军“扫荡”和顽固派军队进攻的恶劣环境下，李淑桓主动要求回部队。4月，她带着显隆进入东莞大岭山抗日根据地。

大岭山对面的大塘村，是日伪经常骚扰的边缘村，党组织大部队决定在该村建立交通站。部队领导考虑到李淑桓年纪大，又是缠足放脚，行动不便，就安排她在那里教书作掩护。年仅12岁的显隆也参加了部队，担任东莞敌后交通站的交通员。

1941年10月4日，国民党反动派纠集了一两千人进攻大岭山抗日根据地，大塘村首当其冲。因为敌情来得突然，同志们来不及找李淑桓一起撤退，她便跟着老百姓跑到山上隐蔽。黄昏时候，枪声停止，李淑桓回村子看看动静，顺便带点衣物和粮食，但刚到村口就被埋伏的敌人发现，不幸落入敌爪。敌人对她刑讯逼供，顽军骂她“游击婆”，要她“改邪归正”。她痛斥道：“我只有一个心，只知道要抗日救国。”敌人以死来威胁她。李淑桓指着敌人痛斥道：“你们才怕死，畏敌如虎，听到日本鬼子来就逃跑。我是不怕死的，怕死就不来打游击。”顽固派军队恼羞成怒，举起枪托打伤李淑桓的左耳，接着施以毒刑，妄图逼她供出游击队的情况。李淑桓坚贞不屈，斩钉截铁地回答：“你们要杀就杀。我一个老太婆死了，还有我的儿子，还有许许多多的爱国抗日志士，你们杀不绝，他们一定会替我报仇！”李淑桓当夜被枪杀于金桔岭附近，时年47岁。

李淑桓英勇斗争的事迹，很快传遍了东江人民抗日游击队活动的地区。新中国成立后，原东江纵队司令员曾生在回忆录中专门写下对她的深切追忆，称她是一位共产主义女英雄，在挽救民族危亡，保卫国家和民族独立，奋起抗击日本帝国主义侵略者的抗日洪流中，作为一个普通的知识分子、家庭妇女，她深明大义，爱国爱乡，以“有国才有家”的伟大信念，送七个子女参军，母子四人英勇捐躯，满门忠烈，不愧是“东江游击队之母”！

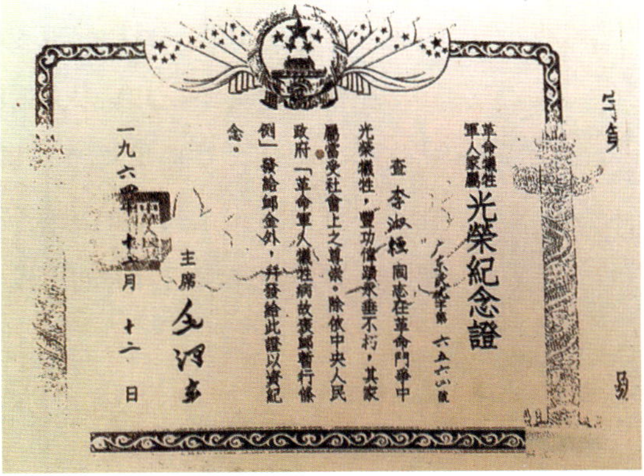
革命犧牲軍人家屬光榮紀念證

查李淑桓同志在革命鬥爭中光榮犧牲，豐功偉績永垂不朽，其家屬當受社會上之尊崇。除依中央人民政府「革命軍人犧牲病故褒卹暫行條例」發給卹金外，並發給此證以資紀念。

主席 毛澤東

一九六 月 十二 日

毛泽东签发给李淑桓家属的光荣纪念证

吴勤：打响珠三角抗日第一枪

吴勤（1895—1942），原名吴勤本，广东南海人。青年时代受到民主革命思想的影响，1916年参加孙中山领导的革命军。1924年入广州农民运动讲习所学习，不久加入中国共产党，同年10月被派回佛山开展农民运动。1927年12月参加广州起义，任南海农民赤卫军第二团团长。起义失败后，奉命撤到香港，坚持革命工作，后由于敌人追捕，被迫逃亡新加坡。1937年底回广州组织抗日武装，任广州市抗日游击队第二支队司令。吴勤是佛山南海早期农民运动领导人。

佛山市祖庙街道岭南大道北57号，是吴勤烈士陵园所在地。每到清明假期，许多佛山市民会自发来到这里，瞻仰陵园，祭奠先烈，表达对革命英雄的无限崇敬和深切缅怀。

时间回到1938年10月，广州沦陷。吴勤义愤填膺地带领19个热血青年，化装成逃难的老百姓撤离广州。他们几经辗转，抵达市郊崇文二十四乡。吴勤遥望浓烟四起的市区，悲愤地向村民讲述了日军烧杀抢掠的滔天罪行：“国家兴亡，匹夫有责。我们尽快成立抗日义勇队，誓死保卫我中华！”

在他的鼓舞下，年轻人积极响应，抗日救国，共赴国难。吴勤临难毋苟免，铁血勇担当，领导抗日义勇队多次在战斗中取得胜利，沉重打击了日军的嚣张气焰，最终为民族解放和百姓幸福献出了生命，珠江三角洲的人民将永远铭记他的英勇事迹。

习武保乡民，集众建农协

吴勤出身于贫农家庭，祖辈受到地主恶霸的压迫，家庭一贫如洗。父亲病逝后，仅读了四年私塾的吴勤不得不辍学帮别人清理粪便，早早扛起了生活的重担。他嗜习拳术，练就一身好武艺。辛亥革命爆发后，吴勤受到民主革命思想的影响，加入了同盟会和民军。由于武艺高强，作战英勇，他被遴选为孙中山的卫士。

1918年，吴勤在孙中山离开广东后返回佛山重新务农。当时，佛山的失业工人和破产农民常常自发开展反对压迫剥削的斗争，而鸿胜武馆是他们聚集之地。吴勤拜武馆的首徒钱维方为师，与工人、农民一起练拳习武，并积极参与他们的反封建斗争。1921年，吴勤在大桥头开设鸿胜分馆，召集一批青年农民练习蔡李佛拳，随后以这批青年农民为群众基础，组织本村武装，保境安民。

1923年7月，佛山党组织正领导制饼业工人反对以何合记为首的制饼业行商开除工人的行为，筹备工人罢工。中秋将近，若工人罢工，就会导致没有月饼上市。何合记等饼商使出诡计，企图利用吴勤在外地雇来工人，以使罢工斗争失败。

党组织派梁桂华去做吴勤的思想工作。梁桂华和吴勤谈心，指出地主资本家利用吴勤来破坏工人运动的目的和企图。这番谈话让吴勤猛然醒悟，转而支持罢工。同时，吴勤也深刻地认识到，如果农民没有自己的武装，只靠一张嘴巴，就不能保障自己的生存利益，更不能推翻凶狠的封建势力。因此，为了保

佛山鸿胜纪念馆

护乡亲的生命财产安全，1924年，吴勤组建起大革命时期南海县第一支农民革命武装——南浦农团军。

1925年5月，各乡在建立农会的基础上，又成立了南海县第四区农民协会，吴勤被推举为会长。他领导农会与农民武装联合起来，打倒封建的地主劣绅势力，管理农村公共事务，积极推动农村革命运动向纵深发展。他还领导农会会员减租减息、禁烟禁赌、支持工人运动，并维持治安，自筹经费开办了农民子弟学校，并亲任校长，允许农民子女免费入学，获得了广大群众的拥护和爱戴。

1927年，国民党反动派在广州发动"四一五"反革命政变。吴勤与胞弟吴俭本等农会骨干在营救佛山工代会代表时遭反动派追捕。后来在一次战斗中，吴俭本身负重伤被敌人杀害。反动派又派人查封吴勤的房屋，家人流离失所，儿子也因得病未能及时医治而夭折。这些遭遇没有使吴勤屈服，他化悲痛为力量，秘密组织一支几十人的武装，随时准备打击反动派。

1927年11月，中共南海县委组建南海农民赤卫军两个团，准备配合广州起义，吴勤任第二团团长。广州起义失败后，吴勤被国民党反动派通缉，辗转逃往香港。1929年初又流亡到新加坡，靠开荒种菜为生。虽然一度与党组织失去了联系，但他依然心系祖国的安危。九一八事变后，吴勤在新加坡与爱国华侨一起参与抵制日货运动，还为支援十九路军抗日举行义卖筹款活动。1934年，他从新加坡返回香港，接受叶挺、何香凝、蔡廷锴的指示，开展抗日救亡活动。

御敌珠三角，抗日扬美名

1938年10月，广州沦陷后的第二天，吴勤率领19名热血青年逃出广州市区，在广州市郊的崇文二十四乡积极组建抗日自卫武装，很快便组成了一支拥有五六十人的抗日义勇队。

一天，侦察员紧张地跑来向吴勤报告：南海县附近的河面上发现了两艘日军运输船。吴勤顿时一跃而起，看到身边队员个个摩拳擦掌，求战心切，于是斩钉截铁地说："日本鬼子侵略中国，耀武扬威，我们今天就打他们一个落花流水，让他们知道中国人是不好欺负的！"他当即带领队伍埋伏在附近蕉丛蔗林里。只见船上的日军气焰嚣张，不时向岸边的民房放冷枪。

吴勤忍住怒火，待时机成熟一声令下："给我狠狠地打！"队员们斗志昂扬，集中火力，歼灭了船上所有日军。义勇队缴获了数百包粮食，全部用于赈济灾民。不久，义勇队趁日军向西追击国民党军队时，还袭击了广三铁路南海境内的小塘车站，成功延阻了日军的西进。连续两次对日作战的胜利，大大鼓舞了当地民众抗日救亡的信心。

广游二支队驻地旧址——植氏宗祠

为了给这支队伍取得一个合法的身份，经吴勤联系和争取，义勇队被改编为广州市抗日游击队第二支队，吴勤担任司令。但随着广游二支队迅速壮大，队员成分复杂，有些人不听调遣，这使吴勤感到势单力薄，难以支撑抗战的局面。

为了使队伍肩负起抗日的重担，吴勤积极主动向党靠拢，到韶关寻找中共广东省委，还只身前往香港与八路军办事处主任廖承志联系，恳切地请求党组织派干部改造队伍。1939年1月，应吴勤的请求，中共广东省委派遣刘向东、严尚民等四批党员干部到广游二支队，开展整编和训练工作。

当刘向东来到广游二支队驻地，吴勤激动万分地紧握住他的手，开诚布公地向他介绍了广游二支队，并请求将队伍改造成为党领导的革命队伍。回到香港后，刘向东向张文彬和廖承志高度称赞了吴勤的爱国精神和抗日行动。

随后，中共广东省委派遣大批党员干部到广游二支队工作。在党组织的帮助和指导下，广游二支队整体素质显著提升。每次战斗取得胜利，百姓们都纷纷到驻地鸣放鞭炮，从家中拿来大米、猪肉、鸡鸭鹅等食物慰劳战士们，表达对广游二支队的感激之情。

夺西海大捷，热血洒珠洲

1941年一个月黑风高的夜晚，伪军2000多人分三路进攻顺德西海抗日游击基地。当时驻在西海的广游二支队，能直接参战的兵力仅有250余人。他们利用桑林、蔗林隐蔽埋伏。凌晨时分，伪军闯入西海，广游二支队巧妙地利用复杂的地势分头出击，枪炮声和喊杀声霎时震天动地，伪军四下溃散。

中午，吴勤动员抗日友军100多人驰援西海。战斗从夜半时分一直持续到翌日红日西斜，广游二支队取得了歼灭一个团、击溃两个团和一个护沙总队的骄人战绩，成为华南敌后游击战中以少胜多的著名战例，后人称之为“西海大捷”。

经历了西海惨败，日军心有不甘。两天后又从广州调动1000多人到西海进行报复性大“扫荡”，发动炮兵和飞机配合作战。广游二支队万众一心抵抗日军的进犯，在石尾岗连续击退日军10余次冲锋，战斗激烈异常。吴勤的队伍顽强英勇，奋力杀敌，最终毙伤日军30多人，守护了西海这方沃土。

在艰苦的岁月里，吴勤和战士们一起行军打仗、同吃同住，身上长满了虱子，但他不以为意，还风趣地说：“我们吃的是‘革命饭’，生的是‘英雄虱’。”战士们被他那坚韧不拔、乐观豁达的革命精神所感染，无不对抗战胜利充满信心。

从1941年秋起，国民党顽固派掀起反共逆流，各种反动势力纠集在一起，企图消灭广游二支队。他们多次“围剿”而无法得逞，便派出特务，以高官厚禄引诱吴勤，命令他交出部队和武器。但吴勤始终“宁捐七尺躯，不失一分志”，决意将民族解放事业进行到底。1941年12月，广东国民党顽固派发出“进剿”吴勤部和捕杀中共南番中顺中心县委及广游二支队领导人的密令。驻顺德的顽军挺进第三纵队副司令林小亚即按密令精心策划，伺机捕杀吴勤。

1942年5月，吴勤偕妻子和警卫员，从顺德独洲三三农场抗日据点出发，经陈村往南海平洲执行任务。中午时分，当吴勤一行人到达陈村附近的水枝花渡口乘船过渡时，不幸被预先埋伏的顽军挺进第三纵队大队长梁德明及陈村汉奸欧荣枪杀在河中，壮烈牺牲。广游二支队全体官兵为失去一位好司令感到无比悲痛，他的亲密战友刘向东写了一首七绝来表达悼念：

陈村江水起洪流，难洗吴勤受害仇。
百战山河谋解放，一腔热血洒珠洲。

1949年佛山解放后，南海县政府和佛山市政府在南浦乡修建了吴勤烈士陵园，刻碑铭记他一生的革命事迹。吴勤烈士的墓前矗立着5.3米高的纪念碑，上有林锵云题“吴勤烈士之墓”，碑前左右各有小亭，后人经过无不驻足缅怀景仰。

冯达飞：红军第一『飞将军』

冯达飞（1899—1942），原名冯文孝，又名冯国琛，字洵，广东连州人。1924年进入黄埔军校学习，1925年留学苏联。1926年底加入中国共产党。1929年回国后到广西工作，同年12月参加百色起义。历任中国工农红军第七军第二纵队司令、湘赣军区红军第四分校校长、红八军代理军长，后到中央红军大学工作。抗日战争时期，任新四军教导总队总队长。冯达飞是中国空军史上首批飞行员、第一个飞行教官，人民军队航空先驱。

在中国近代航空史上，广东“两冯”书写了冲天壮志，留下了浓墨重彩的一笔。一个是冯如，广东恩平人，中国第一个飞机设计、制造和飞行家，被誉为“中国航空之父”；另一个就是冯达飞，广东连州人，中共史上第一批学习飞行并驾机参加过战斗的人。

冯达飞是土地革命战争时期和抗日战争时期我军的杰出将领、军事教育家、人民军队航空先驱，是中国共产党的优秀党员、忠诚的共产主义战士，也是广东党史上有据可查的全程参加完二万五千里长征的粤籍红军之一，为我军的工农革命事业以及航空军事人才的培养作出了卓著贡献。

自名为“达飞”，昭示航天志

冯达飞儿时家境贫寒，父亲早逝，他与母亲靠几亩薄田维生。他从小学习刻苦努力，中学时阅读了大量中外名人传记，树立起远大的志向。五四运动爆发的消息传到连州后，冯达飞带领爱国学生走上街头演说，高呼“外争国权，内惩国贼”的口号，强烈反对帝国主义侵略和北洋政府的卖国行径。

中学毕业后，冯达飞先后在广东陆军测绘学校和西江讲武堂学习。在粤军任职期间，冯达飞深受革命思想的影响。当听到孙中山建立了黄埔军校时，冯达飞毅然辞去军职报考黄埔军校，成为第一期学生。他如饥似渴地学习马克思列宁主义，阅读了一系列革命图书，参加了蒋先云等共产党员组织的青年军人联合会，认识到作为一个革命军人为人民大众谋求解放的责任与使命。

从黄埔军校毕业后，冯达飞以优异的成绩被选赴大元帅府创办的军事飞行大学学习。当时他的母亲已经病危，然而由于军务缠身，素有“东陂孝子”之称的冯达飞陷入了忠孝难两全的境地。经过一番纠结，冯达飞怀着沉痛的心情，决定给家乡的挚友写信，拜托他代为照顾母亲。

1925年，冯达飞被选赴苏联深造。当他抵达莫斯科时，却传来了母亲逝世的消息，他不禁悲从中来。他把苦楚深埋心底，化悲痛为力量，全心全意投入新的战斗中去。1926年底，冯达飞光荣地加入了中国共产党，从一名爱国军人变为一名真正的共产主义战士。自此，他将自己的名字改为“达飞”，寓航天志向于姓名，渴望通过努力飞达共产主义。他认真钻研军事名著和飞行技术。1926年，冯达飞转入基辅混成军官学校东方班炮兵科学习。

1929年，受党的指示，冯达飞南下参与了张云逸、邓小平等人在广西的革命活动，接管了广西军械库。此时正值筹备百色起义，库里数千支步枪及山炮、机枪堆积如山，可惜大部分枪炮是被废弃的。能否修理好枪炮，是百色起义能否成功的关键。张云逸、邓小平为此事十分着急。在关键时刻，冯达飞自告奋勇，带领队伍进入军械库。他鼓舞队员们：“我们现在是人多枪少，缺少零配件，更无兵工厂，但我们凭着一颗革命的心、一双铁手，一定能克服困难，解决武器问题。”

面对着一堆堆缺腿断臂的机枪、迫击炮，要工具没工具，要零件没零件，冯达飞眉头紧锁，来回踱步反复思考，忽然停住脚抬起头来说：“我们反对蒋介石，军队搞统一战线，武器能不能来个统一战线？”

他指挥大家将残缺不全的零配件收集起来，互相调配，统一来装配，用手里简陋的钳子、铁锤、扳手，夜以继日地敲打组装。冯达飞凭借在黄埔军校和苏联留学时学到的本领，想出了这个调配武器的巧妙方法，终于抢修出所需要的武器。张云逸看到焕然一新的装备，激动地握住他的手说：“冯连长，我代表党感谢你，你们为即将举行的百色起义立了头功啊！”

红军迎“飞将”，首飞创奇迹

1929年12月，百色起义胜利举行，中国工农红军第七军诞生，冯达飞被任命为第二纵队第二营营长。由于革命尚未建立一个稳定的根据地，革命军队还没有组建空军，因此冯达飞的志向得不到施展。俗语云“是金子总会发光的”，冯达飞的航天才华在几次契机中终于得以崭露头角。

1929年，冯达飞被调派到广西南宁担任省会警察局督察，当他得知机场有一架待修的飞机时，便自告奋勇修理。几日后，飞机果然被他修好并且试飞成功。这是冯达飞第一次在航校外单独驾驶飞机，这次成功使上级党组织对冯达飞的专业才能刮目相看。

1931年2月，红七军到达了广东连州东陂镇。部队到来前，国民党反动派造谣污蔑红军“杀人放火”，威胁居民逃散。冯达飞找到了没有出走的好友谭荣胜。一时间，“文孝回来了”的消息迅速传开。到了下午，出走的居民陆续回家，商店也纷纷开门营业。冯达飞亲切地和大家话离情、谈革命，宣传共产党的主张和红军的宗旨。当地商会大力支持，为红七军捐款4万大洋。

红七军闻知敌军四个团从阳山扑来，匆匆撤离。躲避在大龙山岩洞中的冯达飞妻子闻讯回到家，却只看到丈夫留在桌面的信。她立即赶去连州城与丈夫团聚，却连丈夫的面也没见上。

1932年4月，中国工农红军第一军团、第五军团在攻打漳州时，意外地缴获国民党军队两架飞机，机体受损严重无法使用。由于没有飞行员和修理飞机的技术人员，红一军致电中央军委，请求尽快派人到漳州。这个艰巨的任务，落到了曾在苏联莫斯科航空学校学习的冯达飞肩上。他奉中央军委命令，星夜赶赴漳州，把其中一架飞机成功修好，还特意在两侧机翼下画了鲜红的五角星，代表红军的力量。

随后，他奉命将飞机开回苏区。没有航空炸弹，他就把迫击炮弹绑起来挂在炸弹架上，还附带几捆传单。在完全没有导航设备和飞行路线图的情况下，冯达飞把个人生死置之度外，依靠着熟练的驾驶技术勇敢地向苏区飞去。

看到上空划破天际的飞机，敌军纷纷抬头观望，误以为是自己的飞机，还

红军缴获的国民党飞机

用旗语联系，他们做梦也没想到，红军也有飞行人才。冯达飞利用敌人的错觉，迅速将迫击炮弹投向敌军，吓得敌方心惊胆战，乱成一团。完成组织交代的任务后，冯达飞驾驶飞机回到中央革命根据地兴国县，得到了军团首长的高度赞扬。这是我军第一次由红军将领驾驶飞机飞回中央苏区，在异常艰苦的条件下，冯达飞创造了一个令人瞩目的奇迹，在我军历史上留下了光辉璀璨的一页。

狱中拒“悔过”，舍身求正义

1941年皖南事变发生，冯达飞在突围时被敌人的子弹击中大腿，紧急处理后，在南陵县一户人家隐蔽起来养伤。国民党顽固派正四处“搜剿”新四军的残余力量。冯达飞在腿伤愈合后，一直惦念着渡江北上，与同志们会合。他设法找到一名农民帮他传递消息，但没料到送信的农民在到达繁昌县境内时被自卫队的哨兵盘获。国民党繁昌县政府密派便衣队员星夜前去抓捕，不料中统局的特务先到一步逮捕了冯达飞。

在上饶集中营里，情报部门很快摸清了冯达飞的底细，向第三战区司令长官顾祝同作了汇报。顾祝同得知冯达飞是蒋介石的学生，不敢擅作主张，急忙致电向蒋介石请示，蒋介石下令立刻派人去狱中劝降。冯达飞昔日的校友邓文仪信心满满地出现在冯达飞面前，冯达飞一眼便看穿了他的意图，直截了当地说：“你也不用费口舌了，既然晓得我是黄埔军校毕业的，那我反对蒋介石并不是盲目的。我到过苏联，我也晓得共产主义是怎么回事。我们还有什么可说？”邓文仪想起在狱中冯达飞开设马列主义讲座，被狱友们尊奉为“冯老师”，心中泛起无力感，临走时劝冯达飞好自为之。

一天，一个特务走进牢房，神神秘秘地塞给冯达飞一张纸，只见上面赫然写着三个大字：悔过书。下面写道：“我等受共产党欺骗，误入歧途，现表示悔过，从今以后与共产党脱离一切关系。”冯达飞顿时火冒三丈，质问来者：“这是悔过书吗？这就是投降书！”特务安抚他说，只要在上面签字就给他自由。冯达飞瞪着对方，将手里的悔过书撕成两半，平静地反问道：“你说说看，我们新四军打日本鬼子有什么要悔过的？”特务被问得哑口无言。

顾祝同见劝降无果，有些按捺不住，又派上饶集中营主任张超出马。张超与冯达飞同为黄埔军校毕业生，一直从事特工行当，是戴笠的得意门生。张超老同学叙旧一般满面春风地招呼冯达飞，谁料冯达飞既没有起身，也没有同他握手，还强忍着烟瘾拒绝了他递来的烟。

张超见势不妙直奔主题：“委座和顾长官宽大为怀，也很赏识将军的才干，特地把你送到这里来反躬自省。校长对黄埔的学生是很宽容的，只要你悔过自新，发表声明宣布脱离共产党，他就会推荐你为第三战区政治部少将副主任……”张超还没说完便被冯达飞打断：“你们口口声声说我们违反军令，这不是事实。事实是，我们根据你们的要求，按照你们指定的路线渡江北上抗日，而你们却对我军突然袭击，用重兵包围我们，打死我们那么多将士！”张超涨红了脸无言以对，最后一次劝他签署悔过书。冯达飞坚决回答：“我们新四军一心抗日救国，一不投降二不卖国，有什么过可悔？”

就这样，在生命与正义面前，冯达飞毫不犹豫地选择了后者。1942年6月，日军进攻浙赣铁路沿线，国民党急于奔逃，逃亡前将冯达飞押解到茅家岭雷公山麓秘密杀害，他的生命永远定格在了43岁。毛主席得知冯达飞的事迹后，连叹：“人才难得，可惜！可惜！”

英雄已逝，浩气长存。冯达飞在敌人的牢狱里，忍受了无数艰难困苦，表现了革命者不屈不挠的高贵品质，不愧为中华民族的优秀儿女。他的革命英雄主义精神以及他忠于理想信念、不懈奋斗、勇于牺牲的赤诚情怀，已成为广东红色历史中的一座丰碑。

冯达飞将军纪念馆

陈玲：用生命严守党的秘密

陈玲（1923—1949），原名陈道玲，广东南海人。在石门中学就读期间，受进步思想教育，积极参加抗日宣传队。1941年随舅父到粤北地区工作，同年加入中国共产党。1943年冬任中共清远县委秘书。1945年8月随东江纵队北上迎接王震部队南下。1946年参加粤赣先遣支队，先后任连队指导员、支队政治部组织干事。

肖廊坳上，茂密的松林中矗立着一座约2米高的纪念碑，这是陈玲烈士的纪念碑。在革命年代，陈玲受进步思想的影响，投身抗日救亡运动，积极开展抗日宣传工作。被捕后，面对敌人的威逼利诱，她严守党的秘密，宁死不屈，谱写了一曲巾帼英雄的赞歌。

为救亡弃学，因抗日入狱

1938年广州沦陷后，陈玲随家人迁回故乡南海盐步，就读于石门中学。受该校中共地下党组织和进步老师的教育，陈玲的思想日益觉醒，因此积极参加抗日宣传队，走上街头，以演讲、演剧、唱抗日救亡歌曲等形式投身抗日救亡。

1940年秋，她弃学从军，到三水、四会前线参加国民革命军第七战区第四挺进纵队政工队。此时，为了改造这支国民党军队，争取合作共同抗日，中共北江特委选派一批党员去该队开展工作。陈玲主动接近这些党员。在他们的帮助和教育下，陈玲先后阅读了毛泽东的《论持久战》《抗日游击战争的战略问题》等革命图书，积极参加读书会、形势研讨会，开始坚信只有在共产党的领导下，团结一切爱国力量共同抗日，才是拯救国家民族的唯一出路。

1941年春，陈玲与郭启武等人到花县前线开展抗日宣传工作时，遭日军逮捕。日军严刑审讯，逼迫陈玲交代党的军事秘密，她坚贞不屈，不吐露半个字，日军恼羞成怒，不停地折磨她。后经地下党组织营救，陈玲才脱离魔窟。

出狱后，母亲特来探望陈玲，劝她不要再在外面冒风险，并哭着求她回家去。陈玲为了抗日救亡，早已把个人生死置之度外，她耐心地说服了母亲，然后取道香港到广州湾，步行回队。途经香港姨母家时，姨母极力挽留，许以优厚的生活待遇，陈玲婉言谢绝。

1941年秋，经受了严酷考验的陈玲被批准加入中国共产党。

为母忍弃儿，利公舍小家

1944年冬，日军侵占清远，为抗击日军保卫家乡，任中共清远县委书记的陈玲丈夫何俊才回芝乡庙仔岗村（当时县委机关所在地，也是中共在大革命时期一直坚持斗争的据点）组建了清远人民抗日同盟军。这时，陈玲任中共清远县委秘书，并以小学教师身份为掩护，白天上课，晚上处理县委的各种秘密文件和党内联络工作。在这期间，陈玲产下了第一个孩子，组织要她暂离部队到后方休息，她谢绝了，坚持留在部队。就这样，她背着孩子继续走村串户发动群众。

1945年8月，清远人民抗日同盟军奉命北上粤赣湘边迎接南下建立五岭抗日根据地的王震部队。考虑到陈玲母子的安全，组织要她留在地方工作，但她深知抗日武装斗争是当时全党的中心任务，依然坚持向组织申请要求北上。组织批准后，她立即给孩子断奶，请地方党组织将孩子送给当地农民抚养。北上途中，同盟军受到国民党反动军队的围追堵截，断粮缺水缺盐，风餐露宿。作为政工干部，陈玲与战士同甘共苦、共同战斗，部队一到驻地，她立即开展思想政治工作。

1945年底部队回到翁源根据地，她才见到日思夜想的孩子。1947年4月，还是为了战斗，陈玲忍痛将刚出生的第二个孩子也送给农民抚养。无奈，收养孩子的农民被国民党反动派逮捕，孩子不久也病死了。悲恸的陈玲，将母亲深沉的爱化为革命事业的烈焰，更加忘我地投入党的事业中。

翁源育骨干，呕心为革命

抗日战争时期，陈玲为鼓舞战士斗志，积极搜集和编写中国人民抗日英勇斗争事迹，油印成传单或战报发给战士们阅读；为了培训武装骨干，她还编写了大量的辅导资料，以期提高部队素质。

抗日战争胜利后，国共两党的矛盾成为国内主要矛盾。为迎接新的斗争，何俊才组织留在翁源坚持斗争的同志们搞整训学习，根据文化水平高低将同志们分成两个小组，陈玲担任第二组——文化最低组的学习辅导员。陈玲带头苦学，深入浅出地讲解书本内容，启发大家用理论联系实际，通过总结过去斗争的经验和教训，认真地检查各人的思想和工作，开展批评与自我批评，互相帮助，共同提高。

1947年4月，中共翁江地区工作委员会和粤赣先遣支队先后成立，陈玲担任支队的连队指导员、支队政治部组织干事。她所在的连队是新建的，除少数老同志外，大多数是新参军的农民和知识青年。为提高连队的素质，白天，陈玲和战士一起出操苦练杀敌本领，有空就组织战士学习马列主义、毛泽东思想；晚上，陈玲同连排干部一起查岗放哨，为战士查铺盖被。此外，陈玲经常与战士促膝谈心，如发现战士生病，她亲自端水送饭，嘘寒问暖，她还经常为战士缝补破衣，战士们都亲切地称她为“大姐”。

钢铁大队指战员合影，后排左一为陈玲

在陈玲和同志们的共同努力下，这支连队后来成为一支纪律严明、作战勇敢、与群众有血肉关系的支队武装主力队——钢铁大队，屡次克敌制胜，战绩优异，受到上级领导的多次嘉奖和群众的颂扬。

入狱坚众志，殉难黎明前

1948年，国民党反动派对游击区大举“清剿”。1月3日，驻太坪上洞村的支队司令部突遭敌包围袭击，战斗中，大部分同志突围脱险，陈玲因产后身体虚弱，行走困难，被敌包围在一个小山坡上，弹尽被捕。

敌人把陈玲押回了新江乡公所。乡长兼联防队队长胡国元曾投机革命混入游击队，因此认识陈玲，知道她是何俊才的妻子，便千方百计劝她投降，说只要供出游击队的去向，写信叫何俊才回来“悔过自新”，就可以即刻释放她，否则就地处决。陈玲斩钉截铁地说：“要杀就杀，要我背叛革命办不到！”敌人又以她四岁的孩子相威胁：如不投降，就把孩子抓来杀掉！

陈玲是一位母亲，更是一名共产主义战士，她的回答铿锵有力：“革命者可以牺牲自己的一切，杀了我母子，自会有更多的人起来革命，国民党反动派必败，胜利是属于人民的！”敌人见她丝毫没有投降的想法，便对她施以酷刑，反复折磨了三天三夜，敌人已声嘶力竭，但陈玲却没有叫喊过一声。同牢的难友看到她被折磨得衣衫褴褛，遍体鳞伤，都掉下了泪，而陈玲却勉慰她们：“不要哭，受点皮肉之苦是不要紧的，只要咬紧牙关，坚持下去就是胜利！头可断，血可流，革命者的气节不能丢！”

不久，陈玲和一批“政治犯”被转移到曲江县警察局监狱，她坚持以革命的大无畏精神，战胜了敌人一次又一次的严刑逼供，始终没有供出党和部队的秘密。敌人给她戴上沉重的镣铐，把她关在一间阴暗潮湿的牢房里，每天只给一杯水、三两发霉的糙米饭。到了晚上，只给睡水泥地板，不给被褥，难友们冻得浑身

陈玲烈士在狱中给刘伟珍的信

发抖，背靠背取暖，而陈玲却将自己仅有的一件毛背心送给了一位与她一起被捕的女同志。为了进一步同敌人作斗争，她团结教育狱中的难友，并秘密与狱中的中共党员、游击队员取得联系，商议挖墙洞越狱，后被敌人发觉未成功。尽管在狱中受尽苦刑，物质生活贫乏，陈玲却说服一名狱警从外面秘密带来报纸杂志，组织难友学习。她对革命的胜利充满信心，认为“胜利是更接近我们了”。

1949年5月，陈玲在狱中骤然听闻战友江风牺牲的消息。江风是陈玲在粤湘赣边区共同战斗多年的好友，陈玲被捕不久，江风“痛哭流涕”，誓为陈玲“复仇雪耻”。陈玲怀着悲痛的心情，提笔写下一封给他俩共同的好友刘伟珍的书信，通过探监人想方设法传了出去。在信中，她说“虽然是坐了一年多牢，生活亦不会很艰难”，以此宽慰好友无须为她担心，还鼓励战友努力继承江风的遗志来纪念他，“要加倍努力，踏着他的血迹前进，继续完成他未完成的志愿”。字字句句，都凝聚着陈玲作为一名共产党员的大无畏精神。面对敌人的屠刀、炼狱的煎熬，心无恐惧，保持着对胜利的渴望，这就是当年共产党人的初心。

1949年8月，人民解放大军到达江西赣州，广东解放在即，陈玲沉浸在胜利的喜悦中，但也意识到敌人是不会放过她的。她告诉难友：“胜利在望了，估计敌人终会杀害我，但我想到胜利的明天，心情是舒坦的！”8月中旬的一个晚上，敌人将她和两名革命者押到曲江黎市北面肖廊坳的野地里秘密杀害。

李卡：用自己的血灌溉快将实现的乐园

李卡（1922—1949），又名李钧海、李亦池、李永乾，广东化州人。读中学时积极参加抗日救亡活动。1945年毕业于广东国民大学。曾担任广州《建国日报》记者，后被选送香港达德学院进修。1947年被地下党派往粤赣先遣支队，任大队司令部参谋，同年7月加入中国共产党。1948年任曲南游击大队武工队队长、曲南区工委会主任。

“江姐在黎明前倒下了，还有一位烈士在黎明前也倒下了，他的名字叫李卡。”在中央电视台庆祝中国共产党成立80周年的大型文艺晚会上，江姐扮演者声情并茂地朗诵了李卡在狱中写下的最后诗句：“我们这一代就是施肥的一代，用自己的血灌溉快将实现的乐园，让后代享受人类应有一切幸福。朋友，努力！天一亮，你就会看见太阳的微笑。”

挣脱封建思想的宣传斗士

李卡1922年出生于化州县长岐区双牌村。父亲李佛灵曾从军救国，李卡常央求他讲北伐和打日本鬼子的故事。受此影响，李卡自幼敢于与落后、封建思想作斗争。1936年西安事变爆发，当地双牌小学校长李善庭带领全校师生到村中的佛子祠，跪在菩萨面前，叩头烧香，求签卜卦，保佑蒋介石平安。李卡公开讥讽李善庭是“妖巫师长”“鬼神教育家”，虽被祖父用藤鞭鞭笞，但李卡并未屈服。

1939年，李卡考上吴川梅菉中学。受校内党组织的影响，他第一个报名参加党组织的秘密读书小组，利用晚上自修后或节假日时间偷偷读马列、毛泽东著作，还有《新华日报》《大众哲学》《西行漫记》等进步读物，因此懂得了许多革命道理，思想进步很快。

李卡会写诗，善讲演，还能演话剧，唱歌曲，办报搞宣传，多才多艺。在校内，他参与编辑和印发秘密刊物《激流》，经常写稿抒发自己的爱国情感；在校外，他和党员、进步同学自筹资金到附近村庄办民校，教识字、唱抗战歌，排练进步话剧。他在一次晚会上演唱《古怪歌》，因表演风趣古怪，从此被称“古怪李”。在一系列宣传活动中，李卡通过通俗易懂的表现形式和深入浅出的故事阐述，向村民讲述推倒神权、冲破封建传统思想的重要性，鼓励人们积极参与革命，投身民族解放的大潮中。在他们的教育与鼓动下，村里不少青年走上革命道路。

赤子情怀的革命记者

1940年，在梅菉中学举行的一次纪念五四的活动上，李卡慷慨激昂地讲述了五四运动的历史意义和当代青年的光荣使命，号召青年们团结起来投身到抗日救亡运动中去，为中华民族的解放而战斗，博得到会群众的热烈掌声。反动的梅中校长加紧了对进步师生的压迫。作为党组织反法西斯教育总罢课运动的代表，李卡带领同学们进行了顽强的斗争。最终，罢课运动取得胜利，当局为了平息学潮，被迫撤换了校长，并答应给予学生一些民主权利，但李卡和其他五位学生代表却被开除学籍。对此，李卡安慰同学们说：“我们的行动使学校当局惧怕了，他们失败了，我们打了胜仗，战斗还在继续。”一席话，增强了同学们的革命斗志。

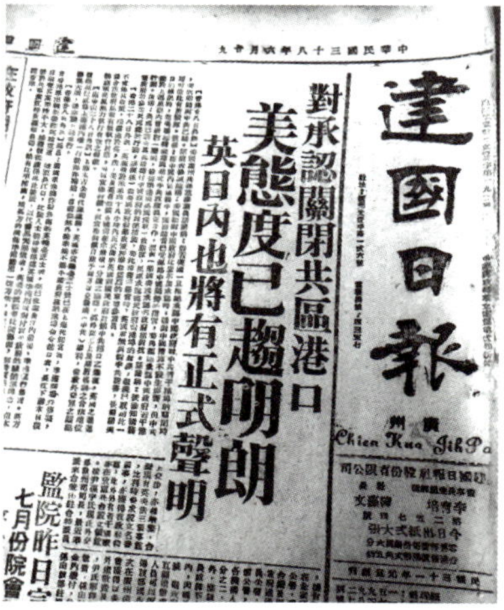
建國日報

對承認關閉共區港口 美態度已趨明朗 英日內也將有正式聲明

《建国日报》

1942年，李卡考入粤北乳源县侯公渡知用中学。他积极团结进步同学组建读书会，创办《播种》墙报，刊登揭露日本帝国主义侵华罪行的文章。为进一步扩大宣传革命的阵地，翌年夏天，他又在友人的书店里秘密出售进步报刊。

抗日战争胜利后，李卡继续投身学生运动。他以出色的文笔和丰富的宣传活动经验，担任广州《建国日报》记者，在该报副刊《国风》《文艺之叶》和香港《华商报》上发表了《谁叫你失业》《见其生不忍见其死》《笔尖》《广州四趣谈》等几十篇诗歌、杂文、通讯，用辛辣、见血的文字披露国民党反动派的虚伪与阴谋，以强烈、奔放的笔触讴歌革命胜利的美好，鼓励人们用自己的奋斗去换取光明。

除了读者在李卡的影响下思想进步，家人在他的引导下，也都走上了革命道路。大弟跟随他的脚步参加了革命；大妹常秘密为地下同志跑腿送信，照顾来往同志的食宿，掩护同志脱险；李卡的父亲是医生，经常冒险为同志们治病，还曾因叛徒出卖，被抓进了监狱。可以说，李卡一家人都为革命事业作出了贡献。

顽强机智的战地指挥

1947年，李卡加入中国共产党。1948年春，他被调往曲南游击大队，任武工队队长、曲南区工委会主任等职。在曲江地下党组织的领导下，李卡带领同志们在翁源、曲江一带开展游击活动，打击国民党和地方反动武装。

李卡作战英勇，指挥有方，同时注重做政治思想工作，常用生动感人的故事进行革命传统教育，在战士们心中的威信极高。当时曲江的地主反动武装欺侮迫害百姓，百姓苦不堪言。为了解救群众，李卡带领10多名武工队队员活跃在凡垌山区与敌人周旋。深受当地群众爱戴的他，总能依靠群众出其不意地打击敌人。“古怪李”的名字也在一场一场的铁血战斗后传开，以至一提到“古怪李”，敌人都会惊恐不安，未战先乱。

有一次，沙溪伪自卫队去凡垌抢粮。李卡刚好独自一人从外地返回凡垌，隔着山沟望见敌人队伍正往村子去，他机智地拔出驳壳枪，大声高呼：“一班从左边上，二班右边合围，三班跟我冲呀！”伪自卫队的尖兵远远听见喊声，听出是“古怪李”的声音，以为遭到伏击，恐慌之下转头拔腿就跑，边跑边喊：“‘古怪李’来了！‘古怪李’来了！”伪自卫队的后续队伍也吓得向后奔逃。就这样，他一个人就吓退了一队敌人。

李卡被捕地遗址

永葆初心的宣讲勇士

1949年1月14日夜，在沙溪宝山村一带活动的李卡被敌人包围了。深知不妙的李卡立即撕毁文件，塞进嘴里。“抢文件！”敌人见状，举枪打向李卡前胸。为从李卡嘴里获得情报，敌人把木棒捆在他脚上，剥去他的衣服，不给饭吃，不给水喝，但李卡毫不屈服。随即，李卡被押往曲江县。途中，他不断向围观的商人、农民、铁路员工等大声宣讲党的方针、政策，驳斥国民党反动派对共产党的造谣污蔑，告诉他们胜利很快就要到来。敌人见李卡“大肆宣讲”，将木棍塞进他嘴中，不准他说话，也不许任何人再接近他。随后，李卡被关押在韶关芙蓉山监狱。

狱中的李卡依然乐观。他向难友们讲革命故事，鼓励大家坚持下去，并坚持写日记、给朋友写信，借此抒发热爱党、热爱人民、热爱革命事业的革命意志，痛斥国民党反动派——“滚开吧，你既不滚开又不投降，我们有权命令太阳消灭你！”李卡对革命始终充满必胜的信念：“黑夜的魔鬼赶不走我们的好梦，天快亮了，你看东边，红光起处就是太阳出来了。”在给朋友的绝命书中，李卡写道：“我们这一代就是施肥的一代，用自己的血灌溉快将实现的乐园，让后代享受人类应有一切幸福……我走了，太阳我带不走，你跟着它呀！永远地跟着它呀！”他对革命未来的美好憧憬、革命理想的由衷执着，催人落泪。

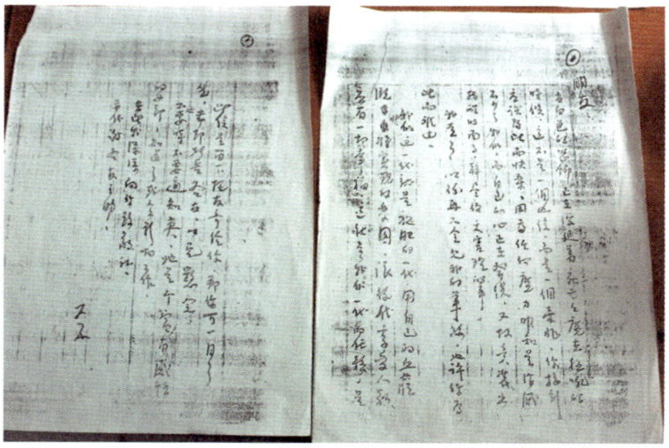

李卡遗书

1949年9月，解放大军已临近韶关，敌人决定对李卡下毒手。9月4日中午，李卡被押至韶关机场，沿路两旁里三层外三层站满了为他送别的群众。李卡高唱《国际歌》，不停高呼“打倒国民党反动派！”“国民党的日子就要完了！全国就要解放了！”“中国共产党万岁！”行刑时，李卡坚决不跪。

就这样，年仅27岁的李卡，牺牲在了新中国诞生的前夜。